Berichtigungen

S. 58 Z.11v.u. lies: x'_i, statt: x'_1

S. 63 Z. 7v.o. lies: $...(6(2^{16}+3)-9)x'_i \equiv 6x'_{i+1}-9x'_i$

S. 65 Z. 3v.u. füge Gleichheitszeichen vor Summenzeichen ein

S. 66 Z.14v.u. lies: Binomialverteilung, statt: Binominal-Verteilung

S. 67 Z.10v.u. lies: q_{i-1}, statt: $q_{i=1}$

S. 69 Z. 2v.o. lies: y_1, statt y_i

S. 78 Z. 4v.u. lies: (2.28), statt: (2.39)

S. 84 Z. 6v.o. lies: 117'280, statt: 177'280

S.100 Z. 5v.u. lies: $Y_n, Y_{n+1}, \ldots$, statt: $Y_n, Y_n, \ldots$

S.102 Z. 6v.o. lies: Buchstaben, statt: Buhcstaben

S.102 Z.15v.o. lies: $\frac{1}{n}\cdot n\,\mu = \mu$, statt: $\frac{1}{n}\cdot n\,u = u$

S.103 Z.10v.o. füge Formelnummer (2.43) ein

S.105 Z. 3v.o. lies: $...=\mathrm{Kov}(y^{(3)},y^{(4)})= \ldots = \rho < 0$

S.105 Z. 9v.o. lies: $|\rho| \le \sigma^2$, statt: $\rho \le \sigma^2$

S.105 Z.10v.o. lies: $\rho = -\sigma^2$, statt: $\rho = \sigma^2$

S.106 Z.11v.o. lies: wöchentlichen, statt: wöchtentlichen

S.111 Z.11v.u. lies: $F_1(y), F_2(y), \ldots$, statt: $F_1(y)F_2(y), \ldots$

S.112 Z. 3v.o. lies: $\bar{y}_i$, statt: $\bar{y}_1$ (in erster Summe)

S.112 Z. 8v.o. lies: μ, statt: u

S.113 Z. 2v.o. füge Formelnummer (2.51) ein

S.113 Z. 5v.o. streiche Formelnummer (2.52)

S.117 Z. 3v.u. lies: Ertrag, statt: Etrag

S.119 Z. 3v.o. lies: $\mathrm{Var}(\bar{y}_1-\bar{y}_2) = E(((\bar{y}_1-\bar{y}_2)-(\mu_1-\mu_2))^2)$

S.121 Z. 5v.u. lies: $s^2 = 10\cdot 10^6$, statt: $s^2 \;.\; 10\cdot 10^6$

K. Bauknecht · J. Kohlas
C. A. Zehnder

Simulationstechnik

Entwurf und Simulation von Systemen auf digitalen Rechenautomaten

Mit 15 Figuren

Springer-Verlag
Berlin Heidelberg New York 1976

Prof. Dr. sc. techn. K. Bauknecht
Institut für Informatik der Universität Zürich, CH-8006 Zürich

Prof. Dr. J. Kohlas
Institut für Automation und Operations Research, Universität Fribourg, CH-1700 Fribourg

Prof. Dr. sc. math. C. A. Zehnder
Institut für Informatik, ETH, Zürich, CH-8092 Zürich

ISBN-13: 978-3-540-07960-6 e-ISBN-13: 978-3-642-66501-1
DOI: 10.1007/978-3-642-66501-1

Gesamtherstellung: Beltz Offsetdruck, Hemsbach/Bergstr.

Vorwort

Der Aufbau von Simulationsmodellen und die Durchführung von Experimenten auf Rechenautomaten ist heute eine weit verbreitete Technik. Diese erlaubt es, Problemstellungen, die wegen ihrer Komplexität oder aus anderen Gründen einer analytischen Behandlung nicht zugänglich sind, zu bearbeiten. Damit ist die Simulation oft die einzige Möglichkeit bestimmte Probleme zu lösen. Ausserdem zeichnet sich die Simulation durch die Einfachheit ihrer Anwendung aus. Dies hat allerdings oft zur Folge, dass man sich ihrer manchmal auch nur bedient, weil man generell analytische Verfahren scheut oder speziell numerische Probleme umgehen will.

Erfolgreiche Simulationsuntersuchungen stützen sich in der Regel auf drei Pfeilern ab: Modellbildung, statistische Grundlagen, Modellimplementation auf dem Computer. Allzuoft sieht man leider, dass nicht allen drei Gebieten die gleiche Aufmerksamkeit geschenkt wird. So werden häufig die statistischen Anforderungen bei der Auslegung der Experimente vernachlässigt. Erst eine ausgewogene Modellbildung, gefolgt von einer geeigneten Implementation auf dem Computer, und eine Experimentplanung unter Beachtung der statistischen Erfordernisse, können schliesslich zu aussagekräftigen Resultaten führen.

Der vorliegende Hochschultext - ursprünglich Kursunterlage zu einem Kurs über Simulationstechnik der Schweizerischen Vereinigung für Operations Research (SVOR) - trägt diesem Zusammenwirken Rechnung. In jedem der drei Hauptteile wird einer der erwähnten Pfeiler behandelt.

Im ersten Teil (Zehnder) werden die verschiedenen Aspekte und Vorgehenstechniken bei der Modellbildung dargestellt. Die zahlreichen Beispiele zeigen die unmittelbare Anwendung des Stoffes.

Der zweite Teil (Kohlas) gibt einen Ueberblick über die bei der Durchführung und Auswertung von Simulationsstudien anzustellenden statistischen Ueberlegungen. Die hier erläuterten Verfahren und Algorithmen gehören zum Grundwissen für jeden, der sich seriös mit der Durchführung von Simulationsuntersuchungen beschäftigen will. Ihre Anwendung ist unerlässlich zur Gewinnung von aussagekräftigen Simulationsresultaten.

Aus dem reichen Angebot an Realisationsmöglichkeiten - Konzepte und Simulationssprachen - werden im dritten Teil (Bauknecht) repräsentative Beispiele herausgegriffen und anhand von ausgetesteten Computerprogrammen erläutert. Es geht dabei darum, typische Mechanismen, Instrumente und Spracheigenschaften zu zeigen. Für das systematische Studium der vorgestellten Simulations- und Programmiersprachen wird auf die Handbücher verwiesen.

Viele interessante Diskussionen haben die vorliegende Fassung des Hochschultextes geprägt; speziell die Teilnehmer an den SVOR Kursen haben mit ihren Anregungen die Autoren veranlasst, den Stoff zu überarbeiten. Wesentlichen Anteil an der Ausarbeitung der im dritten Teil dargestellten Programmbeispiele hat lic.oec.publ. M. Mresse, der auch der Autor des referenzierten Simulationskonzepts MOSIM ist. All denen, die uns bei der Ausarbeitung dieses Hochschultextes mit Anregungen wertvolle Impulse gaben, gebührt unser Dank, ebenso danken wir Frau D. Pachlatko und Fräulein K. Scheuber für die sorgfältige Erstellung der druckfertigen Unterlagen.

K. Bauknecht J. Kohlas C.A. Zehnder

Inhaltsverzeichnis

1. Die Modellbildung und Systeme in der Simulation

1.1. Der Systembegriff

1.1.1. Praktische Modelle

Wenn die Mathematiker und andere Spezialisten mit ihren wissenschaftlichen Methoden hinter Probleme der Praxis gehen, benützen sie einen eigenen Formalismus, um die Probleme, die sie lösen wollen, überhaupt beschreiben zu können. Diese Problemdarstellung heisst Modell, wobei der Aussenstehende dieses Wort allerdings meist mit einem materiellen (z.B. massstäblich nachgebauten) Modell verknüpft, was in unserem Fall natürlich nicht zutrifft. Das Modell des Mathematikers oder System-Ingenieurs besteht aus Formeln, Gleichungen, Rechen- und Ablaufregeln, etc., womit bestimmte, meist quantitative Eigenschaften eines realen zu untersuchenden Systems dargestellt werden.

Jedes Modell weist ganz bestimmte Eigenschaften seines Originals auf, es ist aber in anderen Beziehungen völlig ungleich, weil diese im konkreten Fall nicht interessieren, ja unerwünscht sind, wie folgende Beispiele zeigen:

Beispiel 1.1: Die Modelleisenbahn

- In Original und Modell gleiche Eigenschaften:
  - Technische Schönheit (z.B. Dampflok-Getriebe)
  - Betriebliche Probleme (Rangieren, Fahrplan)
- In Original und Modell ungleiche Eigenschaften:
  - Kosten und allgemeiner Aufwand (Personal, Platz)
  - Nutzen (Transportsystem/persönliche Entspannung)

Beispiel 1.2: Das Modell eines elektrischen Uebertragungsnetzes

(Ein solches Modell besteht aus elektronischen Widerständen, Induktionsspulen, Kondensatoren etc., sowie Steckkabeln zu deren Zusammenschaltung und erlaubt die Darstellung und modellmässige Ausmessung der Belastung der einzelnen Netzteile bei verschiedenen Kraftwerkleistungen und Verbrauchsmengen).

- In Original und Modell gleiche Eigenschaften:
  - Das betrachtete Objekt (elektrischer Strom).
  - Das (topologische) Netz mit Quellen, Verbrauchern, Verbindungen.

- In Original und Modell ungleiche Eigenschaften:
  - Die physikalische Erzeugung von Leitungsverlusten und anderen Uebertragungseffekten.
  - Der Aufwand zur Herstellung von Systemvarianten (z.B. Versuche mit zusätzlichen Leitungen)

Beispiel 1.3: Optimierungsmodell für einen landwirtschaftlichen Betrieb

(Das Modell besteht aus mathematischen Gleichungen und Ungleichungen, die beschreiben, was an personellen, finanziellen, materiellen Ressourcen in einem bestimmten Betrieb zur Verfügung steht und was umgekehrt für die verschiedenen möglichen Nutzungsarten benötigt wird sowie als Gewinn erwartet werden kann. Dieser Gewinn soll dann "im Rahmen des Möglichen maximiert" (d.h. optimiert) werden).

- In Original und Modell gleiche Eigenschaften:
  - Erkennbarkeit der wesentlichen, bei der Planung relevanten, Nutzungsarten (z.B. Anbaufläche Weizen, Anzahl Grossvieh, etc.)
  - Wirkliche wirtschaftliche Grössen (Preise, Personal, etc.)
- In Original und Modell ungleiche Eigenschaften:
  - Materielle Form (Landwirtschaftsbetrieb/papierene Formeln)
  - Zeitabhängigkeit
  - Störungsempfindlichkeit (Wetter, Arbeitsmarkt)

Der Mensch hat die Fähigkeit sich auf das (wofür?) Wesentliche zu konzentrieren. So werden bei einer Beschreibung eines realen Systems längst nicht alle Eigenschaften betrachtet, sondern jeweils nur jene, die im Zusammenhang ein besonderes Interesse beanspruchen. Das ist somit wohl der zentrale Gedanke bei der Beiziehung von Modellen, dass nämlich vom Original (Wirklichkeit) nur die für eine bestimmte Fragestellung wesentlichen Teile und Eigenschaften sowie deren Beziehungen zueinander wie auch zur Umwelt herausgegriffen und untersucht werden.

1.1.2. Elemente eines Systems und ihre Darstellung

Ein zentrales Problem des vorliegenden Bändchens betrifft die Modellbildung. Das ist ein Vorgehen in mehreren Stufen, wobei wir zuerst versuchen müssen, die (immer komplexe) Wirklichkeit in überblickbare Teile zu zerlegen, zu strukturieren. Dabei hoffen wir, dass dann wenigstens diese Teile sich irgendwie einfacher erfassen, verstehen und beschreiben lassen als das Genannte, zu dessen Analyse wir uns anschicken.

Zu solchen Strukturierungen bieten sich nun verschiedene, moderne theoretische Hilfsmittel an, insbesondere aus der Systemtheorie [1]. Dabei betrachtet man folgende Hauptbegriffe:

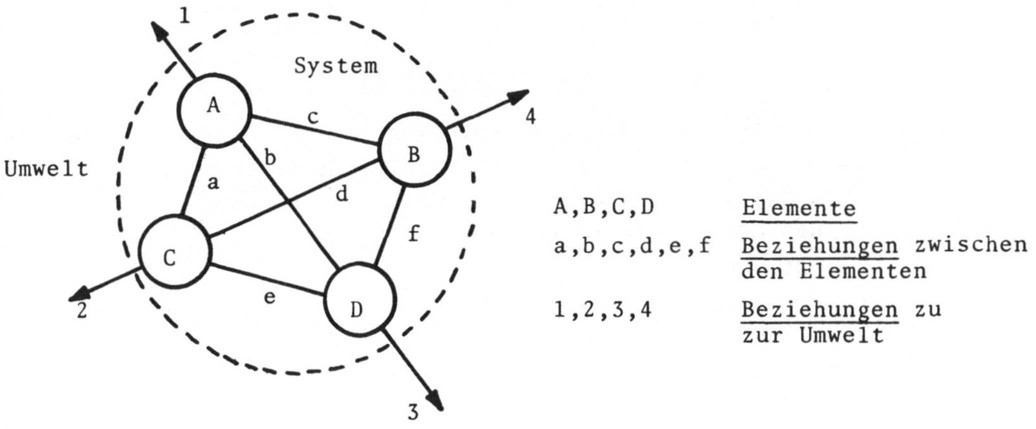

Fig. 1.1: System + Umwelt

Das System besteht somit einerseits aus Elementen (die allerdings selbst wieder Systeme, sog. "Untersysteme",sein können), anderseits aus den Beziehungen zwischen den Elementen selber sowie zur Umwelt. Kennt man die Elemente und ihr Zusammenwirken, so kennt man das System und sein Verhalten. Eine oft schwierige Frage ist die Abgrenzung zur Umwelt. Um das System möglichst selbständig betrachten zu können, wird man die Grenze so ziehen, dass sich eine klare Abtrennung ergibt, also mit wenigen, klar beschreibbaren Verbindungen zur Umwelt. Aus dieser Forderung folgt dann in der Praxis oft, dass das betrachtete System etwas grösser (selten kleiner) ist, als man primär gerne hätte. Beispiele solcher Systeme sehen wie folgt aus:

Beispiel 1.4: Ein städtisches Strassen-Verkehrsnetz

Elemente: grössere und kleinere Stücke des Strassennetzes, insbesondere Plätze, Parkhäuser, etc.

Umwelt: Der nicht zum "städtischen Strassennetz" gehörende Teil des Verkehrsnetzes, vor allem das Ueberlandstrassennetz, wobei an ganz bestimmten Stellen der

Uebergang ins System erfolgen kann.

Beziehungen zwischen den Elementen bzw. zur Umwelt:

Genaue Angaben über die Uebertritte von Verkehrsteilnehmern aus einem Element in ein anderes, detailliert nach Fahrzeugtypen, Zeit, etc.

Beispiel 1.5: Ein Eisenbahn-Güterwagen-System

Elemente: Hier haben wir mehrere Typen von Elementen, z.B.:

- Die einzelnen Güterwagen (nehmen Güter auf);
- Rangier-(Verschiebe-)-Bahnhöfe (zur Gruppierung des Güterwagen zu Zügen)
- Güterzüge
- Güterbahnhöfe (wo die Wagen be- und entladen werden).

Umwelt: Lokal ist dies das Ausland, arbeitstechnisch der Strassen-Güterverkehr.

Beziehungen zwischen den Elementen bzw. zur Umwelt:

Angaben über das Zusammenwirken aller Elemente (Güterumlad, Fahrpläne, Rangierpläne, und natürlich der eigentliche Güteranfall, das Transportaufkommen, das zu bewältigen ist).

Ueberlegen wir uns übrigens noch kurz die geeignete Darstellungsweise für die Bsp. 1.4 und 1.5. - Das Verkehrsnetz (1.4) lässt sich leicht gemäss Fig. 1.1 darstellen, sogar weitgehend massstäblich, wenn man von einem Stadtplan ausgeht. Das Gütersystem (1.5) umfasst hingegen nicht bloss ortsfeste, sondern auch bewegliche (insbesondere somit auch zeitabhängige) Elemente. Die bequeme geographisch-zweidimensionale Darstellung kommt dabei nicht in Frage.

Schon jetzt muss gesagt werden, dass ja gerade eine Hauptschwierigkeit der komplexeren Systeme ihre übersichtliche Darstellung ist. Man wird nicht mehr einfach graphisch zu Rande kommen und schon deshalb ganz andere Beschreibungsformen benützen müssen, wie sie im Kapitel 3 dieses Bändchens behandelt werden. Doch überall, wo es geht, wird man sich die graphische Darstellung zu Hilfe nehmen, da sie dem Menschen einen leichten Ueberblick vermittelt. Das wäre möglich wenigstens für Teile des Systems in Bsp. 1.5, nämlich für den Güterzugslauf zwischen Rangierbahnhöfen, einer Strecke

(= 1 Dimension lokal, 1 Dimension zeitlich):

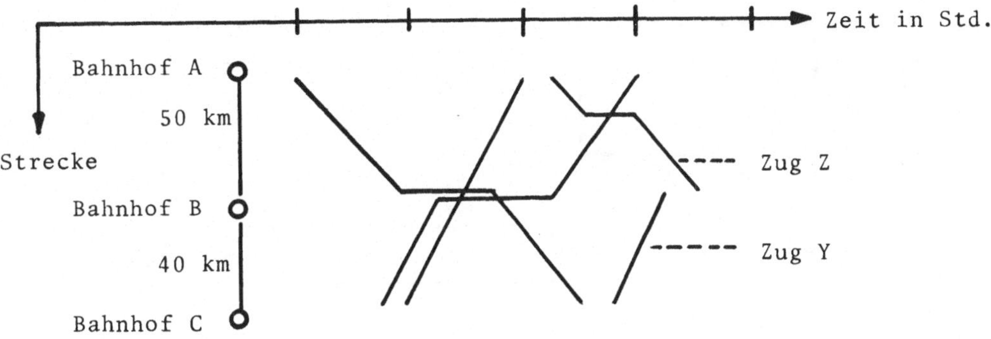

Fig. 1.2: Graphischer Fahrplan, Darstellung von Zugsläufen

Den beiden bisherigen Darstellungsarten war gemeinsam, dass sie die örtlichen, bzw. örtlichenund zeitlichen Beziehungen massstäblich wiedergeben konnten. Diese Massstäblichkeit ist in vielen Fällen weder möglich (z.B. bevor man die Problemlösung hat) noch notwendig. Viel wichtiger ist oft nur der Zusammenhang der Elemente, also "was hängt mit wem" direkt zusammen. Die Elemente werden dabei als Kästchen dargestellt, die Zusammenhänge durch Verbindungsstrecken, oder - wenn die Beeinflussung nur in einer Richtung erfolgt - durch Pfeile. Diese Blockdiagrammtechnik ist insbesondere im Zusammenhang mit der automatischen Datenverarbeitung gebräuchlich, zur Darstellung von Computersystemen (Konfiguration), von Programmabläufen und von Datenflüssen. Die ausserordentliche Vielseitigkeit der Blockdiagramme erlaubt ihre Verwendung für verschiedene Zwecke, der Leser tut daher gut, sich jeweils genau zu orientieren, was im Einzelfall die Pfeile usw. bedeuten.

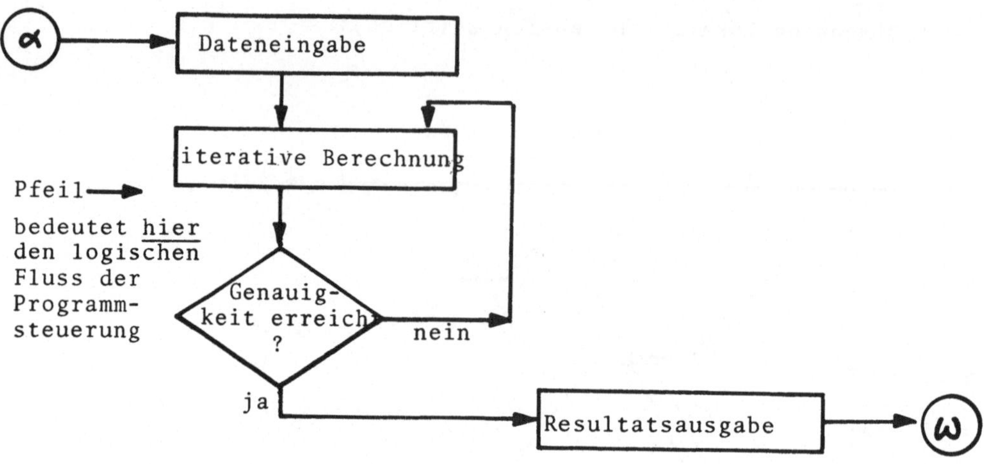

Fig. 1.3: Programm-Flussdiagramm (logischer Fluss)

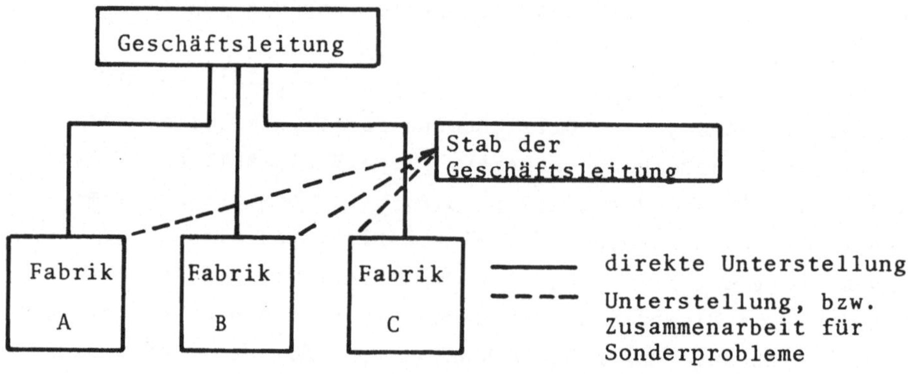

Fig. 1.4: Hierarchie in einem Industriebetrieb

Aus den beiden vorangehenden Figuren geht hervor, dass man sehr verschiedenartige Problemkreise als System gliedern und in Blockdiagramm-Technik darstellen kann.

1.1.3. Die Zeit - ein zentraler Begriff der Simulation

Der Begriff "Simulation" stammt vom lateinischen "simulare" und meint somit "Aehnlich-machen". Damit ist aber eine zeitliche Komponente angedeutet: es soll etwas geschehen, ablaufen, durchgeführt werden, das einem Urbild (oder sogar Urgeschehen) ähnlich ist. Falls somit das Original selber eine zeitliche Komponente hat, ist der Zeitbegriff von Anfang an vorhanden. Die Simulationsarbeit (das Nachbilden) folgt dabei meistens dem natürlichen zeitlichen Ablauf.

Beispiel 1.6: Die Schwingungen eines elektrischen Netzwerkes

> Wird ein elektrisches Netz (oder Teile davon) eingeschaltet, treten Spannungsschwankungen auf. Das mathematische Modell besteht aus einem System von Differentialgleichungen. Die numerische und näherungsweise Lösung dieses Systems (das übliche Verfahren, da mathematisch geschlossene Lösungen nur für Sonderfälle existieren) beginnt mit den (vorgegebenen) sog. Anfangswerten und rechnet dann schrittweise nachfolgende Werte an den Knotenpunkten des Netzes aus.

Beispiel 1.7: Das Verhalten eines Verkehrssystems

> Die genaueren Ueberlegungen an einem Verkehrsmodell erfordern ein Verfolgen der einzelnen Verkehrselemente (Fahrzeuge), wobei wesentlich deren gegenseitige Beeinflussung, Interaktion, in Betracht gezogen werden muss.

Allerdings ist das zeitliche Element nicht in allen Systemen in diesem Sinne dominant. Im Abschnitt 1.5 werden für die Praxis besonders wichtige derartige Fälle untersucht (Heuristik). Da jedoch auch der menschliche Denkprozess (ein in der Zeitfolge zu verstehender Prozess) nicht ohne zeitliche Dimension gesehen werden kann, ist die Simulation auch in solchen Fällen schrittweise, d.h. in mehreren Schritten hintereinander, durchzuführen, womit automatisch ein Zeitelement in die Methode hineingebracht wird. Dieses methodische Zeitelement ist allerdings nicht immer mit dem natürlichen Zeitelement identisch.

Beispiel 1.8: Die Erstellung eines Schulstundenplans

Eine grössere Schule mit Fachlehrersystem hat ein "Stundenplanproblem", nämlich einen periodischen (z.B. Wochen-) Stundenplan so aufzustellen, dass für Schüler, Lehrer, Fächer und Schulzimmer die Forderungen des Lehrplans in den verfügbaren Stunden erfüllt werden können (siehe Abschnitt 1.5). Der manuelle Stundenplanmacher löst dieses Problem vor einer grossen Stecktafel, in der er die einzelnen "Stunden" einträgt und bei nachträglich entdeckten Widersprüchen wieder umstellen kann. Die Reihenfolge der Planung entspricht somit nicht notwendigerweise dem zeitlichen Ablauf (Montag bis Samstag), sondern geht normalerweise von den "kritischen Elementen" aus, also z.B. von den Spezialfachzimmern, den kombinierten Wahlfächern, etc.

Wir können festhalten, dass die Simulation von Systemen auf eine natürliche Weise ein Zeitelement enthält, oft schon als Eigenschaft des zugrundeliegenden Systems, zumindest aber bei der eigenlichen Nachbildung in der Simulation. Von dieser offensichtlichen Strukturierungsmöglichkeit werden wir daher Gebrauch machen.

Eine ganz anders geartete Zeitüberlegung spielt übrigens in die Simulationstechniken von der Anwendungsseite her hinein. Wir unterscheiden:

- <u>Statische oder Querschnitt-Simulationen</u>
  Diese wollen den Zustand eines Systems zu einem bestimmten Zeitpunkt untersuchen.
- <u>Dynamische oder Zeitreihen-Simulationen</u>
  Hier geht es um die Beobachtung eines Systems über mehrere Zeitperioden.

Bei dieser Fallunterscheidung wird die Zeitbezogenheit eines Systems als selbstverständlich vorausgesetzt. Das ist zwar nicht immer, aber in vielen wichtigen (vor allem auch ökonomischen) Systemen der Fall.

<u>Uebung 1.1:</u> Das Zeitelement in Systemen

Im folgenden werden einige Systeme skizziert. Man überlege sich:

- ob das System ein Zeitelement enthält;
- ob ein Lösungsverfahren (durch Simulation) denkbar ist und wie seine Arbeitsfolge ist;
- ob die beiden Zeitfolgen(im System und in der Simulation des Systems) gleich sind;

(A) Der Werkzeugfluss in einer Werkstatt (Benützung, Nachschleifen, Nachlieferung). Die Problemstellung beim Aufbau eines solchen Simulationssystems könnte sein: Bestimmung optimaler Werkzeugbestände oder geeigneter Sortimente etc.

(B) Die Belegung von Werkzeugmaschinen für verschiedene Aufträge ("Job-Shop-Scheduling").

(C) Die Zahl der Registrierkassen in einem Supermarkt (wobei die Wartezeiten von Kunden und Personal zu betrachten sind).

(D) Ein chemischer Reaktionsvorgang.

Man überlege sich auch, ob jeweils die statische oder dynamische Fragestellung im Zentrum steht.

1.1.4. Hierarchien von Systemen, die System-Formulierung

Im Unterabschnitt 1.1.2 haben wir sehr abstrakt das System als Oberbegriff seiner Elemente sowie deren gegenseitiger Beziehungen kennengelernt und das System gleichzeitig gegenüber seiner Umwelt abgrenzt.
Was soll aber ein solches "System" für einen wirklichen Nutzen bringen? Wir wissen genau, dass "System" (zusammen mit "integriert", "automatisch", etc.) einer jener modernen Begriffe ist, der für alles gebraucht werden kann, und damit - oft - nichtssagend geworden ist. Oder halten Sie viel von einem "Lottosystem", einem "Feuerzeugsystem" oder einem "Englisch-in-fünf-Tagen"-System? Wir wollen also etwas mehr als ein Schlagwort, das überall dort gebraucht wird, wo nicht sein Gegenstück, das "Element", als Fremdwort herhalten kann. Also, wozu die Systeme?
Grundsätzlich ist unsere Welt ein aus unzählbar vielen Teilen verflochtenes Ganzes. Die verschiedenen gegenseitigen Einflüsse sind gross, jedoch längst nicht überall bekannt. Ein naturwissenschaftliches Erforschen dieser Einflüsse hat - im späteren Mittelalter - begonnen, Experimente zu definieren und auszuführen: Man wollte unter bestimmten (einfachen) Voraussetzungen Einflüsse überblicken und dann vorausberechnen können.

Damit wurden Systeme in unserem Sinn geschaffen und benützt. Eine relativ kleine Zahl von Elementen, eine messbare Beziehung zwischen ihnen, möglichst geringe Einflüsse der Umwelt; das wurde die typische Laborsituation der Naturwissenschaften. Für die Behandlung komplexerer Realitäten, wie sie die moderne Wirtschaft und Technik gebracht haben, genügte nun allerdings diese Laborerfahrung nicht mehr; der untersuchte Bereich wird grösser, und wir suchen eine "systematische" Hilfe; eben die moderne Systemtheorie [1] , [5]. Was benötigen wir davon in erster Linie?
Wir suchen in Gesamtsystemen einen Zugang für eine klare Beschreibung von Bestandteilen und deren Verhalten. Das geschieht mit einer oft groben (und manchmal irgendwie problematischen) Aufteilung in noch recht komplexe Elemente. Diese Elemente können dann selber noch nicht "elementar" behandelt werden, also müssen sie selber wieder als (Sub-) Systeme betrachtet werden. Diese Unterteilung geschieht solange, bis die benützten Elemente und deren Beziehungen direkt beschrieben werden oder auf bekannten Begriffen aufbauen können. Ein Beispiel dazu:

Beispiel 1.9: Ein Produktionsbetrieb

Die Bildung von Elementen (oder Untersystemen) in der ersten Unterteilung kann je nach Verwendungszweck des zukünftigen Modells (z.B. kommerziell, administrativ, produktionstechnisch) nach verschiedenen Gesichtspunkten erfolgen:

- Einkauf, Produktion, Verkauf, Geschäftsleitung
- kaufmännisches Personal, technisches Personal, ...
- Konstruktion, Kleinfertigung, Grossfertigung, ...

In jedem Fall wird eine Feinunterteilung erfolgen, die ev. noch weitergeht, bis der einzelne Mitarbeiter, die einzelnen Kostenstellen, der einzelne Prozess samt seinen "Beziehungen" zu seiner (kleinen) Umwelt überblickt wird.

Wesentlich ist das Verständnis dafür, dass die mehrstufige (hierarchische) Systembildung nicht den Sinn hat, nach und nach doch alle Einzelelemente und alle Zwischenbeziehungen immer im Detail mitzuberücksichtigen, sondern es sollen eben Hauptueberlegungen allein am gröberen Modell, das die Details der

Unter-Modelle global einschliesst, gemacht werden können.

Wie gehen wir an die Formulierung eines Systems heran? Wo beginnen wir mit der Aufteilung in Untersysteme und Elemente? Dort, wo wir das Zusammenwirken verschiedener Einflussgrössen auf das Verhalten einer grösseren Gesamtheit genauer kennen oder erkennen möchten. Dabei muss uns klar sein, dass gerade die geeignete Systembildung, d.h. die Aufteilung in Untersysteme, nicht unwesentlich das Verhalten des (Modell-) Gesamtsystems beeinflusst. Negativ gesagt: Wenn wir das Modell ungeschickt aufbauen (das System falsch strukturieren), können dadurch direkt falsche und nicht vorhandene Eigenschaften erreicht werden; daran würden später auch die besten zahlenmässigen Unterlagen nichts mehr ändern.

Die qualitiativen Entscheide bei der Systemstrukturierung und Modellbildung beeinflussen das künftige Ergebnis einer Simulation tiefgreifender als rein quantitative Datenangaben.

In den folgenden Abschnitten wird daher der Leser bei jeder Modellbildung sich die folgenden Grundsatzfragen stellen (auch wenn die jeweils beschriebene Systemstrukturierung äusserst "natürlich" erscheint, ist sie nämlich durchaus nicht die allein mögliche, die für alle Zwecke geeignete):

- Was ist das Gesamtgebilde, das es zu strukturieren galt?
- Zu welchem Zweck (Anwendung) erfolgte die Modellbildung?
- Wie wurde die Abgrenzung zur Umwelt vorgenommen?
- Welches sind die Elemente des Systems?

Die jeweils gegebenen Beispiele sind somit mögliche Lösungen, die aber durchaus einer Diskussion offen sind.

1.2. Modelle der konkreten Wirklichkeit (Simulationsmodelle)

1.2.1. Standardmodelle

Der Abschnitt 1.1 ging von der Wirklichkeit aus und suchte Begründung und Methode der Strukturierung dieser Wirklichkeit zu einem System darzustellen. Im Abschnitt 1.2 wollen wir von den Modellen ausgehen und einige ihrer Eigenschaften kennenlernen. Und zwar sind dies Modelle, die zur Darstellung einer reellen Wirklichkeit geschaffen wurden, aber bereits eine längere Entwicklung der Abstraktion durchlaufen haben. Damit sind sie zu Standardmodellen geworden und haben oft recht viele mathematische Eigenschaften angenommen.

Im folgenden werden einige Modelle skizziert. Das Sortiment ist natürlich nicht vollständig, aber es dürfte genügen, um dem Leser eine Idee der grossen Breite der dabei verwendeten Konzepte zu geben.

Zu den wesentlichen Eigenschaften dieser Modelle gehören die Fähigkeiten, etwa folgende Funktionen darzustellen:

Parallele Prozesse: Die Modelle enthalten also im allgemeinen mehrere Elemente, die selbständig und nebeneinander über eine gewisse Zeit in Funktion stehen, sich gegenseitig beeinflussen können und somit parallel in der Zeitachse ablaufen. Diesen Modellen ist also insbesondere eigen, dass sie selber in Zeitrichtung ablaufen, wobei die Aktion nicht nur bei einem Element liegt (wie es zum Beispiel bei einem klassischen Computerprogrammm der Fall wäre!).

Standardisierte Funktionen: Gewisse mathematische Funktionen, darunter oft solche, die den Zufall darstellen können, treten im Modellaufbau immer wieder auf, bzw. sie sind zur modellmässigen Darstellung einer Wirklichkeit geeignet. Dazu gehören auch Funktionen, die Schwingungen oder Wachstumsprozesse oder Abklingverhalten ausdrücken. Auch hier ist die Zeitabhängigkeit naturgegeben.

Beschreibung der Beziehungen zwischen den Elementen: Diese Beziehungen können allerdings auf sehr unterschiedliche Arten beschrieben werden. In sehr mathematischen deterministischen Modellen sind das Gleichungen und Ungleichungen, in anderen nur wahrscheinlichkeits- oder allgemein bedingungsgesteuerte Einflüsse.

Zweckmässige Ausgabe der Ergebnisse: Ein Modell ist ja nicht Selbstzweck; somit soll der Ablauf des Modellgeschehens auf eine illustrative Weise sichtbar werden. Geeignete Anzeigemittel, besonders beim Computereinsatz eine zweckmässige Datenausgabe mit entsprechenden Kenngrössen und statistischen Auswertungen, sind daher in Standardmodellen eingebaut.

Wie sehen nun solche Standardmodelle praktisch aus und wie werden sie benützt? Sehr häufig handelt es sich dabei um Computerprogramme mit der zugehörigen Dokumentation und fertigen Formularen für die Datenerfassung.

Beispiel 1.10: TRANSIM, ein Modell für die Simulation von Transportproblemen an Umschlagplätzen [3].

Der Benützer beschreibt nach genauen Regeln auf vorgegebenen Formularen die beteiligten Transportmittel, Rampen, Einrichtungen sowie die erwarteten Transportvolumen (in Form von Tabellen oder Funktionen); das Modell TRANSIM verarbeitet diese Daten auf dem Computer, indem es (zufallsabhängig), einen vorgegebenen Zeitraum (z.B. Woche) nachbildet (simuliert) und die dabei festgestellten Verhältnisse (Wartezeiten, etc.) dem Benützer anschliessend ausdruckt.

Beispiel 1.11: GPSS (General Purpose Simulation System), eine Sprache zur Formulierung flussorientierter Ereignis-Systeme [6].

Der Benützer stellt - weitgehend in Flussdiagrammform - ein Modell auf, das er anschliessend mit geeigneten Parametern auch quantitativ seinem Problem anpasst. Die gewünschten Resultate (z.B. bestimmte Warteschlangen) werden bezeichnet, worauf dieses flussdiagrammähnliche Gebilde recht einfach codiert und auf einer Rechenanlage zur Ausführung (Simulationsdurchführung) gebracht werden kann.

Die beiden obenstehenden Beispiele sind Standardmodelle; dennoch unterscheiden sie sich deutlich, und zwar in ihrer Allgemeinverwendbarkeit. TRANSIM ist transportorientiert, es spricht und versteht die Sprache des Verkehrsingenieurs und des Disponenten. Anderseits ist seine Flexibilität beschränkt. Natürlich kann es unterschiedlich leistungsfähige Umschlagsrampen darstellen, auch verschiedenartige Transportmittel und alle Arten von Verschiffungsformen. Aber andere Systeme, z.B. ein Netzwerk eines Eisenbahnnetzes, kann TRANSIM nicht zweckmässig erfassen. Anders mit GPSS; hier lassen sich Warteschlangen an den Kassen eines Supermarktes [4] so gut wie Signale in einem Computersystem oder Autos in einem Stadtteil simulieren. Aber der Benützer muss zuerst mehr Zeit aufwenden, um GPSS zu lernen, darauf sein Modell geeignet zu formulieren (gerade wegen der Flexibilität ist das noch nicht weitgehend vorgezeichnet wie bei TRANSIM) und darauf auf dem Computer - ebenfalls eher mit etwas grösserem Aufwand - durchzurechnen.

Trotz seinem Namen ("General Purpose") ist allerdings GPSS noch längst nicht das allgemeinste Simulationssystem, das in der Praxis verwendet wird; die eigentlichen Simulationssprachen (siehe 3. Kapitel) gehen noch wesentlich weiter. Wir ziehen aber schon jetzt folgende Schlussfolgerungen:

	Spezialisiertes Modell	Allgemeines Modell
Benützung:	einfach, Sprache des Anwenders	braucht Vorbereitung, allg. Sprache muss angepasst werden
Aufwand:		
falls Modell passt:	klein	grösser
falls Modell nicht passt:	kommt nicht in Frage	anpassungsfähig
Empfohlen:	wenn vorhanden: immer	wenn kein spezialisiertes Modell vorhanden: notgedrungen

Die Liste der Spezialisierung/Allgemeinheit im Bereich der computerbasierenden Simulationsmodelle lässt sich etwa so angeben (Stufe 1 ist spezialisiert, Stufe 6 allgemein)

Stufe:	Modell- oder Sprachklasse:	Beispiele:
1	Simulationsprogramm, Simulator	
2	Simulator für Problemklasse	TRANSIM
3	Simulationssprache	GPSS, MIMIC
4	System- und Datenmanipuliersprache mit Simulationshilfen	SIMULA, SIMSCRIPT
5	Allg. höhere Programmiersprachen	FORTRAN, ALGOL, COBOL
6	Assembler- und Maschinensprachen	

Wie bei allen Computersprachen gilt auch hier, dass die allgemeinste Stufe (z.B. eine Assemblersprache) immer zur Verfügung steht, aber nur mit grossem Aufwand für eine Simulationsaufgabe eingesetzt werden kann. Zur Bewältigung dieser Schwierigkeit werden heute "Hilfssysteme" entwickelt, die es z.B. erlauben, die Simulationshilfen der Stufe 4 (SIMULA) verfügbar zu machen, auch wenn anschliessend das Computerprogramm auf Stufe 5 (z.B. FORTRAN) geschrieben werden muss, weil kein SIMULA-Compiler vorhanden ist. Ein Hilfssystem dieser Art ist SIM [12] .

Die letzten Bemerkungen waren stark computerbezogen. Auf die allgemeine Bedeutung des Computereinsatzes muss später zurückgekommen werden. Hier bleibt nur anzufügen, dass die Existenz derartiger Mittel zur Durchführung von Simulationen bereits heute die Art der Modellbildung beeinflusst. Oft versucht der Benützer von einem gegebenen Modell auszugehen und dieses an seine Bedürfnisse "so gut es geht" anzupassen. Dieses Vorgehen ist verständlich (weil billig), oft aber sehr gefährlich oder sogar unzulässig, da die Grundsätze der Systembildung dabei verletzt werden können.

1.2.2. Klassierung der Modellbildungen

Soeben wurde ausgeführt, dass jede Modellbildung grundsätzlich von ihrer Aufgabenstellung ausgehen soll und nicht einfach die vorgefassten Konzepte anderer Modelle kopieren darf. Dennoch ist eine grobe Klassierung nötig und möglich. Nötig wegen der sonst unüberblickbaren Vielfalt von Problemen, möglich wegen der durchaus vorhandenen Grundstrukturen.

Die hier vorgenommene Gruppierung ist wenig detailliert, da im 3. Kapitel bei den Programmiersprachen darüber nähere Ausführungen zu machen sind.

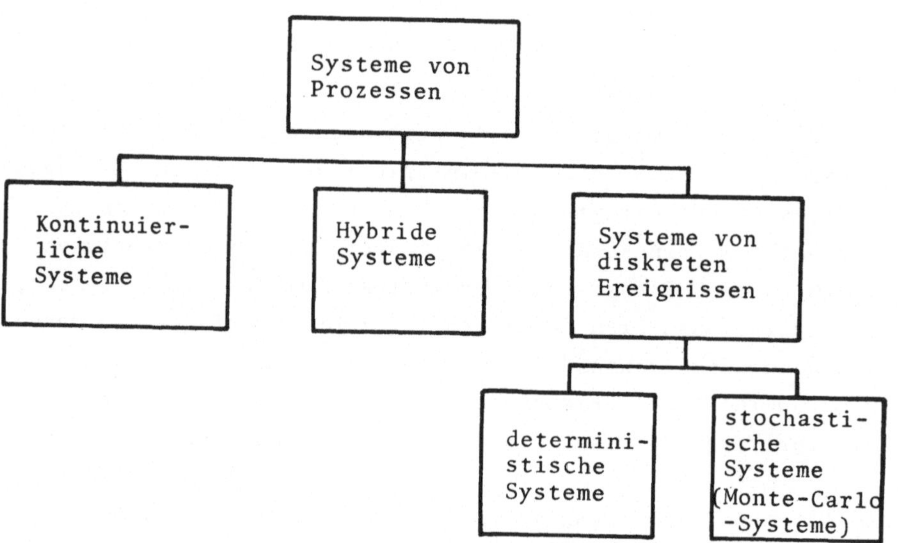

Fig. 1.5: Hauptklassen von Modellen (Systeme von Prozessen)

Die für unsere Art von Modellbildungen interessanten Systeme umfassen längst nicht die Gesamtheit aller möglichen und sinnvollen Systeme. Klassen wie Konstruktions- und Baukastensysteme lassen wir von vornherein weg, und innerhalb der "Systeme von Prozessen", wie man sie wegen der Wichtigkeit des Zeitelements nennen könnte, seien die Klassen der kontinuierlichen und hybriden Systeme neben den Systemen diskreter Ereignisse nur skizzenhaft erwähnt.

Kontinuierliche Systeme: Die Natur und mit ihr ein grosser Teil der Technik sind auf Kontinuität und Stetigkeit ihrer Eigenschaften ausgerichtet, plötzliche Aenderungen sind unnatürlich. Die Uebergänge von einem Zustand in einen anderen sind ohne Bruch. Daher sind auch Modelle dieser Wirklichkeit auf Stetigkeit ausgerichtet; die die Realität beschreibenden Funktionen ändern sich in kleinen Zeitschritten nur um beliebig kleine Beträge und zu ihrer Beschreibung ist die Infinitesimalrechnung (Differential- und Integral-Rechnung) das geeignete Instrument. Entsprechende Modelle wären dann Systeme von Differentialgleichungen; typische Fragestellungen an solche Systeme befassen sich mit stationären Zuständen, Schwingungsverhalten und Belastungsgrenzen.

Beispiel 1.12: Die belastete Platte

Eine (z.B. Brücken-) Platte wird untersucht. Dazu dient ein System von Differentialgleichungen. Die Ausbildung bei extremen Belastungen sowie kritische Eigenschwingungen (z.B. ob die Brücke durch die laufenden Motoren stehender Autos ins Vibrieren gebracht wird) lassen sich so errechnen.

Beispiel 1.13: Optimaler Betrieb der geplanten U-Bahn von Zürich

Der Verlauf einer U-Bahn-Fahrt ist abhängig von Motorenleistung, Bremsleistung, Streckenanlage und Fahrzeugbau; ein vernünftiger Fahrplan muss daher auf solche Bedingungen Rücksicht nehmen. Ein Rechenprogramm zur Integration der Bewegungsgleichungen dieser Fahrten kann daher bei der Bestimmung eines optimalen Fahrplans, der auch die Belastungen der elektrischen Speiseleitungen bei Mehrzugbetrieb und die Beschleunigungsbeanspruchung der Passagiere berücksichtigen, benützt werden.

Systeme diskreter Ereignisse: In vielen, insbesondere organisatorischen Bereichen ist nun aber diese natürliche Eigenschaft der stetigen Veränderung zwar durchaus selbstverständlich, aber man interessiert sich nicht für dieses Detail, sondern für die nächsthöhere Stufe des Systems, wo man nur den jeweiligen Anfangs- oder Abschlusszeitpunkt einer Tätigkeit berücksichtigt. Ein System dieser Stufe verzichtet auf die Kenntnis aller

Zwischenzustände; interessant sind nur die Hauptzustände und der Zeitpunkt ihrer Gültigkeit. (Der Verzicht auf die Zwischenzustände ist übrigens eine wichtige Systematisierungsmassnahme. Das natürliche Untersystem wird zu einem Element im organisatorischen System).

Typische Fragestellungen an solche Systeme befassen sich mit Kombinationen von Elementen im räumlichen, zeitlichen oder organisatorischen Bereich, mit Schätzungen und Strategien.

Beispiel 1.14: Das Verhalten eines Verkehrssystems (siehe auch Beispiel 1.7)

In einer Stadt (Stadtteil) werde eine neue Verkehrsführung studiert. Verschiedene Vorschläge sind miteinander zu vergleichen. Ein Simulationsmodell erfasst das verfügbare Strassen-(ev. Strassenbahn-) -Netz mit all seinen vorhandenen bzw. geplanten Beschränkungen sowie alle Benützer (Autos, Tram). Allerdings werden die Fahreigenschaften z.B. der Autos nicht im Detail (Bewegungsgleichung), sondern nur pauschal (Durchschnitt und Streuung der Verschiebungszeit von Knoten A zu Knoten B) erfasst.

Beispiel 1.15: Schulstundenplan (siehe auch Beispiel 1.8)

Hier interessieren uns die ganzen "Stunden" als organisatorische Einheit, der Lehrinhalt einer Schulstunde ist Bestandteil des didaktischen Subsystems ausserhalb des primären organisatorischen Bereichs. Einzelne didaktische Forderungen (z.B. eine Doppelstunde pro Woche im Fach Muttersprache für den Aufsatz) können als explizite Beziehung auf der Stufe der Elemente des organisatorischen Systems formuliert werden. Alle übrigen Eigenschaften des didaktischen Systems bleiben ohne Einfluss.

Hybride Systeme: Jede Klassierung hat den Nachteil, dass sie Dinge trennt, die für gewisse Zwecke eben doch zusammengehören. Die Praxis kennt durchaus Fälle, wo Modelle teilweise kontinuierlich, teilweise mit diskreten Ereignissen arbeiten. Das sind hybride (= gemischte, gekreuzte) Systeme, wobei der Ausdruck allerdings weniger dort gebraucht wird, wo Untersysteme dieser oder jener Art zu Obersystemen zusammengefügt werden, als dort, wo nach beiden Klassierungen arbeitende Elemente vorhanden sind.

Beispiel 1.16: Steuerung oder Regelung eines Speichersee-elektrizitätswerkes

Die Speicherwassermenge ändert sich kontinuierlich, ebenso der Energieverbrauch (Leistungsabgabe an das Netz). Das Zuschalten einzelner Turbinengruppen oder gar der Beginn des Rückpumpens von Wasser wird aber von Prognosen (z.B. des Wetters) mitbeeinflusst, ist ein diskretes Ereignis und wird nicht beliebig häufig vorgenommen.

Die weitere Unterteilung der Systeme von diskreten Ereignissen ist nach verschiedenen Gesichtspunkten möglich. Daher lässt sich das Schema von Figur 1.5 nicht nur auf eine Art verfeinern. Wichtige Unterklassierungsarten sind (Besonders auch im Hinblick auf die Simulationsssysteme im Kapitel 3):

Deterministische oder stochastische Systeme: Für viele Anwender ist Simulation und die Berücksichtigung des Zufalls ein und dasselbe. Das ist nicht korrekt; gerade aus diesem Grunde sei hier auf die selbständige Bedeutung deterministischer Systeme verwiesen. So haben sie für Planungsverfahren (Abschnitt 1.5) grosse Bedeutung und Vorteile, da sie im allgemeinen "stabiler" und ihre Ergebnisse manuell besser steuerbar sind, was in gewissen Fällen sehr erwünscht ist. Anderseits schadet es nichts, wenn alle gebräuchlichen Simulationssprachen die Mittel zur Monte-Carlo-Simulation (wie die stochastische auch heisst) zur Verfügung stellen, da diese zwar oft gebraucht werden, aber im Fall deterministischer Probleme ja einfach unbenützt bleiben können.

Gruppierung der Ereignisse: Diese Unterscheidungsmöglichkeit wird im Unterabschnitt 1.3.1 behandelt.

Bedeutung der "Elemente" im System: Diese Unterscheidung ist an sich nicht grundsätzlicher Art, sondern nur graduell. Anderseits aber beschränkt sie doch gelegentlich die Verwendbarkeit gewisser Simulationssprachen und -systeme recht stark, weshalb es sich lohnt, früh darauf zu achten. Die Elemente eines Systems in unserem Sinn scheiden sich oft klar in folgende Typen:

- permanente und systemdefinierende Elemente;
- sukzessive generierte und verschwindende Elemente (transiente Elemente).

Allgemeine Simulations- und Systemsprachen (z.B. SIMULA) machen zwischen diesen beiden Typen keinen grundsätzlichen Unterschied; alle auftretenden Elemente können Träger beliebiger Datenpakete sein, und ihre gegenseitigen Beziehungen lassen sich separat definieren, wobei erst durch diese Beziehung eine eventuelle Ueber- oder Unterordnung bewirkt wird.

Anders ist es bei speziellen Simulationssprachen (z.B. GPSS) und insbesondere bei einzelnen Simulatoren und Modellen, wo die Typisierung der Elemente wichtig ist und nicht beliebig umgangen werden kann. Insbesondere sind in solchen Systemen oft (nicht immer, z.B. nicht in GPSS II) die Identifikations- und Datenträgermöglichkeiten der transienten Elemente sehr beschränkt. Das ist manchmal problemlos (z.B. bei der Untersuchung von Datenströmen in einem Uebermittlungs-(Telephon-) Netz), oft aber eine echte Beschränkung der Arbeitsmöglichkeiten.

1.3. Systeme von diskreten Ereignissen

1.3.1. Ereignisse und deren Gruppierung

Eine ganze organisatorische Welt lässt sich durchaus aufgebaut denken aus einzelnen diskreten Ereignissen (englisch: event) und deren gegenseitigen Beziehungen. Schliesslich kann man auch aus einzelnen Backsteinen, Balken etc., ein Haus bauen. Aber genau so wenig, wie der Architekt in seinen Plänen Backsteine einzeichnet (er zeichnet Mauern und nimmt an, dass der interne Aufbau der Mauer aus Backsteinen separat definiert ist), genau so wenig möchte der Modellbauer seine "Ereignisse" immer einzeln organisieren müssen. Da hier verschiedene Gruppierungsmöglichkeiten existieren, die sich in der Flexibilität, aber auch im entsprechend notwendigen computerinternen Rechenaufwand unterscheiden, seien einige kurz vorgestellt:

Die ereignisorientierte Simulationssprache: In einer solchen Sprache lassen sich Einheiten oder Elemente bilden, die das zusammenfassen, was zu einem bestimmten Zeitpunkt (meist auch an einer Stelle) zu geschehen hat.

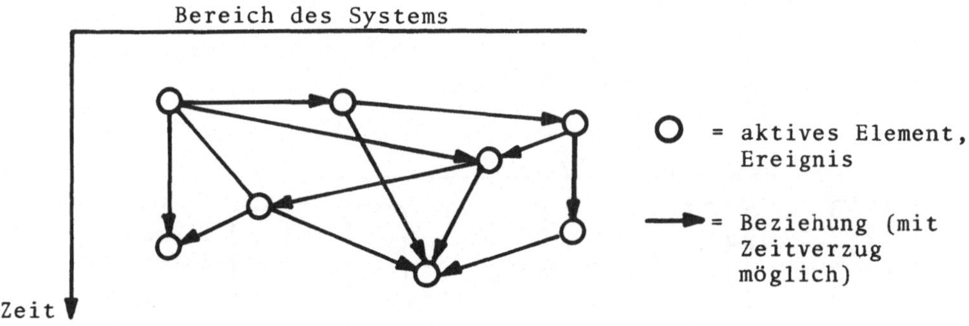

Fig. 1.6: Ereignisorientierte Elemente

Das sind natürlich relativ kleine Elemente, ihre Verarbeitung und Strukturierung ist billig, der menschliche Modellbauer muss aber relativ grosse organisatorische Arbeiten selbst ausführen. Die Datenspeicherung geschieht ausserhalb der eigenlichen "Ereignisse", die nur momentane Tätigkeiten (= Programmteile) darstellen.

Beispiel 1.17: Güterzugbildung auf einem Eisenbahnnetz

Auf dem Netz einer Bahnverwaltung werden täglich an bestimmten Stellen (Stationen) beladene Wagen aufgegeben, zu Zügen formiert, auf die Fahrt geschickt und abgeliefert, Leerwagen nach Bedarf verschoben, usw. Das Problem dieser Simulationsaufgabe bestand darin, unter Berücksichtigung der statistischen Häufigkeiten der Transportbedürfnisse optimale Rangierstrategien für die verschiedenen Verschiebebahnhöfe zu entwickeln, damit gesamthaft die Zahl der Rangierbewegungen minimiert werden konnte.

In einer ereignisorientierten Sprache wären nun z.B. folgende Elemente zu bilden: Zugsankunft (Zerlegen eines Zuges, Bestimmung der frühestmöglichen Wiederabfahrt, Belegung der Geleise), Zugsabfahrt (Leeren der Geleise, Belegung Strecke, früheste Zugsankunft im Zielbahnhof) etc. Keine Elemente, sondern Daten (-Records) wären die einzelnen Wagen, Züge, etc.

Die tätigkeitsorientierte Simulationssprache: Hier treten Einheiten oder Systemelemente auf, welche an verschiedenen Ereignissen beteiligt sind. Man nennt sie gelegentlich Tätigkeiten (activities), weil sie zu verschiedenen (vorgebbaren) Zeiten Ereignisse auslösen können.

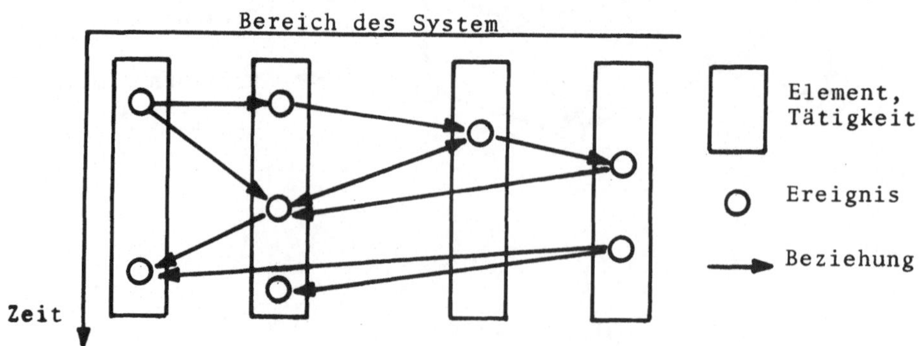

Fig. 1.7: Tätigkeitsorientierte Elemente

Solche Elemente erlauben bereits eine viel bessere Zusammenfassung von Einzelfunktionen, eben den Ereignissen, zu Tätigkeiten. Darunter ist oft eine Dienststelle, eine Arbeitskraft oder eine Oertlichkeit zu verstehen, welche dann über die Zeitdauer hinweg erhalten bleibt, während die einzelnen Ereignisse von ihnen ausgelöst und damit insbesondere auch Datenrecords erzeugt oder gelöscht werden.

Beispiel 1.18: Güterzugsbildung auf einem Eisenbahnnetz

Aufgabenstellung siehe Beispiel 1.17.
In einer tätigkeitsorientierten Sprache wären z.B. Elemente vom Typ "Bahnhof" (mit Zugsabfahrt und Zugsankünften sowie Rangierfunktionen) zu bilden. Die Datenspeicherung für die "Tätigkeiten" geschieht innerhalb dieser Elemente, daneben werden weitere Datenrecords (nicht als Elemente) für die Wagen gebildet und nach Gebrauch wieder vernichtet.

Die prozessorientierte Simulationssprache: Hier ist grundsätzlich jedes Element imstande, eine eigentliche Lebensdauer (>0) zu erreichen, indem es mehrere Ereignisse umfassen kann. Dieser Elementtyp, in gewissen Simulationssprachen "Prozess" genannt, bildet die Grundlage aller Ereignisauslösungen einerseits, aller Datenträger anderseits. Alles hat die Form eines Prozesstyps, wobei durchaus mehrere Prozesstypen in einem Problem auftreten können.

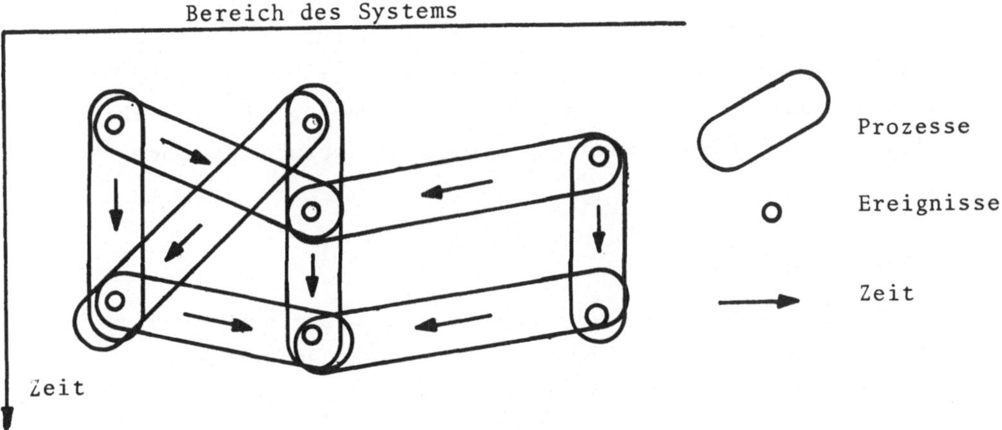

Fig. 1.8: Prozessorientierte Elemente

Mit dieser Art von Elementen (Prozessen), die durch die Zugehörigkeit zu Sammelstrukturen (Mengen, Sets oder auch Klassen genannt) miteinander in eine (oft geordnete) Beziehung gebracht werden, ist einerseits eine besonders elegante und umfassende System- und Sprachbeschreibung möglich, anderseits ist die Flexibilität besonders angenehm. Dass anderseits die beliebige Generierbarkeit und Vernichtbarkeit derartig leistungsfähige Gebilde natürlich auch einigen Aufwand des Rechenautomaten bedeutet, darf nicht vergessen werden.

Beispiel 1.19: Güterzugsbildung auf einem Eisenbahnnetz

Aufgabenstellung siehe Bsp. 1.17.
In einer prozessorientierten Sprache wären folgende Elementtypen einzuführen: "Bahnhof", "Zug" (übernimmt Wagen und gibt sie an neuen Bahnhof), "Wagen" oder "Wagengruppe" (mit gleicher Herkunft und gleichem Ziel). Alle mitzuführenden Daten sind automatisch als Eigenschaften der Elemente gespeichert.

Zum Abschluss dieser Zusammenstellung verschiedener Ereignisgruppierungsmöglichkeiten sei auf eine Querverbindung zu einem ganz anderen Problemkreis hingewiesen. Die obigen drei Gruppen (ereignisorientiert, tätigkeitsorientiert, prozessorientiert) sind in dieser Reihenfolge bei den Simulationssprachen entstanden [7] . Die unbeschränkte Flexibilität der prozessorientierten Form tritt nun neuerdings (nur ohne zeitliche Richtung) bei reinen Datenstrukturierungssprachen auf[2]. Daher kann heute umgekehrt auch der Hinweis gemacht werden, dass sich Datenbanksprachen bei genügender Flexibilitätsstufe heute wohl auch als Simulationssprachen eignen dürften.

1.3.2. Elemente im System

Kehren wir zu unserem Modell und zu der einfachen Grundidee des Systems zurück. Wir haben jetzt an genügend Beispielen gesehen, worum es bei der Simulation eines Systems geht:

- Initialisierungsphase: Die bleibenden und die am Anfang vorhandenen Elemente werden erzeugt und bilden den Anfangszustand des Systems.

- Ablauf des Systems, Verlauf der Simulation: Die Elemente beeinflussen - gemäss äusseren Anordnungen oder gemäss innerer Notwendigkeit - andere Elemente, sie können Elemente erzeugen, ändern oder auch eliminieren. (Ueber den Verlauf dieser vielfach parallelen Tätigkeiten und Prozesse muss das System Buch führen).

- Abbruch der Simulation: Nach irgend einem Kriterium (Zeitlimite, Anzahl Ereignisse, Zufall, Erfüllung einer Aufgabe) wird die Simulation abgebrochen, der Endzustand festgehalten und dem Benützer des Modells eine Zusammenstellung von Verlauf und Ergebnis übergeben.

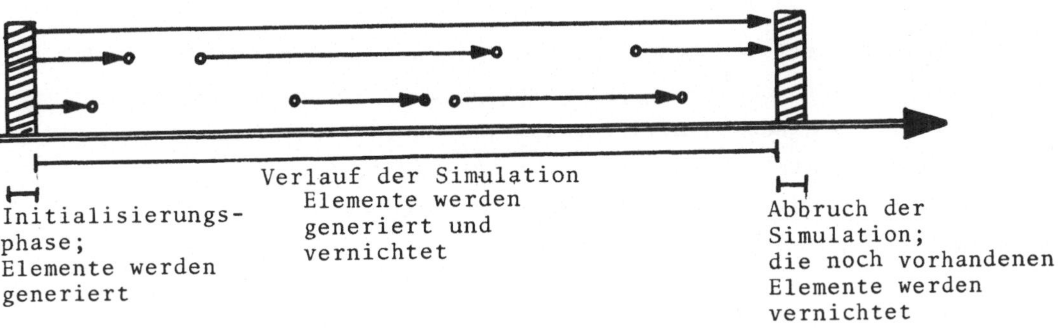

Fig. 1.9: Phasen einer Simulation

Die beiden Randphasen (Initialisierung und Abbruch) dienen nur dazu, für die eigentliche Verlaufsphase korrekte Bedingungen zu erzeugen, d.h. keine Einpendelungseffekte usw. berücksichtigen zu müssen. Die eigentliche Simulation geschieht in der Verlaufsphase, während welcher aber die Zahl der Elemente durchaus nicht konstant sein muss; Elemente können durch externe oder interne Auslösefunktionen laufend generiert oder eliminiert (vernichtet) werden.

Das zentrale Interesse konzentriert sich wohl immer auf die Elemente im System. Man will Auskunft über ihren Zustand, ihre

Wartezeit an gewissen Punkten, die Dauer ihrer Existenz (zwischen Erzeugung und Elimination) usw. Darüber sind automatische Rapporte zur Verfügung zu halten.

Die wichtigsten Begriffe in der Lebensdauer solcher Elemente sind:

- Entstehung, Generierung, (Entstehungs-) Quelle ('Source')
- Verlauf, Geschichte, Leben, Fluss, Transfer, Verlaufsfunktionen
- Warten, Wartezeit, Warteschlange ('Queue')
- Vernichtung, Elimination, Vernichtungsort ('Sink')

Zur vollständigen Beschreibung der Eigenschaften eines Elements sind später noch zu erläutern: "Datenträger" und "Zugehörigkeit zu Elementmengen".

Eine computertechnische Bemerkung: Im allgemeinen spielen sich Simulationsrechnungen im Zentralspeicher ab. Die Zahl der jeweils vorhandenen Elemente ist jedoch variabel (und nach oben grundsätzlich selten beschränkt). Hier ist mit ein Grund dafür, dass die Simulationsarbeiten keine besonders einfachen und billigen Arbeiten darstellen.

Beispiel 1.20: Güterzugsbildung auf einem Eisenbahnnetz

Noch einmal nehmen wir die Problemstellung aus Bsp. 1.17 auf. In der Initialisierungsphase werden die Bahnhöfe (jeweils in einem bestimmten Zustand) und die bei Simulationsbeginn sich unterwegs befindlichen Züge sowie die vorhandenen Wagengruppen generiert und aktiviert.

In der Ablaufsphase bearbeiten die Bahnhöfe die Wagengruppen, bilden, entsenden, empfangen Züge und lösen Züge auf, beladen und bilden dadurch Wagengruppen, empfangen auch solche und lösen sie am Ziel wieder auf. Dabei werden äussere Anordnungen (z.B. der Fahrplan) sowie innere Notwendigkeiten (Begrenzung einer Zugsbildung auf eine bestimmte Achsenzahl) berücksichtigt.

In der Abbruchsphase werden - z.B. nach einer simulierten Zeit von 7 Tagen oder von 10'000 generierten Wagengruppen - die Schlussrapporte erstellt.

1.3.3. Informationsträger, Datenstrukturen, Mengen von Elementen

Das zu simulierende System besteht aus den Elementen und ihren gegenseitigen sowie Umweltsbeziehungen. Wenn wir vom "Verhalten" eines solchen Systems sprechen wollen, müssen wir notwendigerweise die Elemente beobachten. Hier ergeben sich nun recht unterschiedliche Bedürfnisse, welche zu unterschiedlich leistungsfähigen Modellen führen, wie dies bereits im Unterabschnitt 1.2.1 dargestellt wurde.

Die Elemente sind primär Informationsträger. Damit können verschieden leistungsfähige Dinge gemeint sein:

1. Interne Identifikation des Elements: Die durch das System "fliessenden" Elemente (z.B. Fahrzeuge im Verkehrsnetz) sind extern nicht von individueller Bedeutung, intern ist aber eine Identifizierung im Laufe der Simulation nötig, damit Statistiken über den Verlauf möglich sind (z.B. wie lange ein Fahrzeug an mehreren Kreuzungen insgesamt gewartet hat).
2. Die "fliessenden" Elemente können ganz bestimmte Daten aufnehmen, die von aussen oder durch das System den Elementen zugewiesen werden (z.B. Menge, Ziel, Durchgangszeiten, externe Identifikation).
3. Jede Art von Elementen (also sowohl feste, "organisationsbildende", wie auch "fliessende") kann Träger von beliebigen Datenstrukturen sein.

Es ist offensichtlich, dass auch hier die grössere Flexibilität mit grösserem speichertechnischem Aufwand verbunden ist. Da anderseits die externe Anonymität (nur interne Identifikation) der Elemente für viele Anwendungen genügt, ist immer eine kritische Beurteilung des wirklich Notwendigen bei der Vorbereitung von Grossprojekten angebracht.

Die grösste Flexibilität kommt aber nicht dadurch ins System, dass Elemente Träger von einfachen oder komplizierten Datenstrukturen (also meist Sätze von Variablen oder Tabellen, Vektoren, Matrizen, höchst selten selber Dateien von derartigen Sätzen oder "Bäume") sind, sondern durch die zusätzliche

Möglichkeit, die Elemente (und damit deren Datenstrukturen) sehr frei zu koppeln. Das geschieht durch die Zuordnung der Elemente zu Mengen (Sets).

Im Bereich der Simulationssprachen ist dabei vor allem die folgende Gruppierungsform von praktischer Bedeutung:

Eine Menge (Set) besteht aus einem Kopf und einer Anzahl von Mitgliedern; diese Anzahl kann eine beliebige natürliche Zahl oder auch Null sein. Die Mitglieder sind Elemente (im früher gebrauchten Sinn), der Kopf ist im allgemeinen Fall auch ein Element, selten ein "Name"; über den Kopf wird der Zugang zu den Mitgliedern der Menge ermöglicht.

Die Mitglieder der Menge sind in den meisten Fällen geordnet, wobei verschiedene Ordnungsprinzipien in diesen für "Warteschlangen" geeigneten Strukturen gelten können:

- FIFO (first in - first out): das zuerst eingefüllte Element wird "erstes" Element und beim Leeren zuerst drangenommen (sofern dieser Automatismus nicht programmiert geändert wird).
- FILO (first in - last out): das zuerst eingefügte Element kommt als letztes dran; eine typische Lagersituation, oft als "stack"-System bezeichnet.

Nebst dieser Unterscheidung nach Warteschlangentyp gelten noch andere Kennzeichnungen, z.B. betreffend Zugriff:

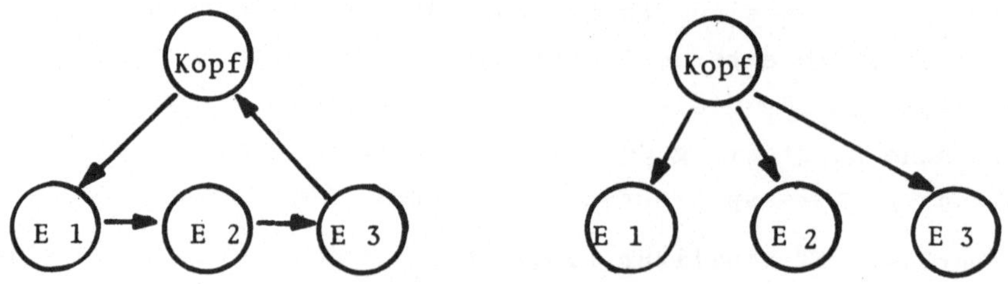

Fig. 1.10: Verketteter und direkter Elementzugriff

Grundsätzlich ist die Frage nach dem Zugriff zu einzelnen Elementen - der für die "Mitglieder" in jedem Fall intern über den "Kopf" erfolgt - ein ganz zentraler Punkt, und zwar organisatorisch wie auch programmier- und computertechnisch. Das wird noch deutlicher bei mehrstufigen Strukturen, die dadurch entstehen, dass ein Element zwar Mitglied einer Menge, anderseits aber wieder Kopf einer anderen Menge sein kann. Der Zugriff zu einem Element einer Untermenge erfolgt dann über "Kopf der Obermenge" - "Kopf der Untermenge" - Element.

Auch hier lassen sich (wiederum in Aufwand und Flexibilität deutlich unterschiedliche) Varianten aufzeigen:

- Hierarchische Mengenstruktur

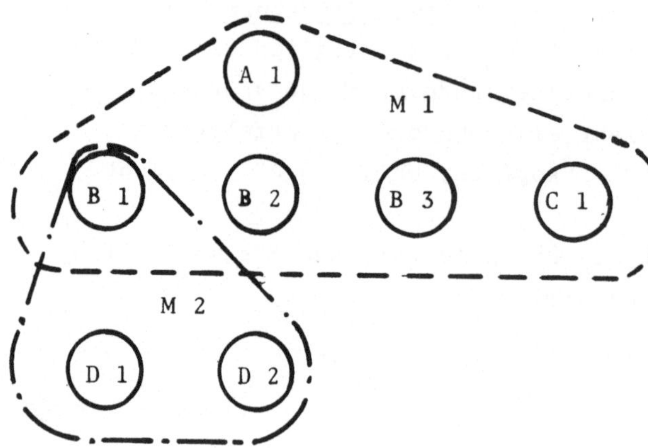

Mengen:	Kopf:	Mitglieder:
M 1	A 1	B 1, B 2, B 3, C 1,
M 2	B 1	D 1, D 2,

Definition:

Jedes Element kann nur einer einzigen Menge als Mitglied angehören, und in jedem zusammenhängenden "Baum" solcher voneinander abhängigen Mengen muss ein Kopfelement selber nicht Mitglied einer Menge sein.

Fig. 1.11: Hierarchische Mengenstruktur

- Netzwerkartige Mengenstruktur:

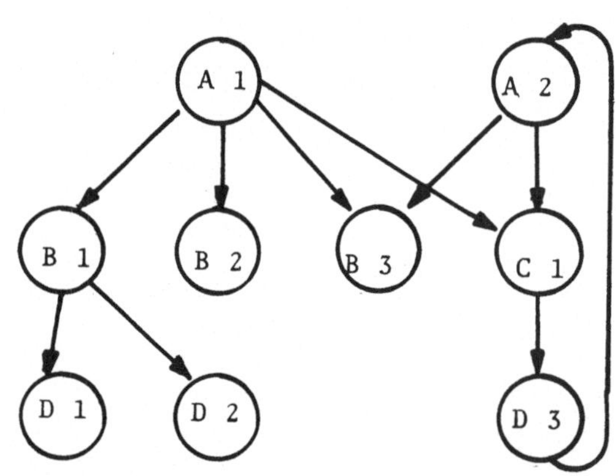

Mengen:	Kopf:	Mitglieder:
M 1	A 1	B 1, B 2, B 3, C 1,
M 2	B 1	D 1, D 2,
M 3	A 2	B 3, C 1,
M 4	C 1	D 3
M 5	D 3	A 2

Fig. 1.12: Netzwerkstruktur

Dieses Beispiel gehorcht der obigen Definition nicht, indem B 3 und C 1 Mitglieder sowohl der Mengen M 1 wie auch M 3 sind. Würde man ihre Beziehung zu A 1 (M 1) lösen, so wäre noch immer kein Kopfelement (A 2, C 1, D 3) nicht auch Mitlied einer Menge.

Die hierarchische Struktur ist sehr einfach, aber genügt vielen Bedürfnissen der Praxis nicht ganz (wobei allerdings oft durch eine zweckmässige Umorganisation der Daten die volle und teure Netzwerkstruktur vermieden werden könnte).

Beispiel 1.12: Betrieb eines Lagerhauses

In einem Lagerhaus werden die auslieferfertigen Produkte einer Schokoladenfabrik gelagert, wobei "Lagerhaus", "Schokoladesorte", "Palette" und "Karton" hierarchisch geordnete Typen von Mengen darstellen. Sobald aber Probleme der optimalen Zusammensetzung von Paletten aus verschiedenen Sorten zu behandeln sind, werden "Sorte" und "Palette" zu gleichgestellten Oberbegriffen, wobei ein "Karton" sowohl zu "Sorte" wie auch zu "Palette" gehört. Damit haben wir eine Netzwerkstruktur erhalten.

Ein Simulationssystem muss nun in der Lage sein, Elemente aus Mengen herauszulösen und/oder in andere Mengen hineinzufügen. Das geschieht allerdings meist nicht durch eine eigentliche Umspeicherung, sondern einzig durch eine geeignete Umsetzung von internen Indizes oder Zeigern (Pointers).

1.3.4. Die Zeit als Sonderfall

Wir haben schon mehrmals auf die Zeit als wesentliches Element bei der Simulation eines Systems hingewiesen. Das äussert sich logischerweise auch bei unserer abstrakten Skizzierung der wesentlichen Strukturen eines System-Modells. Gleichzeitig wird sich jedoch zeigen, dass die Mittel zur technischen "Zeitdarstellung" durchaus die bereits bekannten sind.

Beispiel 1.22: Das Gefecht einer Panzerkompanie gegen Panzerabwehrkanonen in einem konkreten Gelände [14].

(Dieses Beispiel wurde gewählt, weil hier mit wenig Elementen relativ viele Tätigkeiten möglich sind).

Es sei der Einfluss der technischen Daten der Waffen, der gewählten Gefechtstaktik und des Geländes auf die Verteidigungsstärke bestimmter Abschnitte zu untersuchen.

Zur Bearbeitung dieses Problems wurde eine Simulation des Gefechts durchgeführt, wobei die "Elemente" hier Panzer und Panzerabwehrkanonen sind, welche u.a. folgende Tätigkeiten ausüben können: Beobachten, Zielen, Schiessen, Nachladen, Fahren (nur Panzer und nur von Planquadrat zu Planquadrat wie auf dem Schachbrett). Die Simulation über die Zeit wurde wie folgt organisiert: Jedes Element enthält eine Weckeruhr. Wird eine Tätigkeit (z.B. "Nachladen") angeordnet, dann werden gleichzeitig die inneren Kenndaten des entsprechenden Elements (z.B. Mutationsbestand, Ladezustand) nachgeführt sowie auch die Weckeruhr auf jenen Zeitpunkt vorgerückt, da das Element für eine andere Tätigkeit verfügbar sein soll. Ist die Bearbeitung dieser Tätigkeit für dieses Element erledigt, so sucht das System das nächstfällige Element, d.h. jenes Element mit der nächsten fälligen Weckeruhr und arbeitet dort weiter. Sind mehrere Weckeruhren zur gleichen Zeit fällig, so gelten Prioritätsregeln.

Wir wollen zuerst die Frage der Zeitschritte, anschliessend jene der Zeitorganisation behandeln.

An sich gibt es zwei wichtige Zeitschrittbildungen:

- konstante Zeitschritte: Im Laufe der Simulation werden immer nach einem fixen Zeitintervall alle Elemente betrachtet und jene, welche für eine Tätigkeit bereit sind, bearbeitet. Diese Methode wird - allerdings mit gewissen Abweichungen bei Grenzfällen (sog. Anpassung der Schrittweite) - vor allem bei Simulationen kontinuierlicher Systeme (Differentialgleichungssysteme) benutzt. Sie ist für die Simulation wirklich diskreter Ereignisse selten im Gebrauch, da sie viele funktionslose Schritte bringt.

- variable Zeitschritte: (wie in Bsp. 1.22): Im Laufe der Simulation führt jedes Element den Begriff "nächste aktive Zeit" (= Weckerzeit) mit. Das Simulationssystem überspringt damit Zeitabschnitte mit wenig Aktivität in grossen Sprüngen, während beliebige Feinheit dort möglich ist, wo dies vom praktischen Modell her nötig ist. Nachteil: Zeitreihen sind nicht überall gleich genau bearbeitet, das ist jedoch ein meist durchaus tragbarer Verlust.

Die Zeitorganisation führt uns nun zurück zu den Mengenorganisationen aus dem Unterabschnitt 1.3.3. Wir haben (bei variablen Zeitschritten, die wir hier allein weiter betrachten wollen) für jedes Element die "nächste aktive Zeit" zu betrachten. Das ist eine Eigenschaft (Wert einer Variable!) des Elements. Wird nun das Element nach einer geordneten Elementmenge namens "Reihenfolgeliste" ("sequencing set") so eingeordnet, dass die Elemente gemäss ihrer aktuellen Weckeruhrzeit hintereinanderstehen, so sparen wir uns sogar das laufende Suchen des "nächsten Elements", es ist einfach das jeweils erste Element der Reihenfolgeliste. Allerdings muss nach Abschluss jeder Tätigkeit das entsprechende Element (und eventuell weitere davon betroffene Elemente) in der Reihenfolgeliste neu eingeordnet werden.

Die Zugehörigkeit zur Reihenfolgenliste ist eine zentrale und zugleich einmalige Eigenschaft jedes Elements. Daher ist es eine typische (sogar die typische) Eigenschaft von Simulationssprachen für diskrete Ereignisse, dass sie die Elementmenge "Reihenfolgeliste" automatisch aufbauen, nachführen und oft durch besondere Anweisungen sehr einfach manipulierbar machen. Anweisungen dieser Art bewirken eine Zeitverschiebung ("warten", "neue Aktion um .... Uhr") und versetzen ein Element in der Reihenfolgeliste gemäss neuer Zeitangabe.

Tritt ein Element in der Reihenfolgeliste nicht (mehr) auf, so kann es von sich aus nicht mehr aktiv werden. Gehört dieses Element noch anderen Elementmengen an, dann ist es von dort her als Datenträger noch zugänglich. Wenn aber das Element keiner Menge mehr angehört, so ist es für die Simulation nicht mehr existent, es ist "erledigt", sein Speicherplatz ist wieder verfügbar. Die Elimination "erledigter" Elemente aus dem Speichersystem ist eine wichtige Aufgabe eines Simulationssystems, da sonst der Speicher bald überfüllt wäre. Man nennt derartige "Reinigungsmethoden" auch "garbage collection".

1.3.5. Zufallsereignisse

Bei der Einführung des Begriffs "Monte-Carlo-Simulation" sind wir ein erstes Mal auf die Bedeutung des Zufalls gestossen. Für die Modellbildung ist die Verfügbarkeit geeigneter Zufallsfunktionen von grosser Bedeutung.

Beispiel 1.23: Das Panzerabwehrgefecht (Bsp. 1.22) [14] .

Folgende Zufallsfunktionen wurden in diesem Modell eingebaut:
- Treffererwartungsfunktion: Für jeden Schuss der grossen

Kaliber wird die Treffererwartung ausgerechnet und dann "ausgewürfelt", ob im konkreten Fall getroffen oder nicht getroffen wurde.

- Bewegungsfunktion: Für jede Bewegung eines Panzers werden sein Standfeld und seine Nachbarfelder (Schachbrett) bezüglich ihrer "Eignung" (Zielrichtung, Deckung, etc.) bewertet. Die 9 Felder stellen somit mögliche Lösungen dar, das effektive Zielfeld wird aus ihnen so ausgewürfelt, dass die "Eignung" sich als grössere relative Wahreinlichkeit beim Würfeln auswirkt.
- Verschiedene weitere Zufallsfunktionen, wie Erkennungszeit (aktiv und passiv), Zielzeit etc.

Ein geeignetes Simulationssystem muss nun dem Benützer Hilfen anbieten, damit er seinen Zufallsgenerator möglichst einfach benützen kann (siehe Kapitel 2 und auch 3 dieses Bändchens). Hier ist nur darauf hinzuweisen, dass der Einbezug des Zufalls in ein Modell insbesondere bedeutet:

- Ein Durchlauf einer Simulation (ein "Spiel") liefert keine feste Aussage über das Verhalten des Systems; erst eine Statistik über mehrere Spiele mit gleicher Ausgangslage (aber anderer Zufallsfolge) liefert relevante Information.
- Der Einbau des Zufalls ist noch lange kein Garant für die Qualität und Eignung eines Modells. Bei bestimmten Merkmalen (was durch eine Sensitivitätsanalyse zu belegen ist) ist der Zufall unnötig oder sogar schädlich (z.B. wegen Instabilität und Aufwand).
- Bei der Variierung allzu vieler Parameter wird die Zahl der nötigen Simulationen unverantwortbar (siehe auch Unterabschnitt 1.6.2), somit sind die wirklich wichtigen Aussagen durch allzu viel "Zufall" eher gefährdet.

Simulationsverfahren sind an sich in ihrer Modellierungsfähigkeit sehr flexibel. Das gilt auch für die verwendbaren Zufallsverteilungen. Gewisse fertig vorliegende Simulationssysteme gehen allerdings in ihrem Angebot kaum über die Rechtecksverteilung hinaus. Diese magere Ausrüstung genügt nicht in allen Fällen, deutet jedoch darauf hin, dass nicht die allzu raffinierte Verteilungsfunktion, als vielmehr die Auslegung des Gesamtsystems die Qualität der Ergebnisse dominiert. Die Verwendung des Zufalls erfordert immer sehr seriöse Vorbereitungen.

1.3.6. Verlauf und Ergebnis

Simulationsmodelle sind Mittel zum Zweck, sie sollen als Instrumente bei der Untersuchung komplexer Realitäten dienen. Was ist dann aus ihnen herauszuholen? Welche Ergebnisse können am Ende in Empfang genommen werden? Ist der eigentliche Verlauf der Simulation von Bedeutung für das Ergebnis?

Da Simulationsmodelle bei sehr verschiedenartigen Fragestellungen (siehe Unterabschnitt 1.6.3), die nur die Komplexität gemeinsam haben, beigezogen werden können, ist auch die Art der Auswertung sehr verschieden.
Schluss-Ergebnisse: Dazu zählen Statistiken und graphische Aufstellungen der bearbeiteten Elemente, ihrer Wartezeiten an verschiedenen kritischen Stellen, ihrer erreichten und durchlaufenen Zustände im weiteren auch Zeitreihen, usw. Die Gesamtbetrachtung gleichartiger Vergleichsperioden (gleiche Ausgangslage, aber unterschiedliche Wirkung des Zufalls) erlaubt nicht nur Mittelwertbestimmungen, sondern auch Streuungsbeobachtungen und die Bestimmung von Verteilungen. Die Beurteilung der Ergebnisse geschieht meistens nicht absolut, sondern durch Vergleich der Ergebnisgruppen verschiedener Ausgangslagen.

Verlauf: Durch die Abstraktion bei der Modellbildung ist meistens das Simulationsmodell nicht in allen Details modellgetreu, d.h. wir können z.B. bei einer Verkehrssituation für Lichtsignalsteuerungen aus den Einzeldaten des Verlaufs nicht direkt einen Film der unfallträchtigen Situationen herstellen. Für dem Ziel näherliegende Fragestellungen - z.B. die Fahrzeugdichte in den Stauräumen vor den Lichtsignalen - sieht das allerdings anders aus. Daher gibt es Fälle, wo man an einer Sichtbarmachung (im weitesten Sinne) des Verlaufs sehr interessiert wäre. Zwar hat immer bei Monte-Carlo-Simulationen der Einzelfall keine absolute Aussagekraft, aber die detaillierte Sichtbarmachung dient dennoch ganz praktischen Zwecken:

- Rascher Einblick in das Funktionieren des Modells (was vor allem dem Modellbauer selber bei der Fehlerausmerzung sehr helfen kann).

- Grobe Beurteilung der Ergebnisse (z.B. durch frühzeitiges Erkennen von eigentlichen Engpässen oder Unmöglichkeiten in der simulierten Situation).
- Einsatz des Modells in der Ausbildung, wo das dargestellte Spiel zwar nicht die einzige, aber doch eine mögliche Illustration der Praxis darstellt.

Somit ist der möglichen Verlaufsdarstellung zwar nicht in allen, aber doch in manchen Fällen die notwendige Aufmerksamkeit zu schenken. Eine moderne Computerlösung besteht übrigens darin, dass der Verlauf der Simulation eines zweidimensionalen Systems (z.B. Verkehrsnetz) auf einen Bildschirm projiziert (und vom Bildschirm u.U. auch direkt gefilmt) wird.
Drei Probleme sind dabei zu beachten:

- Das Auflösungsvermögen des Bildschirms (keine allzu kleinen Details angeben, ev. Wege statt Fahrzeugpunkte zeigen, etc.);
- die Zeitraffer-Bedeutung (die räumliche Verkleinerung braucht eine zeitliche Entsprechung, weil sonst ein falscher Geschwindigkeitseindruck entsteht);
- der ungleiche Zeitrhythmus bei Simulation und Wirklichkeit (d.h. dann, wenn viele Ereignisse intern zu bearbeiten sind, braucht der Computer viel Rechenzeit, sonst wenig, während die Zeit linear fortschreiten sollte! Das Problem stellt sich im allgemeinen auch beim Arbeiten mit festen Zeitintervallen, sofern nur die Zahl der Tätigkeiten oder Elemente variabel ist. Eine Lösung müsste entweder die Echtzeitkontrollbefehle des Rechners ausnützen oder über eine gekoppelte Filmkamera die Bildauslösungen von der Simulationszeit abhängig machen).

Für die Darstellung der Endergebnisse (Statistiken, ev. graphische Darstellungen, etc.) darf auf die breite Literatur in diesen eigenen Fachgebieten verwiesen werden. Alle wichtigeren Simulationssprach-Compiler bieten in diesem Bereich einige Hilfen an, was selbstredend von der Verlaufsdarstellung nur rudimentär gesagt werden kann.

1.4. Modellbildung für ökonomische und technische Systeme

1.4.1. Methodik der Modellbildung

Zur Vorbereitung jeder Modellbildung muss die Grundsatzfrage gestellt werden, ob überhaupt ein Simulationsmodell in einem konkreten Problemfall zweckmässig sei. Wir wollen diese Frage in den Abschnitt 1.6 verschieben und somit jetzt direkt auf die mehr technische Seite der Modellbildung eingehen. [9], [10]

Für Zwecke ökonomischer oder technischer Modellbildung sind oft folgende sechs Schritte angemessen [10], wobei sich die Phasen überlappen:

1. Formulierung des Problems
2. Formulierung des mathematischen Modells
3. Formulierung eines Computerprogramms (oder von Spielregeln)
4. Validierung, Bewertung des Modells
5. Entwurf der Experimente
6. Auswertung der Ergebnisse (Output Analysis)

Die Formulierung des Problems kann nicht sehr allgemein behandelt werden oder man bleibt dabei so breit, dass es sich keineswegs nur auf Simulationsproblemstellungen bezieht. Bei der Formulierung des mathematischen Modells geht es hingegen bereits um zentrale Fragen, wie wir sie im Abschnitt 1.3 behandelt haben (notwendige Flexibilitäten und Datenträgereigenschaften der Elemente, Zufallselemente, Ein- und Ausgabefragen, etc.). Zur Formulierung eines Computerprogramms sei auf Kapitel 3 verwiesen, wobei allerdings hier angemerkt werden muss, dass der Computer heute zwar ein breitest angewandtes Instrument bei der Simulation darstellt, aber durchaus nicht unabdingbar zur Simulation gehört. Es sind verschiedene praktische Simulationsarbeiten bekannt, wo entweder nur die Modellbildung (Systemanalyse) selber oder dann eine Handauswertung (inkl. Zufallszahlenverwendung!) die Computerbenützung vollständig umgangen haben. Im Normalfall aber werden wir die Computerbenützung in irgendeiner Form in unser Vorgehen einbeziehen.

Die Punkte 4 bis 6 sollen nun genauer untersucht werden.

1.4.2. Bewertung des Modells

Selbstverständlich kommen die Bewertungsfragen vom Anfang der Modellbildung an mit ins Spiel. Volle quantitative Bedeutung haben sie aber dann, wenn numerische Ergebnisse aus der Durcharbeitung und dem Betrieb des Modells vorliegen. Daher müssen für die Validierung des Modells mehrere Phasen unterschieden werden:

1. Phase: Formulierung der zu erfüllenden Postulate (a priori):

Von allem Anfang an - auch ohne Rücksicht auf das aufzustellende Modell, aber mit Ausrichtung auf die Probleme, die mit dem Modell bearbeitet werden sollen - können Forderungen aufgestellt werden, die das Modell erfüllen muss. Diese Forderungen können natürlich nicht beliebig umfangreich oder kompliziert sein; eine Beschränkung ist notwendig. Aber diese Forderungen stellen die Grundhypothesen für die weitere Arbeit dar. Es ist übrigens durchaus nicht auszuschliessen, ja sogar wahrscheinlich, dass Modifikationen an diesen Hypothesen nötig werden. Das ist nicht verboten, es muss nur in vollem Bewusstsein, mit objektiver Begründung gemacht werden. Und die Hypothesen selber sind strengen Masstäben auf ihre Rechtfertigung zu unterziehen.

2. Phase: Prüfung der Prognosefähigkeit des Modells:

Das Modell soll das Verhalten einer Wirklichkeit simulieren, also eine Prognose darüber erlauben, was passieren würde, wenn gewisse Ausgangsgrössen und Randbedingungen so und so festgelegt würden. Damit liegt auf der Hand, dass die Normierung und Eichung eines Modells am einfachsten durch Vergleich mit bekannten Fällen durchgeführt wird. Das ist allerdings nicht ganz ungefährlich, da bei der Eichung durchaus das Ganze "zum Passen" gebracht werden kann, indem vielleicht die falschen Steuergrössen reguliert werden. Je weiter der interessierende Prognosebereich vom Testbereich entfernt ist, umso grösser ist diese Gefahr. Dabei sind Extrapolationen jeder Art auch hier kritischer als Interpolationen.

Die Prüfungsmethoden für das Ausmass der Abweichungen des Modells von der Wirklichkeit (goodness-of-fit) sind die klassischen Verfahren der Statistik (siehe Kapitel 2) sowie Hilfsverfahren, wie etwa der Vergleich von graphisch aufgezeichneten Kurven (Zeitreihen, etc.).

Beispiel 1.24: Verhalten eines Verkehrsnetzes bei allgemeiner Verkehrszunahme

Verkehrsnetz und bisherige Verkehrsentwicklung sind bekannt, Zukunftsverkehr und -belastungen gesucht.

a-priori-Postulate könnten sein: Aussagen über das Verhältnis Personen-/Güter-Verkehr, über die technische Entwicklung der Fahrzeuge, über die Reisegewohnheiten.

Prüfung der Prognosefähigkeit des Modells: Vergleich mit früheren Daten aus der gleiche Stadt, mit anderen Modellstudien fremder Städte. Durchführung des Vergleichs mit statistischen Tests über die Zeitreihen, die aus den verschiedenen Modellen, bzw. der Wirklichkeit resultieren.

1.4.3. Entwurf der Experimente

Wenn der mittels Simulation ein System Untersuchende - nennen wir ihn Analysator - sein Simulationsmodell besitzt und gar noch den Nachweis der Prognosefähigkeit geführt hat, dann möchte er gerne zur Anwendung schreiten. Und hier treten nochmals Probleme auf, die den ganzen Nutzen in Frage stellen können.

Ein Simulationsmodell liefert nämlich grundsätzlich für gewisse angenommene Ausgangswerte ein mutmassliches oder mögliches Systemverhalten. Das Modell liefert an sich nicht etwa eine "Problemlösung", ein Optimum oder etwas dergleichen. Nur das Durchspielen aller "vermutlich interessanten" Fälle, bei stochastischen Problemen sogar nur nach vielen Wiederholungen jedes einzelnen Falles (zur Gewinnung der notwendigen statistischen Unterlagen) liegen genügend Angaben vor, die daraus anschliessend die Bestimmung des vermutlich besten unter den vorgeschlagenen Fällen erlaubt.

Wir sehen sofort, dass ein Durchspielen "aller interessanten Fälle" nicht unbesehen in Frage kommen kann.

Beispiel 1.25: Neues Lagerhaus-Konzept

Eine Fabrikationsfirma für haltbare Lebensmittel sucht eine optimale Lösung zur Plazierung ihrer Lagerhäuser in Berücksichtigung der Fabriken und Verbraucher. Ein Durchsimulieren aller interessanten Fälle bedeutet:

- 10 mögliche Standorte für 1 bis 10 Lagerhäuser ergibt $2^{10} - 1 = 1023$ Varianten
- 3 mögliche Betriebsarten für ein Lagerhaus
- 2 mögliche Transportkonzepte

insgesamt: ca. 1'000 · 3 · 2 = 6'000 Varianten

Da es sich um ein stochastisches Problem handelt (die Bestelleingänge sind zufallsabhängig) müssen die kritischen Monate mehrfach durchsimuliert werden (z.B. 15 mal). Das ergibt 90'000 Monatssituationen für einen kritischen Monat.

Wir erkennen sofort, dass jede Einschränkung der Variantenzahl kräftig zum Tragen kommt [15] , und müssen daher verlangen, dass mit einigen wenigen Testsimulationen als erstes jeweils abgesteckt wird, wo etwa interessante Lösungen liegen dürften. Im obigen Beispiel sind sicher nicht alle Lösungen zwischen 1 und 10 Lagerhäuser gleich aktuell.

Nebst diesem Problem der Anzahl Fälle (und dem ähnlichen Problem der Grösse, also z.B. der Anzahl Elemente im Modell) stellen sich allerdings noch andere Fragen.

Wieder einmal stossen wir hier auf den Zweck der Untersuchung. Wenn es um eher grundsätzliche (qualitative) Fragen geht, wird man am besten sehr verschiedenartige Fälle durchspielen, um grob die möglichen Lösungsbereiche abzustecken. Hier ist ein feines Verändern der Steuergrössen (Parameterisierung) nicht angebracht. Erst recht gilt dies für die Simulation für Ausbildungszwecke: Einzelne ausgewählte Beispiele genügen hier als Fälle durchaus. Anders ist es bei quantitativen Studien in Bereichen, die bereits gut abgegrenzt sind: dort sind "Reihenuntersuchungen", eben Parametervariationen, angebracht.

Das Simulationsmodell ist ein experimentelles Instrument des Analysators, daher können für die Experimentierplanung durchaus die gleichen Grundüberlegungen angebracht werden, die auch bei Laborexperimenten gelten. Dazu gehört im besonderen die Frage nach den gleichzeitig beobachtbaren Ergebnissen (multiple response problem). In technischen, besonders aber in ökonomischen Untersuchungen interessiert man sich für das Verhalten der verschiedensten Grössen. Sind einzelne dieser Grössen voneinander direkt abhängig, ist die Sache problemlos, dann können wir die unabhängigen Grössen allein betrachten und die abhängigen ausserhalb der eigentlichen Simulation direkt ausrechnen. Bei echten indirekten und verknoteten Beziehungen, wie sie für Simulationssysteme typisch sind, ist das allerdings gerade nicht möglich. Hier können auch nicht die einzelnen Parameter unabhängig voneinander variiert werden. Für diese gekoppelten Fälle - die gemäss statistischen Regeln (minimal notwendige Zahl von Experimenten) grosse Simulationszahlen erfordern - sind noch wenige grundlegende Verbesserungsmassnahmen bekannt (Versuche mit Nutzentheorie durch Gary Fromm in [8] ; statistische Ueberlegungen siehe Kapitel 2).

Nochmals eine andere Problematik für die Experimentplanung resultiert aus der gewünschten Genauigkeit, denn diese führt - bei gleich guten Modellen - zu mehr Simulationen und höherem Rechenaufwand. Die Frage der Genauigkeit soll aber (ausser im Kapitel 2) im Unterabschnitt 1.6.1 nochmals aufgenommen werden.

1.4.4. Auswertung der Ergebnisse (Output Analysis)

Eine der allergrössten Gefahren bei der Verwendung von Simulationsmethoden (wie übrigens auch bei vielen anderen Verfahren zur Unterstützung von Planung und Entscheidungsfindung!) erwächst aus der unbesehenen Uebernahme von Rohergebnissen, wobei der Zweck der Studie grosszügig übersehen und übergangen wird.

Beispiel 1.26: Abhängigkeit von Berufsausübenden und in Ausbildung Stehenden in einer bestimmten Berufsgattung

Die Zusammenhänge zwischen Berufswahl, Berufsaufnahme, Bestand an Berufsausübenden und Berufsaustritten sollen für eine bestimmte Berufsgruppe untersucht werden. Darauf schreibt nach Abschluss der Studie die Presse: "So wird 1985 ein Ueberfluss von 400 Aerzten herrschen", weil einer der untersuchten Fälle zu diesem Resultat führte.

Eine Modellstudie liefert uns ausnahmsweise und nur in einem ganz bestimmten Bereich absolute Zahlen als Resultate. Alle anderen Zahlen dürfen nur im Kontext betrachtet und für Vergleiche etc. verwendet werden. Der Analysator wird immer mehrere Varianten simulieren, und es ist daher unzulässig (wie im Beispiel 1.26) aus der Tatsache, dass ein bestimmter Fall durchgespielt wurde, zu schliessen, dass sich der Analysator mit jener Variante identifiziere.

Folgende Regeln sind daher bei der Auswertung anzuwenden:

- Resultate müssen zusammen mit den für sie geltenden Annahmen (Eingabedaten, Voraussetzungen) genannt werden.
- Der Verwendungszweck ist in die Modellbildung eingegangen; er kann bei der Resultatverwendung nicht ausser Acht gelassen werden.
- Die Rohdaten müssen vor der Vorlage vor einer Entscheidungsinstanz (wofür die Simulation durchgeführt wurde) aufbereitet werden. Erst dann sind sie Entscheidungsunterlagen.

Bei der Ergebnisanalyse sind alle Vorbehalte der Statistik anzubringen. Wenn also ein statistischer Test aussagt, dass zwei Varianten nicht signifikant verschieden seien (bei gegebener Genauigkeit), dann darf auch der Generaldirektor hinterher nicht behaupten, Variante A hätte eben ein paar Franken besser abgeschnitten.

Wenn aber Unterschiede nachgewiesen werden können, dann sind oft (für die verschiedenen interessierenden Kriterien) bestenfalls Rangordnungen angebbar: "Bezüglich Kriterum X ist A besser als B, B besser als C". Ein volles Netzwerk von solchen Randordnungen kann aber oft einen echten Beitrag zur Entscheidungsfindung leisten.

Die Ergebnis-Analyse hat noch eine ganz anders gerichtete Bedeutung,auf welche schon im Unterabschnitt 1.4.3 verwiesen wurde. Auf Grund der bereits erhaltenen Ergebnisse muss jeweils entschieden werden, welche weiteren Simulationen nun noch durchzuführen sind. Wozu führen wir Simulationen durch? Doch sicher, "um bessere Entscheidungsunterlagen (für einen bestimmten Entscheid) zu erhalten". Der Informationsgewinn, der für unsere Entscheidung durch zusätzliche Simulationen zu erreichen ist, muss grösser als der Rechenaufwand für diese Simulationen sein. Leider wird diesem Grundsatz der Entscheidungstheorie beim Simulieren nicht immer nachgelebt.

Ue 1.2 Man betrachte ein einfaches reales System (ein Lagerhaus, eine Bibliothek, eine Grosshandlung, etc.), bei dem eine (oder einige) konkrete Fragen zu stellen sind, wie z.B.

- optimale Losgrösse, Anzahl gleicher Bücher, ...
- Zusammenhang zwischen Bestand und Wartefristen
- Anzahl Schalter, Laderampen, Verkäufer

Nun sind auf Grund dieser Problemstellung die in den Unterabschnitten 1.4.2, 1.4.3, 1.4.4 aufgeworfenen Postulate zu konkretisieren, (d.h. die Hypothesen und Kriterien für die Modellbeurteilung aufzustellen), die Experimente mit dem Modell (natürlich nur a priori und im groben) zu planen sowie die Ergebnisauswertung so zu organisieren, dass die gewünschte Antwort möglich wird, anderseits aber auch ein Abbruch der Experimente angesteuert wird.

1.5. Modelle von (Planungs-) Verfahren (Heuristik)

1.5.1. Modellbildung auf der Methodenebene

Die bisherigen Modellbildungs-Beispiele stammten meist aus dem Bereich der realen Welt (Verkehr etc.) oder der dieser realen Welt überlagerten organisatorischen Ebene (Betriebswirtschaft und ähnliches). Das entsprechende "Modell" sucht dann Eigenschaften der Realwelt darzustellen, indem quantitative Grössen Variablen zugeordnet werden, die kontinuierliche Welt diskretisiert wird (Zerlegung in Elemente) und so weiter. Die zeitliche Abfolge geschieht wie in der Wirklichkeit, insbesondere ist auch die kausale Beeinflussbarkeit so, dass nur Früheres Späteres beeinflussen kann. Das Modell und seine zeitlichen Zustände simulieren eine Wirklichkeit und ihr Verhalten über die Zeit.

Nicht auf der realen, sondern auf einer gedachten Ebene arbeitet nun der Mensch, wenn er intellektuell arbeitet. Aber auch dort ist eine zeitliche Abfolge des Denkprozesses offensichtlich, wobei seine Assoziationsfähigkeit es dem Menschen erlaubt, parallel ganz verschiedene Dinge mitzuberücksichtigen und im Auge zu behalten. Diese Situation hat somit sehr viel Aehnlichkeit mit dem System, das einer Simulation unterworfen werden kann.

Was ist es dann, das auf der Denkebene sich in einem solchen formalisierbaren Sinne abspielt? Es handelt sich dabei um methodisch fassbare, konstruktive und meist für die Planung nutzbare Denkprozesse. Dort, wo der Mensch "eine Lösung konstruiert" und dabei einem bestimmten Denkschema oder Planungsverfahren folgt, ist eine offensichtliche Verwandschaft zu den früher geschilderten Simulationen vorhanden.

Eine - so zu konstruierende - "Lösung" eines Denkproblems kann praktisch natürlich verschiedenste Formen haben.

Beispiel 1.27: "Lösungen" von Denkproblemen, welche für heuristische Verfahren geeignet sind [13] .

- Schulstundenplan für Fachlehrerschule
- Fahrplan für ein Transportunternehmen
- Zuweisung von Arbeiten auf einen Park von Werkzeugmaschinen

- Schachspielen
- Personaldisposition

Uns interessiert im vorliegenden Fall vor allem die "Lösung" für ein Problem, in welchem gewisse Zuordnungen der beteiligten Bestandteile so zu bestimmen sind, dass irgend ein Optimierungskriterium zu erfüllen ist. Die Zahl der Möglichkeiten und die Komplexität der Bedingungen soll dabei so gross sein, dass kein direktes Berechnungsverfahren für das Optimum existiert (also keine "lineare Optimierung", "dynamische Optimierung", "Branch-and-Bound-Technik", etc.).

Damit ein Problem trotzdem gelöst werden kann (das in der Praxis eben einfach gelöst werden muss), hat man sich bisher einfach hingesetzt und mit dem "gesunden Menschenverstand" versucht, eine Lösung aufzustellen, die den gestellten Bedingungen entsprach. Man denke an den Schulstundenplan oder an den Maschinenbelegungsplan, immer wurde schliesslich eine "Lösung" erreicht. Allerdings waren diese Lösungen oft nicht optimal, man hätte mit einigem zusätzlichem Aufwand Verbesserungen anbringen können. Dabei ging es meist gar nicht mehr um derartige Feinheiten: Man war froh, wenn man eine Lösung hatte.

Mit der Zeit kam dann das Bedürfnis, den Computer für derartige Planungsarbeiten einzusetzen. Und dabei behalf man sich wiederum mit einer Simulation, indem man versuchte, den menschlichen "Lösungsprozess" maschinell nachzuahmen, zu simulieren. Man simuliert das "Suchen" und kommt zur Heuristik.

Es kann nicht Sache dieses Büchleins über Simulationstechnik sein, die heuristischen Planungsverfahren zu erläutern. (Siehe z.B. [13]). Dennoch ist es hier von Interesse, gewisse Parallelen zu erkennen:

Elemente der oben skizzierten Planungsverfahren (siehe Bsp. 1.27) sind die Bausteine der Lösungen, z.B. eine Schulstunde in Fach F bei Lehrer L zur Stunde S im Zimmer Z oder eine Fahrt von A nach B, ein Schachzug etc. Diese Elemente gehören verschiedenen Begriffsmengen an, sie werden nach gewissen Gesichtspunkten ausgewählt, wobei hier allerdings eher vorgebbare Kriterien (z.B. zur Vermeidung von möglichen "späteren" Konflikten bei der Lösungskonstruktion) als der Zufall eine Rolle spielen. Die Benützung des Zufalls bei der Auswahl gleichwertiger Elemente zur Konstruktion von Lösungen hat sich nämlich eher selten als zweckmässig erwiesen.

Der zeitliche Ablauf der Lösungskonstruktion folgt dem Aufbau der Lösung aus ihren Elementen. Man beginnt meist mit jenen Elementen, die den engsten Randbedingungen unterworfen sind, also z.B. beim Schulstundenplan mit den Turnstunden (wenige Turnhallen), bei der Maschinenbelegung mit den meistbelasteten Maschinen (sog. Schlüsselmaschinen). Allerdings ist das sehr statisch gedacht, indem vorausgesetzt wird, dass der ganze Plan sukzessive aufgebaut und vollendet werden kann, bis er zur Anwendung kommen muss.

Diese Voraussetzung ist bei dynamischen Problemen nicht erfüllt.

Beispiel 1.28: Dynamische Produktionsplanung mit einer Gruppe von Werkzeugmaschinen (Job-Shop-Scheduling)

Alle vorhandenen Bearbeitungsaufträge werden wöchentlich (montags) auf die Werkzeugmaschinen verteilt. Am darauffolgenden Montag muss der Auftragsüberhang zusammen mit den neuen Aufträgen verplant werden, wobei bisher eingeplante Aufträge u.U. zu Gunsten von dringlichen neuen Aufträgen zurückgestellt werden müssen.

Wir sehen aus diesem Beispiel das Problem der Umplanung, das übrigens auch bei statischen Verfahren gelegentlich vorgesehen wird, aber - hier im Gegensatz zum menschlichen Planer - nach Möglichkeit zu vermeiden und auch vermeidbar ist. Gerade der Computer hat nämlich mehr als der Mensch die Möglichkeit, laufend eine Vielzahl von Nebeneffekten mitzubeachten, so dass später Ueberschneidungen, Fehlzuweisungen und "Knöpfe" im Plan bei der direkten Zuweisung vermieden werden sollten.
Eine Hauptschwierigkeit bei den Umplanungen in dynamischen Problemen besteht übrigens darin, dass vor lauter Optimierungswillen nicht allzu viel umgeplant wird, womit eine unnötige Unruhe und Instabilität in das System gebracht würde.

Heuristische Verfahren simulieren gemäss unseren Modellvorstellungen den menschlichen Planer und Disponenten. Dass dabei die freie Erfindungsgabe des Menschen nicht zum Zuge kommt, liegt in der Natur des Problems und ist bei diesen Verfahren und in diesem Sinn auch nicht nötig. Aber der Mensch kann bei seiner entsprechenden Planungsarbeit selber nicht garantieren, das Optimum zu finden. Noch schlimmer, es kann nicht garantieren, in jedem Fall eine zulässige Lösung des Problems zu finden, auch wenn sie existiert, aber sehr schwierig zu finden ist. Und genau diesem Handicap ist natürlich bei den heuristischen Verfahren auch die Maschine unterworfen.

1.5.2. Uebertragene Bedeutung der Zeitachse

Sehr wohl kann die gedankliche Zeitachse bei der heuristischen Simulation der wirklichen Zeitachse entsprechen. So beim Schachspiel, wo man (in einem begrenzten Rahmen) Zug um Zug überlegt. Anderseits ist aber die wahre Zeitachse oft völlig ausser Betracht, insbesondere bei statischen Problemen. Die Zeitachse der Elementezuteilung ist grundsätzlich dadurch bestimmt, dass die kritischen Elemente zuerst verplant werden (siehe oben Turnstunde, Schlüsselmaschinen).

Daher fällt hier der reale Zeitbegriff oft völlig weg. Die Zeitachse ist nur noch Verplanungsreihenfolge; Probleme ohne jeden Zeitbezug können mit heuristischen Verfahren bearbeitet werden.

Beispiel 1.29: Bestmögliche Nutzenbestimmung auf Druckbogen

> "Nutzen" sind auszustanzende Produkte (z.B. Schokoladeumschläge, Faltschachtelkartons) auf einem grossen Druckbogen. Es geht dabei darum, möglichst viele der (oft sehr unregelmässig geformten) Nutzen auf einem standardformatigen Bogen unterzubringen.
> Die heuristische Methode "plaziert" dabei einen Nutzen um den anderen auf dem Bogen, immer im Bestreben, die entstehenden Abfälle zu minimieren. Das Ergebnis ist eine (pseudo-) optimale Flächenaufteilung (ohne Zeitbezug).

1.6. Kritische Fragen

1.6.1. Allgemeine Fehlerbetrachtungen

Jede Modellbildung im hier besprochenen Sinn wird auf Grund ihrer Leistung beurteilt, und d.h. auf Grund der Präzision, mit der eine Wirklichkeit dargestellt wird.
Abweichungen vom Urbild sind Fehler, und diese können auf ganz verschiedenen Ebenen auftreten:

Systemfehler: Das zu modellierende System wurde falsch erfasst, falsch in Elemente gegliedert, die Beziehungen der Elemente und zur Umwelt falsch gesehen.

Modellfehler: Die Uebertragung auf das Modell entspricht in wichtigen Teilen nicht dem Original; die Elemente des Modells haben falsche, eventuell ungenügende Eigenschaften; die Darstellung der Zufallsabhängigkeit ist nicht angemessen.

Datenfehler: Die verwendeten Daten sind falsch, ungenau, dem Modell nicht angepasst (d.h. ausserhalb des für das Modell zulässigen Bereichs).

Rechenfehler: Das Modell ist für die numerische Rechnung schlecht, hat Unstabilitäten oder eine schlechte Konvergenz (insbesondere bei stochastischen Modellen); das Modell berücksichtigt innere Beziehungen der Daten nicht (Autokorrelation, etc.).

Interpretationsfehler: Die Ergebnisse des Modells werden falsch interpretiert, für falsche Zwecke angewandt, mit einer nicht vorhandenen Genauigkeit verstanden (zur Frage der eigentlichen stochastischen Konvergenz und Fehlerabnahme bei grossen Zahlen von Simulationen siehe Kapitel 2).

All diese Fehler überlagern sich, weshalb es völlig unvernünftig wäre, auf einer einzigen Stufe (z.B. der eigentlichen Rechenarbeit) einen gewaltigen Aufwand zu treiben (um die statistischen Fehler zu reduzieren), anderseits aber Modellfehler zu tolerieren, die von bedeutend grösserem Einfluss sind. Daher die <u>Regel:</u>

> Die Fehler aller Stufen (die durchaus vorhanden sein dürfen) müssen aufeinander abgestimmt sein und erkannt werden. Mehraufwand zur Fehlerreduktion ist nur gerechtfertigt, wenn der <u>Gesamtfehler</u> einer Simulation dafür entsprechend gesenkt werden kann.

1.6.2. <u>Feinheiten des Modells</u>

Die Fehlüberlegung in 1.6.1 werden notwendigerweise die Frage der Feinheit der Modellbildung auf. Sind "grobe Modelle", die <u>überblickbar</u> und meist relativ <u>stabil</u> (d.h. wenig empfindlich auf Störungen aller Art) sind, besser oder zwingt die Genauigkeit zur Verfeinerung? Die Frage kann nicht allgemein beantwortet werden.

In manchen Fällen ist die Wirklichkeit mindestens in Teilen sowieso kontinuierlich. Da muss auf jeden Fall eine Diskretisation, eine Zerhackung in Teile, vorgenommen werden, wie dies in der angewandten, numerischen Mathematik seit je üblich ist. Und wie dort kann auch bei der Simulation durchaus eine vernünftige (manchmal sogar die vernünftigste) Aussage mit einem groben Modell gemacht werden. Besonders gilt dies in Fällen, wo der Analysator überhaupt noch wenig über das Verhalten des betrachteten Systems weiss.

Verfeinerungen und Details sind dort sinnvoll, wo in einem gut abgegrenzten Bereich das grobe Verhalten bekannt ist, und daher Zwischenwerte gesucht und auch benötigt werden.
Aus Gründen des Rechenaufwandes sind die Simulationsarbeiten aber zu begrenzen. Daher muss genau abgeklärt werden, ob die <u>Verfeinerung</u> des Modells (die eine Vergrösserung der Rechenarbeit <u>pro Spiel</u> bringt) gegenüber der dadurch eventuell notwendig werdenden Verringerung der <u>Anzahl Spiele</u> oder Vergrösserung des <u>statistischen Fehlers</u> (weniger lange Simulation) verantwortet werden kann. Die folgenden Wünsche sind nämlich

alle rechenaufwandvermehrend:

- Verfeinerung (Berücksichtigung von Details)
- Verminderung der statistischen Fehler (Durchrechnen von gleichartigen Fällen)
- Grössere Zahl von Varianten (mehr Spiele mit verschiedener Ausgangslage)

1.6.3. Anwendungsbereiche

Schon mehrfach wurde der Zweck von Simulationsarbeiten angetönt. Wichtigste Anwendungen sind wohl folgende:

Beurteilung von Planungsvarianten: Verschiedene mögliche Varianten, die möglichst qualitativ vergleichbar (also nicht völlig anders geartet) sind, werden quantitativ (z.B. durch ihre technischen und ökonomischen Daten) beschrieben und durchsimuliert. Die Simulationsergebnisse dienen als Entscheidungsgrundlage für die Variantenwahl, wobei durchaus mehrere massgebende Grössen (mit Mittelwert und Steuerung) dem Modell entnommen und der Entscheidungsinstanz vorgelegt werden können.

Systemanalyse: Die Aufstellung eines Simulationsmodells oder die Bereitstellung der Daten einer konkreten Variante für die Durchrechnung in einem Simulationsmodell ist wohl eines der besten Mittel zum präzisen Kennenlernen und zur Analyse des Systems oder einer Variante. Diese Tätigkeit zwingt zu derart seriösem Vorgehen, dass der Analysator auf diese Weise oft bisher unbekannte Eigenschaften seines Studiengegenstandes erkennt.

Schulungsmittel: Nicht nur für die Systemanalyse eines Problems, sondern ganz allgemein ist natürlich jedes Modell ein typisches Schulungsinstrument. Bei Prognosemodellen wird dabei insbesondere - immer neben dem Systemverständnis - die Entscheidungsfähigkeit und -Qualität geschult (z.B. Managementspiele).

Der angestrebte Zweck wird in den meisten Fällen die Modellbildung wesentlich beeinflussen. Ein Schulungsmodell insbesondere weicht zum Beispiel vom Modell für den Variantenvergleich ab, äusserlich wegen der anderen Ergebnispräsentationsbedürfnisse, innerlich aber auch, weil für die Schulung weniger, aber ausdrucksfähigere Steuergrössen angestrebt werden als für das Laborinstrument.

1.6.4. Ungelöste Probleme

Simulationsmethoden sind heute ein gutes und durchaus reelles Handwerkzeug für den Systemanalysator. Dennoch ist noch manches Problem in diesem Bereich nicht generell gelöst. Dazu zählen zum Beispiel folgende:

Optimale Zahl der Wiederholungen pro Spiel: Diese Zahl ist abhängig sowohl von den verwendeten Zufallsgrössen wie auch von ihrer Korrelation und von der Art des Modells.

Länge eines Simulationsspiels: Die günstigste Länge des Verlaufs (siehe Fig. 1.9 in Unterabschnitt 1.3.2) und das beste Abbruchkriterium hängen von ähnlichen Kriterien wie die Wiederholungszahl ab.

Unerwartetes Verhalten (Unstabilität): Modelle, die durchaus nach den Regeln aufgestellt worden sind, können ein völlig unerwartetes Verhalten zeigen, indem der Verlauf unsinnig wird (das System "explodiert"). Daher ist immer eine Kontrolle der Resultate auf mindestens überblickmässige "Vernünftigkeit" durchzuführen. Detaillierte aber recht anspruchsvolle Ueberlegungen zu diesem Problem liefert die numerische Mathematik.

Fehlerherkunft: Im Unterabschnitt 1.6.1 wurden mögliche Fehler behandelt. Liefert ein Modell aber falsche Ergebnisse, ist es oft sehr schwierig, deren Herkunft zu bestimmen, was die Voraussetzung für die Abhilfe ist.

1.6.5. Simulation und andere Methoden

Simulation ist ein numerisches Verfahren und das ist bereits ein Hinweis darauf, dass wir es mit einer "Notlösung" zu tun haben, die dann zum Einsatz kommt, wenn analytische Methoden versagen [10] . Wenn analytische Verfahren für ein Problem vorhanden sind, dann sind sie grundsätzlich vorzuziehen, insbesondere dann, wenn sie nicht nur Varianten bewerten (wie die Simulation), sondern ein Optimum bestimmen (und das gar im mathematischen, exakten Sinn). Es ist interessant zu sehen, dass in Europa der Anteil der Simulationen an den gesamten Operations Research Arbeiten eher etwas geringer ist als in den USA, weil in Europa nicht mit der gleichen Selbstverständlichkeit sofort die manchmal recht rohe Gewalt des Computers als Simulationsmaschine eingesetzt wird, solange die Hoffnung auf eine analytische Lösung besteht. Ein Grund für dieses "bessere" europäische Verhalten steckt aber sicher auch darin, dass der Computer noch nicht ganz gleich selbstverständlich für alle kommerziellen Belange eingesetzt wird, wie in den USA. (In Europa wird die Buchführung in den Rechenzentren gegenüber der Planung noch bevorzugt behandelt).

Die Simulation ist gegenüber den nicht ganz allgemein verbreiteten analytischen Methoden (wozu z.B. die Auflösung von Gleichungssystemen und lineare Optimierung gezählt werden können) ein bequemes Instrument, das rasch auch zu ausgefallenen, nichtlinearen Problemen erste Aussagen liefert. Es dient als Grobexperiment, dem alle mindestens mit etwas Verständnis begegnen können; es lässt sich als Modell auch leichter als die rein mathematischen Systeme erklären.

Die Simulation ist sehr flexibel. Ob wir eine Querschnitt-Simulation (statisch) oder eine Zeitreihen-Simulation (dynamisch) durchführen, ob noch ein paar Elemente mehr oder eine kompliziertere Funktion zusätzlich auftauchen, das ist meist von sekundärer Bedeutung, während ein analytisches Verfahren dadurch völlig ueber den Haufen geworfen werden kann.

Auf der anderen Seite haben wir viele der Gefahren gesehen, die in der Simulation stecken. Sie beruhen weitgehend darauf, dass ohne genügende analytische Vorbereitung simuliert wird. Denn "mit der Simulation hat man wenigstens Resultate, die man vorweisen kann" (auch wenn sie manchmal falsch sind!).Diese Ueberlegung ist keineswegs bösartig, sie entspricht leider durchaus bekanntgewordenen Fällen. Allerdings hat dann meistens nicht der simulierende Analysator den Fehler aufgedeckt, sondern ein Aussenstehender mit dem berühmten "gesunden Menschenverstand", und der Analysator war dann durchaus ehrlich überrascht. Also nicht simulieren? Die richtige Antwort auf die Gefahrenfrage lautet anders: Nur simulieren, wenn man das betrachtete System und das benützte Modell genügend versteht und "im Griff hat".

Als letztes stellen wir noch die Frage nach dem Computer. Gehört der zur Simulation? In der Praxis kann man sicher sagen, dass alle grösseren Simulationsarbeiten heute mit der Hilfe grosser Rechenautomaten durchgeführt werden. Dennoch existiert die Simulation zu Recht auch ohne Computer:

- für sehr kleine Probleme: Hier lohnt sich die Programmierung nicht. Sogar für stochastische Anwendungen (mit Zufallszahlen ab Würfel oder Liste) lassen sich manuelle Simulationen durchführen, und das dafür verwendete Hilfspersonal braucht nur ein paar einfache Anweisungen und Formulare.(Menschen sind nämlich einfacher und billiger zu "programmieren" als der Rechner!).
- für Systemanalysen: Hier kann vorkommen, dass die Arbeit mit der Aufstellung des Modells bereits beendet ist. Der Computer gelangt somit gar nicht mehr zum Einsatz.

Und damit kommt wohl deutlich genug zum Ausdruck, dass Modellbildung und Simulation Methoden der allgemeinsten Art sind, die ihre anerkannte Bedeutung im breiten Tätigkeitsbereich des Systemanalysators sicher erreicht haben.

Literatur

[1] Büchel, A.;"Systems Engineering - Eine Einführung"in "Industrielle Organisation", 38 (1969)/9.

[2] Data Base Task Group;"CODASYL REPORT, April 71", IFIP Administrative Data Processing Group, Amsterdam,(1971)

[3] Feiler, A.M.;"TRANSIM - A General Purpose Transportation Simulator ", in: [11]

[4] Gordon, G.;"General Purpose Simulation System (GPSS) - A Computer Language",in [11]

[5] Hall, A.D.;"A Methodology for Systems Engineering", D. van Nostrand, Princeton,(1962)

[6] IBM;"GPSS - General Purpose Simulation System",verschiedene IBM Publikationen

[7] Kiviat, P.J.;"Development of New Digital Simulation Languages",in The Journal of Industrial Management,(Nov. 66)

[8] Naylor, T.H. (Ed.);"The Design of Computer Simulation Experiments",Duke University Press, Durham, (1969)

[9] Naylor, T.H.;"Computer Simulation Experiments with Models of Economic Systems",J. Wiley, New York, (1971)

[10] Naylor, T.H.;"Simulation and Validation",Vortrag am IFORS-Kongress, Dublin,(1972)

[11] Railway Systems and Management Association;"Simulation of Railroad Operations",Chicago,(1966)

[12] Rytz, R.;"SIM - Ein neues Simulationskonzept",Diss. ETH, Juris Verlag, Zürich,(1970)

[13] Weinberg, F., Zehnder, C.A. (Ed.);"Heuristische Planungsmethoden",Lecture Notes in Operations Research and Math. Economics, Bd.13, Springer Berlin, (1969)

[14] Zehnder C.A.;"Planung mit einem Computer als Gefechtsmodell", in: Allg. Schweiz. Militärzeitschrift, 134, (1968)/11.

[15] Zehnder, C.A.;"Massstäbe beim Computer-Einsatz",in "Industrielle Organisation", 42 (1973)/3.

2. Simulation stochastischer Experimente und statistische Auswertung von Simulations-Versuchen

Der Einbezug zufälliger oder stochastischer Einflüsse in eine Simulation ist nicht immer notwendig und auf jeden Fall zu vermeiden, wenn dies möglich ist. Es gibt aber viele Probleme, bei denen gerade der Zufall, die unregelmässigen Schwankungen, die Unsicherheit, die nicht vollständige Voraussagbarkeit der Phänomene das Wesentliche ist. Typische Beispiele sind Warteschlangen-Phänomene, die gar nicht mehr existieren, wenn der Zufall eliminiert wird.

In den Fällen, in denen die stochastische Simulation unumgänglich wird, muss man sich mit zwei verschiedenen Problemkreisen auseinandersetzen:

(i) der Nachbildung oder Simulation des Zufalls,

(ii) der statistischen Auswertung der zufallsbeeinflussten Simulations-Ergebnisse.

Das 2. Kapitel befasst sich mit diesen beiden Aspekten der stochastischen Simulation. Der Stoff bildet zu einem grossen Teil (mit Ausnahme vielleicht des Abschnitts 2.1.1.) ein spezielles Kapitel der Wahrscheinlichkeitstheorie und der mathematischen Statistik. Es wird aber nicht versucht, die Elemente, Methoden und Verfahren dieser Gebiete von Grund auf zu entwickeln; dafür gibt es viele gute Lehrbücher, z.B. (15,40,41). Ausgehend von den besonderen Problemen der stochastischen Simulation wird aufgezeigt, wie verschiedene Resultate und Methoden der Wahrscheinlichkeitstheorie und der Statistik zu deren Lösung beitragen können. Dabei muss vorausgesetzt werden, dass der Leser mit Grundbegriffen wie Zufallsvariablen, Verteilungsfunktionen, Erwartungswerten und Varianzen vertraut ist.

2.1. Simulation stochastischer Experimente

2.1.1. Erzeugung von Zufallszahlen

Das Vorgehen zur Simulation stochastischer Vorgänge besteht aus zwei Schritten:

1. Man erzeugt eine Folge von Zufallszahlen, die im Intervall zwischen 0 und 1 uniform verteilt und alle unabhängig voneinander sind.
2. Man transformiert diese Zufallszahlen so, dass neue Zufallszahlen entstehen, die nach dem vorgegebenen Wahrscheinlichkeitsgesetz des zu simulierenden Vorgangs verteilt sind.

In diesem Abschnitt wird Punkt 1. betrachtet. Was sind Zufallszahlen? Gleich diese erste Frage berührt ein tiefes mathematisches und sogar philosophisches Problem. Von einem praktischen Standpunkt aus sind Zufallszahlen Zahlenwerte, die als Ergebnis einer zufälligen Stichprobennahme betrachtet werden können.

Das muss etwas genauer betrachtet werden. Sei $X_1, X_2, \ldots$ eine Folge von Zufallsvariablen, die alle im statistischen Sinne voneinander unabhängig sind und die alle im Intervall $[0,1]$ uniform verteilt sind. Die uniforme Verteilung im Intervall $[0,1]$ ist bekanntlich dadurch definiert, dass

$$P\left[a \le X_i \le b\right] = b-a, \text{ für } 0 \le a < b \le 1 \qquad (2.1)$$

d.h. die Wahrscheinlichkeit, dass die Zufallsvariable einen Wert in einem Intervall $[a,b]$ annimmt, ist gleich der Länge dieses Intervalls, sofern das Intervall ganz im Intervall $[0,1]$ enthalten ist.

Eine Folge von Zahlenwerten $x_0, x_1, \ldots$ wird nun als Zufallszahlen-Folge bezeichnet, wenn man annehmen darf, dass die Zahlenfolge eine Stichprobe der Zufallsvariablen-Folge X_1, $X_2, \ldots$ bildet. Um bei einer gegebenen Zahlenfolge zu entscheiden, ob diese Annahme zulässig ist, steht eine ganze Batterie von statistischen Tests zur Verfügung. Damit kann überprüft werden, ob die erwähnte Annahme wahrscheinlich ist.

Die meisten Rechenzentren und Computer-Hersteller stellen ihren Kunden fertige Programme zur Bildung von Zufallszahlen zur Verfügung. Es ist für den Benützer nicht mehr notwendig, selber die erwähnten Tests durchzuführen.Wer sich aber dennoch über die Zufälligkeit der Zufallszahlen vergewissern will, der findet einschlägige Tests in der Referenz [23] beschrieben.

Obwohl man damit rechnen kann, im Rechenzentrum ein Programm für die Erzeugung von Zufallszahlen vorzufinden, sollte man trotzdem wissen, auf welcher Grundlage solche Programme beruhen. Fast alle heute verwendeten Programme basieren auf dem multiplikativen Kongruenz-Verfahren von Lehmer [29] oder einer Variante oder Erweiterung davon. Für dieses Verfahren sind zwei geeignet gewählte, ganze Zahlen fest vorzugeben, nämlich

a, der Faktor,

m, der Modul.

Die Zufallszahlen-Folge wird sodann nach dem folgenden rekursiven Verfahren berechnet

1. Vom vorherigen Schritt ist die Zahl x_i' bekannt. Es wird das Produkt ax_i' berechnet.

2. ax_i' wird durch m dividiert, wobei man eine ganze Zahl q und einen ganzzahligen Rest x_{i+1}' erhält, d.h.

$$ax_i' = qm + x_{i+1}', \quad q \text{ ganzzahlig}, \quad 0 \leq x_{i+1}' \leq m-1 \qquad (2.2)$$

3. Da x_{i+1}' eine Zahl zwischen 0 und m ist, muss man noch durch m dividieren, um eine Zahl zwischen 0 und 1 zu erhalten

$$x_{i+1} = x_{i+1}'/m \qquad (2.3)$$

Die Beziehung (2.2) schreibt man meist in der Form

$$ax'_i = x'_{i+1} \pmod{m} \qquad (2.4)$$

und liest diese Formel als "x'_{i+1} kongruent ax'_i modulo m" woraus sich auch der Name des Verfahrens erklärt.

Beispiel 2.1.

Sei a=3 und m=5 gewählt. Welche Folge von Zahlen erhält man damit nach dem multiplikativen Kongruenz-Verfahren? Um die Rekursion zu starten, muss eine Anfangszahl x'_o vorgegeben werden. Sei $x'_o=1$ gewählt. Die sich daraus ergebende Folge ist in nachstehender Tabelle berechnet:

i	x'_i	ax'_i	x'_{i+1}	x_{i+1}
0	1	3	3	0,6
1	3	9	4	0,8
2	4	12	2	0,4
3	2	6	1	0,2
4	1	3	3	0,6
......				

Offenbar beginnen sich die Zahlen zu wiederholen, da $x'_4 = x'_o$ ist.

Wie auch aus dem Beispiel hervorgeht, muss eine Anfangszahl x'_o vorgegeben werden, damit die Rekursion überhaupt anlaufen kann. Diese Anfangszahl bestimmt die ganze nachfolgende Zufallszahlen-Folge eindeutig, denn es handelt sich ja um eine rein deterministische Rechenanweisung. Aus diesem Grund wird die Anfangszahl x'_o Zufallszahlen-Keim genannt. Bei vielen Programmen ist es dem Benützer überlassen, den Zufallszahlen-Keim selber zu wählen. Oft sind dabei aber gewisse Einschränkungen zu beachten, es ist daher wichtig, die Programm-Dokumentation sorgfältig zu lesen.

Wählt man n verschiedene Zufallszahlen-Keime, so sind dadurch auch n verschiedene Zufallszahlen-Folgen oder Zufallszahlen-Ströme bestimmt. Es ist manchmal vorteilhaft, in einer Simulation verschiedene Zufallszahlen-Ströme zu verwenden. Beispiele dazu werden im Abschnitt 2.2. bei der Besprechung der Auswertung von Simulationsversuchen gegeben.

Bei einer rein deterministischen Bestimmung von Zufallszahlen ist nicht leicht einzusehen, inwiefern man die Zufallszahlen als 'zufällig' ansehen kann. Man spricht daher auch etwa von Pseudo-Zufallszahlen. Nach der oben gegebenen Definition genügt es aber, wenn die Zufallszahlen sich in genügendem Masse so verhalten, als ob sie echt zufällig wären. Man darf nicht erwarten, dass jede beliebige Wahl eines Faktors a und eines Moduls m für das multiplikative Kongruenz-Verfahren Zahlenfolgen liefern, die in diesem Sinn als Zufallszahlen anzusprechen sind. Die Zahlen des Beispiels 2.1. dürfen sicher nicht als Zufallszahlen bezeichnet werden.

Es hat nicht an Anregungen gefehlt, physikalisch-technische Zufallsprozesse für die Zufallszahlen-Erzeugung einzusetzen. Aber abgesehen von gewissen technischen Problemen, die sich dabei stellen, spricht noch etwas Grundsätzlicheres für eine deterministische, rechnerische Zufallszahlen-Erzeugung, nämlich die Reproduzierbarkeit der Zufallszahlen-Folgen. Obwohl die Reproduzierbarkeit eigentlich im Widerspruch zur Zufälligkeit steht, ist sie praktisch sehr bedeutungsvoll. Schon beim Austesten von Simulationsprogrammen wird die Fehlerbereinigung sehr erleichtert, wenn mit gleichen Zufallszahlen wiederholt getestet werden kann, weil dann eine Gewähr besteht, dass das Programm immer an den gleichen Stellen vorbeiläuft. Aber auch bei der statistischen Auswertung von Simulations-Versuchen kann man aus der Reproduzierbarkeit Vorteile ziehen; siehe dazu Abschnitt 2.2.

Beispiel 2.1. zeigt, dass sich Zufallszahlen-Folgen, die mit dem multiplikativen Kongruenz-Verfahren berechnet werden, periodisch wiederholen. Das ist natürlich allgemein so, denn die Zahlen x_i' können nur Werte 0,1,2,...,m-1 annehmen. Also muss nach spätestens m-1 Schritten sich eine schon einmal erzeugte Zahl wieder einstellen. Von da ab wird sich die ganze Folge wiederholen. Die Periodenlänge bei einem Modul m kann somit höchstens gleich m-1 sein. Bei Beispiel 2.1. ist die Periodenlänge gleich m-1=4. Es ist aber nicht schwer, Beispiele zu konstruieren, wo die Periodenlänge kleiner als m-1 ist; man nehme nur z.B. a=5,m=8 und $x_0'=1$.

Für praktische Zwecke muss die Periodenlänge genügend lang sein, so dass keine Gefahr besteht, dass in einer Simulation eine Periodenlänge erschöpft wird. Daher muss in erster Linie einmal der Modul m genügend gross gewählt werden. Die Werte x_i' des multiplikativen Kongruenz-Verfahrens werden auf dem Computer i.a. in einer ganzzahligen Arithmetik gerechnet. Die Wortlänge des Computers bestimmt die grösste, ganze Zahl, die darstellbar ist. Bei einer Wortlänge von b Bit ist ein Bit für das Vorzeichen belegt, so dass die grösste, darstellbare Zahl $2^{b-1}-1$ ist. Der grösstmögliche Modul ist somit $m=2^{b-1}$, wenn man nicht mit mehrfachen Wortlängen rechnen will. Diese Wahl des Moduls trifft man oft an.

Beispiel 2.2.

Bei der SSP-Routine RANDU von IBM ist $m=2^{31}$ gewählt, bei einer Wortlänge von 32 Bit. Ist der Modul eine Zweierpotenz 2^s, so kann man zeigen, dass die maximal mögliche Periodenlänge gleich 2^{s-2} ist und diese wird genau dann erreicht, wenn der Faktor a sich um 3 oder 5 von einem Vielfachen von 8 unterscheidet und der Zufallszahlen-Keim ungerade ist (wichtig für den Benützer!). Für den Beweis dieses zahlentheoretischen Satzes sei auf die Referenz [23] verwiesen. Bei der Subroutine RANDU ist

$$a=65'539=8.8192+3$$

und mit ungeraden Zufallszahlen-Keimen erhält man eine Periodenlänge von

$$2^{29}=536'870'912.$$

Dies ist befriedigend. Aber bei kleineren Wortlängen kann die Periodenlänge kritisch werden. Bei 16 Bit und $m=12^{15}$ wird die maximale Periodenlänge $2^{13}=8192$ und das ist für viele Zwecke zu wenig.

Wie im Beispiel angetönt, ist für die erzielbare Periodenlänge nicht nur der Modul m, sondern auch der Faktor a und der Zufallszahlen-Keim x_0' wichtig. Die Bestimmung der Periodenlängen beherrscht man mit elementaren zahlentheoretischen Methoden vollständig. Der interessierte Leser sei auf die Referenz [23] verwiesen.

Eine grosse Periodenlänge ist aber nicht die einzige Forderung an das multiplikative Kongruenz-Verfahren. Glücklicherweise lässt diese Forderung noch einen weiten Spielraum für die Wahl des Faktors a offen. Die verbleibende Freiheit ist für die Erzielung einer guten statistischen Qualität der Zufallszahlen auszunützen. Dieses Problem beherrscht man weniger vollständig als die Frage der Periodenlänge;man muss sich hier empirisch mit den erwähnten statistischen Tests behelfen. Immerhin einige theoretische Resultate liegen auch zu diesem Thema vor. So ist es möglich, die seriellen Korrelationen der Zufallszahlen und die Verteilung von Paaren exakt zu berechnen, siehe dazu [7,8,9,23]. Man weiss ferner, dass Paare, Tripel, Quatrupel, Quintupel,... von aufeinanderfolgenden Zufallszahlen auf Ebenen der entsprechenden zwei-, drei-, vier-, fünf-,.. -dimensionalen Räume liegen [34]. Diese Regularitäten stehen natürlich in Widerspruch zur Zufälligkeit, sie sind aber nicht sehr schlimm, wenn es sich um viele Ebenen handelt.

Beispiel 2.3.

Für den Fall $m=2^{31}$ und $a=65'539=2^{16}+3$ (siehe Beispiel 2.2.) kann man die Ebenen-Gleichungen für die Tripel folgendermassen herleiten:

$$x'_{i+2} \equiv (2^{16}+3)^2 x'_i \equiv (2^{32}+6.2^{16}+9)x'_i \pmod m .$$

Da 2^{32} durch $m=2^{31}$ teilbar ist, folgt daraus

$$x'_{i+2} \equiv (6.2^{16}+9)x'_i \equiv (6(2^{16}+3)-9)x'_i \equiv 6x'_i = 6x'_{i+1}-9x'_i \quad (\mathrm{mod.}\ m).$$

Um von den ganzen Zahlen x'_i auf die Zufallszahlen x_i überzugehen, dividiert man diese Beziehung durch m und erhält

$$x_{i+2} \equiv 6x_{i+1}-9x_i \pmod 1,$$

was gleichbedeutend mit der Familie von Gleichungen

$$x_{i+2} = 6x_{i+1}-9x_i+k, \quad k=0,\pm1,\pm2,\ldots \qquad (2.5)$$

ist. Für jeden Wert von k bildet (2.5) eine Ebenengleichung. Die Tripel von aufeinanderfolgenden Zufallszahlen liegen somit auf parallelen Ebenen, die durch (2.5) für verschiedene Werte von k bestimmt sind. Berücksichtigt man, dass alle Zufallszahlen x_{i+2}, x_{i+1}, x_i zwischen 0 und 1 liegen, so sieht man, dass k nur die Werte -5,-4,...,9 annehmen kann. Die Tripel liegen somit auf nicht mehr als nur 15 Ebenen.

Um derartige Regelmässigkeiten zu durchbrechen und auch um die Periodenlänge zu vergrössern, sind verschiedene Kombinationen von zwei oder mehreren multiplikativen Kongruenz-Verfahren vorgeschlagen worden. Beispiele dazu finden sich in den Referenzen [23,25,32,38].

Die Erzeugung von Zufallszahlen ist eine der Funktionen, die eine Simulationssprache oder ein Simulationssystem (vgl. Kap.1) enthalten muss. In Kap. 3 werden u.a. die Simulationssprachen GPSS, SIMPL/I und SIMULA besprochen. Was für Zufallszahlen-Generatoren enthalten diese Sprachen?

GPSS (nach [20]): Es handelt sich nicht um ein multiplikatives Kongruenz-Verfahren. Es ist aus Referenz [20] nicht genau erkenntlich, wie in GPSS Zufallszahlen erzeugt werden, Ref. [13] enthält etwas mehr Information.

SIMPL/I (nach [21]): Es wird ein multiplikatives Kongruenz-Verfahren mit Modul $M=2^{31}-1$ und Faktor $a=16'807$ verwendet. $2^{31}-1$ ist eine Primzahl und wenn der Modul eine Primzahl ist, kann eine Periodenlänge von $m-1$, also $2^{31}-2$ im vorliegenden Fall erzielt werden [23]. Für die Wahl der Zufallszahlen-Keime bestehen keine Beschränkungen. Die Sprache selbst schlägt eine Auswahl von Keimen vor, der Benützer kann aber auch selbst Zufallszahlen-Keime definieren.

SIMULA (nach [37]): Es wird ein multiplikatives Kongruenz-Verfahren mit Modul $m=2^{35}$ (SIMULA-Univac 1108) und Faktor $a=5^{13}$ verwendet. Wie immer, wenn der Modul eine Zweierpotenz ist, muss der Zufallszahlen-Keim ungerade gewählt werden.

2.1.2. Simulation von Zufallsvariablen

Die im letzten Abschnitt betrachteten Zufallszahlen können verwendet werden, um Stichproben einer beliebigen Zufallsvariablen Y mit einer vorgegebenen Verteilungsfunktion $F(y)$ zu simulieren. Das Problem, das sich hier stellt, kann im Gegensatz zum Fragenkreis des vorangehenden Abschnitts ganz im Rahmen der Wahrscheinlichkeitstheorie behandelt werden. Ist X eine Zufallsvariable mit einer uniformen Verteilung im Intervall zwischen 0 und 1 und ist f eine beliebige Funktion, so ist

$$Y = f(X) \tag{2.6}$$

ebenfalls eine Zufallsvariable mit einer bestimmten Verteilungsfunktion, die durch die Funktion f bestimmt ist. Es geht nur darum, die Funktion f so zu bestimmen, dass Y die <u>vorgeschriebene</u> Verteilungsfunktion F(y) erhält. Ersetzt man dann die Zufallsvariable X in (2.6) durch Stichproben von X, d.h. durch Zufallszahlen x, so erhält man Stichproben $y=f(x)$ der Zufallsvariablen Y. Zufallszahlen y zu einer gegebenen Verteilung F(y) erhält man somit durch <u>Transformation</u> von uniformen Zufallszahlen x mittels einer geeigneten Funktion f.

Um die Darstellung nicht allzu schwerfällig zu machen, wird im Folgenden nicht ständig auf die Unterscheidung zwischen Zufalls<u>variablen</u> und Zufalls<u>zahlen</u> hingewiesen. Die gemachten Bemerkungen sollten klargestellt haben, wie diese beiden Begriffe zusammenhängen.

Eine <u>diskrete</u> Zufallsvariable Y kann nur einen Wert aus einer <u>endlichen</u> oder <u>abzählbar unendlichen</u> Wertmenge $\{y_1,y_2,\ldots\}$ annehmen. Die einzelnen möglichen Werte $y_1,y_2,\ldots$ haben bestimmte Wahrscheinlichkeiten $p_1,p_2,\ldots$

$$p_i = P[Y=y_i]. \tag{2.7}$$

Für diese Wahrscheinlichkeiten gelten die Bedingungen

$$0 < p_i < 1, \quad \sum_i p_i = 1 \tag{2.8}$$

Die Wahrscheinlichkeiten p_i definieren die Verteilungsfunktion F(y) der Zufallsvariablen Y wie folgt

$$F(y) = P[Y \leq y] \; \sum_{i:y_i \leq y} p_i \tag{2.9}$$

Die Verteilungsfunktion F(y) ist in diesem Fall eine Treppenfunktion, die an den Stellen y_i jeweils um p_i nach oben springt.

Beispiel 2.4.

(i) Bernoulli-Versuche:

Bei einem Versuch trete ein Ereignis A mit Wahrscheinlichkeit p ein und mit Wahrscheinlichkeit 1-p trete somit A nicht ein. Diesem Versuch kann man eine Zufallsvariable Y zuordnen, die den Wert 1 erhält, wenn A eintritt und den Wert 0, wenn A nicht eintritt. Die möglichen Werte dieser Zufallsvariablen sind $y_1=1$ und $y_2=0$, mit den Wahrscheinlichkeiten $p_1=p$ und $p_2=1-p$.

(ii) Binomialverteilung:

Werden n Bernoulli-Versuche durchgeführt, so kann man die Zufallsvariable Y definieren, die angibt, wie oft in diesen n Versuchen das Ereignis A eingetreten ist. Die möglichen Werte von Y sind 0,1,2,...,n und die Wahrscheinlichkeiten für diese Werte sind (vgl. z.B. [15,40,41].

$$p_i = P[Y=i] = \binom{n}{i} p^i (1-p)^{n-i} \text{für } i=0,1,2,\dots,n \qquad (2.10)$$

Das ist die Binominal-Verteilung.

(iii) geometrische-Verteilung:

Wird eine Folge von Bernoulli-Versuchen durchgeführt, so kann man eine Zufallsvariable Y definieren, die angibt, beim wievielten Versuch zum ersten Mal das Ereignis A eintritt. Die möglichen Werte dieser Zufallsvariablen sind alle ganzen, positiven Zahlen 1,2,3,... und die Wahrscheinlichkeiten dieser Werte sind (vgl. z.B. [15,40,41])

$$p_i = P[Y=i] = (1-p)^{i-1} p \text{ für } i=1,2,3,\dots \qquad (2.11)$$

Das ist die geometrische Verteilung.

Zur Simulation einer diskreten Zufallsvariablen mit einer Verteilung, die durch die Wahrscheinlichkeiten p_i definiert ist, unterteilt man das Intervall [0,1] in Teilintervalle der Länge p_i, siehe Fig. 2.1. Die Unterteilungspunkte sind

$$q_o = 0, \quad q_r = \sum_{i=1}^{r} p_i \quad \text{für } r=1,2,3,\ldots \tag{2.12}$$

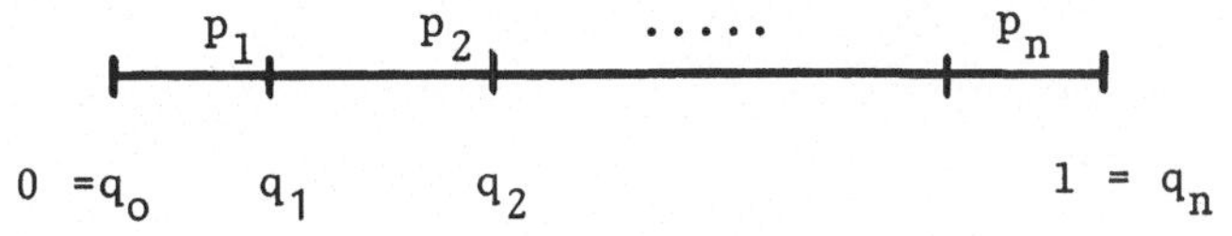

$$\begin{array}{ccccc} & p_1 & p_2 & \cdots & p_n \\ 0=q_o & q_1 & q_2 & & 1=q_n \end{array}$$

Fig. 2.1

Die Simulation der diskreten Zufallsvariablen Y kann dann nach der folgenden Regel erfolgen:

Liegt die Zufallszahl x im i-ten Intervall, $q_{i-1} \leq x < q_i$, dann definiert man die Zufallszahl $y=y_i$.

Das ist das <u>Intervall-Test-Verfahren</u>. Zur Rechtfertigung dieses Verfahrens überlegt man sich, dass die möglichen Werte $y_i, y_2, \ldots$ nach dieser Regel mit der vorgeschriebenen Wahrscheinlichkeit angenommen werden. Da $y=y_i$ genau, wenn $q_{i=1} \leq x < q_i$, folgt

$$P[y=y_i] = P[q_{i-1} \leq x < q_i] = q_i - q_{i-1} = p_i \; , \tag{2.13}$$

wie es sein muss.

<u>Beispiel 2.5</u>

Auf einem Eisenbahnnetz, das von einem Bahnkraftwerk mit Strom versorgt wird, verkehren 10 Lokomotiven. Die Wahrscheinlichkeit, dass in einer Minute eine Lokomotive anfährt und dabei eine Energieeinheit verbraucht, sei gleich 0,2 für jede Lokomotive. Man simuliere die Schwankungen des Energieverbrauchs in diesem Netz von Minute zu Minute.

Das Anfahren einer Lokomotive ist ein Ereignis A. In jeder Minute kann man jeder Lokomotive einen Bernoulli-Versuch mit dem Ereignis A zuordnen. Sind 10 Lokomotiven zu betrachten, so hat man 10 Bernoulli-Versuche und der Energieverbrauch ist gleich der Anzahl der Ereignisse A. Nach Beispiel 2.4. (ii) ist der Energieverbrauch Y in einer Minute binomial verteilt, nach der Formel

$$p_i = P[Y=i] = \binom{10}{i}(0.2)^i(0.8)^{n-i}.$$

In der nachstehenden Tabelle sind die Wahrscheinlichkeiten p_i und die daraus resultierenden Unterteilungspunkte q_r für das Intervall-Test-Verfahren zusammengestellt.

i	p_i	q_i
0	0.1074	0
1	0.2684	0.1074
2	0.3020	0.3758
3	0.2013	0.6778
4	0.0881	0.8791
5	0.0264	0.9672
6	0.0055	0.9936
7	0.0008	0.9991
8	0.0001	0.9999
9	0.0000*	1.0000
10	0.0000*	1.0000

* Die Wahrscheinlichkeiten sind kleiner als 10^{-4}.

Die erste Zufallszahl in der ersten Zeile der Tabelle, Anhang 2.1, ist z.B. gleich 0.0235. Sie fällt in das Intervall zwischen $q_o=0$ und $q_1=0.1074$. Der Energiebedarf ist somit gleich 0. Mit den restlichen 9 Zahlen der ersten Zeile ergeben sich auf die gleiche Weise die Werte 2,0,3,1,3,2,2,4,0 für den Energieverbrauch.

Praktisch lässt sich das Intervall-Test-Verfahren i.a. nur anwenden, wenn die Wertemenge $\{y_i, y_2, \ldots\}$ endlich ist. Andernfalls muss man endlich viele Werte mit den grössten Wahrscheinlichkeiten auswählen und die anderen Werte eliminieren. Dies ist natürlich dann nur eine Näherung, man kann aber die eliminierten Werte so wählen, dass die Summe ihrer Wahrscheinlichkeiten beliebig klein wird.

Die schon erwähnten Simulationssprachen (siehe Abschnitt 2.1.1) enthalten Funktionen, um allgemeine diskrete Zufallsvariablen mit dem Intervall-Test-Verfahren zu simulieren. Dazu sei eine kleine, wenn auch unvollständige Uebersicht gegeben.

GPSS (nach [20]): Man kann in dieser Sprache diskrete Funktionen mit Argumenten $q_1, q_2, \ldots$, und Funktionswerten $y_1, y_2, \ldots$ definieren. Als Wert dieser Funktion bei einem Argument x erhält man y_i, wenn $q_{i-1} < x \leq q_i$. Ist x eine Zufallszahl, so hat man damit das Intervall-Test-Verfahren.

SIMPL/I (nach [21]): In dieser Sprache gibt es die Funktion DSAMPLE, die analog der GPSS-Variante ist.

SIMULA (nach [37]): Bei der Funktion DISCRETE kann man Argumentwerte $q_1, q_2, \ldots$ definieren. Die Funktion ordnet dem Argument q_i automatisch den Index i als Funktionswert zu. Im übrigen funktioniert DISCRETE wie die GPSS-Variante. Daneben gibt es noch die Funktion HISTD, für die Argumente $p_1, p_2, \ldots$ definiert werden können. Diesen Argumenten werden wieder die Index-Werte 1,2,... automatisch zugeordnet. HISTD führt ebenfalls das Intervall-Test-Verfahren durch. Der Unterschied zwischen DISCRETE und HISTD liegt nur darin, dass einmal die Intervall-Unterteilungspunkte und einmal die Wahrscheinlichkeiten selber angegeben werden müssen.

Für bestimmte diskrete Verteilungen gibt es speziell angepasste Simulations-Verfahren, die von den Besonderheiten der betreffenden Verteilungen Gebrauch machen. Eine Uebersicht dazu ist in [13] gegeben.

Beispiel 2.6.

Nach den Ausführungen in Beispiel 2.4. kann man eine binomial verteilte Variable auch dadurch simulieren, dass man n entsprechende Bernoulli-Versuche durchführt und zählt, wie oft das Ereignis A aufgetreten ist.

Wenn wir Beispiel 2.5. nochmals aufgreifen, so können wir für jede Lokomotive das Ereignis 'Anfahren' mit einer eigenen Zufallszahl simulieren. Ist die Zufallszahl ≤ 0.2, so soll die Lokomotive anfahren und eine Energieeinheit verbrauchen. In der nachstehenden Tabelle sind die Ergebnisse einer solchen Simulation über 10 Minuten zusammengefasst. Zur Simulation der 10 Lokomotiven in jeder Minute sind jeweils die 10 Zufallszahlen einer Zeile der Tabelle, Anhang 2.1, benutzt, beginnend bei Zeile 100.

	1	2	3	4	5	6	7	8	9	10	Bedarf
1. Min.	.	1	.	.	.	1	.	1	.	.	3
2. Min.	.	.	.	.	1	.	1	.	.	.	2
3. Min.	.	1	.	.	1	.	.	.	1	.	3
4. Min.	.	.	1	.	.	.	.	1	.	.	2
5. Min.	.	.	.	.	.	.	.	.	.	.	0
6. Min.	.	.	.	.	1	.	.	.	.	.	1
7. Min.	.	.	.	.	.	1	1	.	1	.	3
8. Min.	.	.	.	.	.	1	.	.	.	1	2
9. Min.	.	.	.	.	.	.	1	.	.	.	1
10. Min.	1	.	.	1	.	.	.	.	.	.	2

(1 = Anfahren)

Beispiel 2.7.

Auch geometrisch verteilte Variablen kann man simulieren, indem man Bernoulli-Versuche durchführt, vgl. Beispiel 2.4. (iii). Man simuliert eine Folge von Bernoulli-Versuchen, bis zum ersten Mal das Ereignis A auftritt; die Anzahl der dabei benötigten Versuche ist geometrisch verteilt.

Zur Illustration sei angenommen, dass an einem Fussgängerstreifen jede Sekunde ein Auto mit Wahrscheinlichkeit $p=0.3$

passiere. Dann sind die Anzahl Sekunden von einer Autopassage bis zur nächsten geometrisch verteilt

$$p_i = P[Y=i] = (0.7)^{i-1}.(0.3) \text{ für } i=1,2,3,\ldots$$

Sei nun angenommen, dass ein Fussgänger die Strasse nur dann überqueren kann, wenn während mindestens drei Sekunden kein Auto am Streifen vorbeifährt. Man untersuche die Wartezeiten der Fussgänger am Fussgängerstreifen durch Simulation der Autopassagen.

Zur Zeit t=0 erscheine ein Fussgänger am Streifen. Für jede folgende Sekunde wird das Ereignis A = 'Auto fährt vorbei' simuliert und zwar solange, bis einmal während 3 Sek. A nicht eintritt. Diese letzten 3 Sek. sind in der Berechnung der Wartezeit nicht einzubeziehen, da der Fussgänger mit einem Blick nach links erkennt, dass während 3 Sek. kein Auto zu erwarten ist.

Zur Simulation des Ereignisses A wird für jede Sekunde eine neue Zufallszahl x benützt. A tritt ein, wenn $x \leq 0.3$

In der nachstehenden Tabelle sind die Resultate von 10 Simulationsversuchen zusammengestellt. Für jeden Versuch sind die ersten Zufallszahlen der Spalten der Tabelle Anhang 2.1 benutzt, beginnend mit Spalte 0.

Versuch	resultierende Wartezeit	Sekunden
1	2	A A . . .
2	0	. . .
3	17	A A . . A . A A . A A . . A . . A . . .
4	0	. . .
5	3	A . A . . .
6	2	. A . . .
7	0	. . .
8	0	. . .
9	0	. . .
10	1	A . . .

Alternativ könnte man die Zeitintervalle zwischen zwei Autopassagen mit dem Intervall-Test-Verfahren nach der geometrischen Verteilung simulieren.

Simulationssprachen haben ausser Funktionen zur Simulation allgemeiner diskreter Verteilungen auch spezielle Funktionen für die Simulation der wichtigsten speziellen diskreten Verteilungen. Dazu sei ein Vergleich zwischen den Sprachen SIMPL/I und SIMULA gegeben.

diskrete Verteilung	SIMPL/I (nach [21])	SIMULA (nach [37])
Bernoulli	-	DRAW
Binomial	BINOM	-
Geometrisch	GEOM	-
Hypergeometrisch	HYPGEM	-
Negativ-Binomial	NEGBIN	-
Poisson	POISN	POISSON
Diskret uniform	RANDIS	RANDINT

Ist die Zahl n der möglichen Werte der zu simulierenden diskreten Zufallsvariablen Y sehr gross und sind alle Wahrscheinlichkeiten p_i mehr oder weniger gleichmässig klein, so kann das Intervall-Test-Verfahren rechenzeitmässig relativ aufwendig werden. Für solche Fälle hat Marsaglia ein raffiniertes und effizientes Verfahren vorgeschlagen. Es würde zu weit führen, hier darauf einzugehen. Der interessierte Leser findet das Verfahren in den Referenzen [25,33] beschrieben.

Sei nun Y eine <u>stetige</u> Zufallsvariable mit einer Verteilungsfunktion F(y), die eine Dichtefunktion f(y) besitzt,

$$F(y) = \int_{-\infty}^{y} f(z)dz, \quad \frac{dF(y)}{dy} = f(y). \qquad (2.14)$$

In diesem Fall kann die Zufallsvariable Y mit dem Inversions-Verfahren simuliert werden. Ist x eine Zufallszahl, so betrachtet man die Gleichung

$$x = F(z), \tag{2.15}$$

deren Lösung nach z mittels der inversen Funktion F^{-1} von F durch

$$z = F^{-1}(x) \tag{2.16}$$

angegeben werden kann. In der Figur 2.2 ist dies graphisch veranschaulicht.

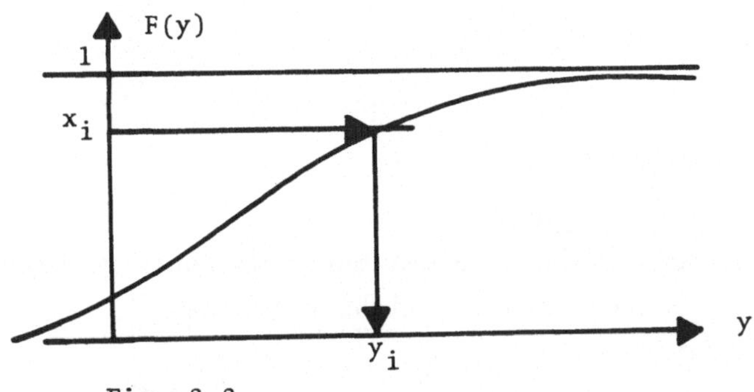

Fig. 2.2.

Zur Rechtfertigung des Inversions-Verfahrens ist zu zeigen, dass die Verteilung $P|z\leq y|$ der nach (2.16) bestimmten Zufallszahlen z gleich der vorgegebenen Verteilungsfunktion F(y) ist. Das ist leicht nachzuweisen, denn es gilt

$$P[z\leq y] = P[F^{-1}(x)\leq y] = P[x\leq F(y)] = F(y), \tag{2.17}$$

weil x im Intervall $[0,1]$ uniform verteilt ist.

Beispiel 2.8.

(i) Uniforme Verteilung:

Sei Y im Intervall von a bis b uniform verteilt. Die Dichtefunktion f(y) und Verteilungsfunktion F(y) sind in diesem Fall bekanntlich

$$f(y) = \begin{cases} 1/(b-a) \text{ für } a \le y \le b \\ 0 \text{ für } y < a \text{ oder } y > b. \end{cases} \qquad (2.18)$$

$$F(y) = \begin{cases} 0 \text{ für } y < a \\ (y-a)/(b-a) \text{ für } a \le y \le b \\ 1 \text{ für } y > b. \end{cases} \qquad (2.19)$$

Zur Simulation von Y nach dem Inversions-Verfahren nimmt man eine Zufallszahl x, die uniform im Intervall [0,1] verteilt ist und löst die Gleichung

$$x = (z-a)/(b-a) \qquad (2.20)$$

nach z auf, was

$$z = (b-a)x + a \qquad (2.21)$$

ergibt.

<u>(ii) Exponential Verteilung:</u>

Die Dichtefunktion f(y) und Verteilungsfunktion F(y) einer exponential verteilten Zufallsvariablen Y sind

$$f(y) = \begin{cases} 0 \text{ für } y < 0 \\ \lambda e^{-\lambda y} \text{ für } y \geq 0. \end{cases} \qquad (2.22)$$

$$F(y) = \begin{cases} 0 \text{ für } y < 0 \\ 1 - e^{-\lambda y} \text{ für } y \geq 0 , \end{cases} \qquad (2.23)$$

wobei λ ein positiver Parameter ist. Zur Simulation einer exponential verteilten Zufallsvariablen Y nach dem Inversions-Verfahren ist die Gleichung

$$x = 1 - e^{-\lambda z} \qquad (2.24)$$

nach z aufzulösen. Die Lösung ist

$$z = -\frac{1}{\lambda} \log(1-x). \qquad (2.25)$$

Ist x eine in [0,1] uniforme Zufallszahl, so ist auch 1-x im Intervall [0,1] uniform verteilt. Daher kann man in (2.25) 1-x durch x ersetzen.

$$z = -\frac{1}{\lambda}\log x. \qquad (2.26)$$

Die Gleichung (2.15) lässt sich nur in speziellen Fällen wie in Beispiel 2.8 explizite in geschlossener Form auflösen. Ist dies nicht möglich,so muss die Gleichung numerisch gelöst werden. Allerdings sei bereits hier erwähnt, dass man bei speziellen Verteilungen mit speziellen Verfahren und Tricks oft das nachstehend beschriebene allgemeine numerische Verfahren umgehen kann; in der Referenz [13] sind solche Verfahren für die wichtigsten Verteilungen beschrieben.

Zur numerischen Lösung der Gleichung (2.15) wählt man Diskretisationspunkte $z_o < z_1 < \dots < z_n$ auf der y-Achse (vgl. Fig. 2.3). Zu diesen Punkten bestimmt man die Stützwerte der Funktion F(y)

$$z_o : q_o = 0$$

$$z_1 : q_1 = F(z_1)$$

$$z_2 : q_2 = F(z_2)$$

$$\dots$$

$$z_{n-1} : q_{n-1} = F(z_{n-1})$$

$$z_n : q_n = 1.$$

Dabei ist z_o genügend klein zu wählen, so dass $F(z_o)$ vernachlässigbar klein wird und z_n ist genügend gross zu wählen, dass $1-F(z_n)$ vernachlässigbar klein wird. Zwischen diesen Stützpunkten interpoliert man die Funktion linear.

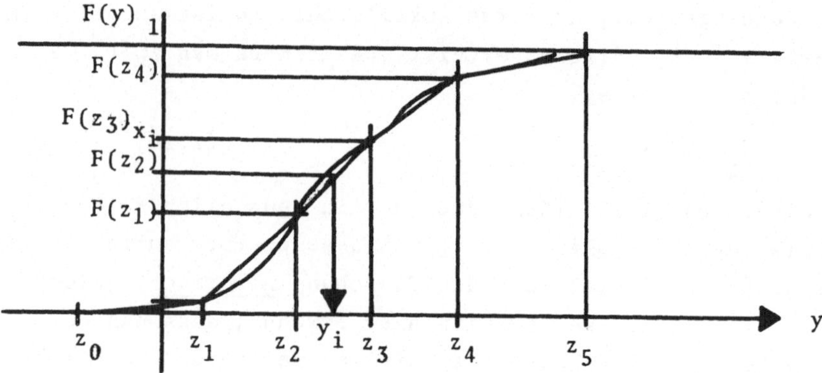

Fig. 2.3

Auf diese Weise hat man eine stückweise lineare Verteilungsfunktion $F_a(y)$ konstruiert, die eine Approximation zur Verteilungsfunktion F(y) ist. In einer Näherung kann man nun die Gleichung

$$x = F_a(z) \tag{2.27}$$

statt (2.15) lösen. Die Lösung der Gleichung (2.27) erhält man einfach wie folgt:

1. Man bestimme, in welchem Intervall $[q_i, q_{i+1}]$, $i=0,1,\ldots,n-1$ die Zufallszahl x liegt. Dies ist analog zum Intervall-Test-Verfahren.
2. Liegt die Zufallszahl x im Intervall $[q_i, q_{i+1}]$, so wird linear interpoliert

$$z = z_i + \frac{x-q_i}{q_{i+1}-q_1}(z_{i+1}-z_i). \tag{2.28}$$

Dieses Verfahren kann insbesondere auch dann angewandt werden, wenn die zu simulierende Verteilungsfunktion F(y) in Tabellenform gegeben ist. Auch für dieses numerische Inversions-Verfahren bieten die Simulationssprachen Funktionen an.

GPSS (nach [20]): Man kann eine stetige Funktion mit Argumenten $q_o, q_1, \ldots$ und Funktionswerten $z_o, z_1, \ldots$ definieren. Der Wert dieser Funktion für ein Argument x wird dann genau nach dem obigen Verfahren bestimmt.
SIMPL/I (nach [21]): Analog wie bei GPSS mit der Funktion CSAMPLE.
SIMULA (nach [37]): Analog wie bei GPSS mit der Funktion LINEAR.

Beispiel 2.9.

Eine statistische Erhebung der Bedienungszeiten der Kunden an einem Postschalter habe die folgenden Ergebnisse ergeben:

Bedienungszeit zwischen	rel. Häufigkeit der Fälle
0 - 1 Min.	30 %
1 - 2 Min.	40 %
2 - 3 Min.	20 %
3 - 4 Min.	10 %

Ferner habe eine Erhebung über die Zeiten zwischen den Ankünften zweier Kunden folgende Resultate gezeigt:

Zeiten zwischen zwei Ankünften	rel. Häufigkeit der Fälle
0 - 2 Min.	50 %
2 - 4 Min.	25 %
4 - 6 Min.	10 %
6 - 8 Min.	10 %
8 - 10 Min.	5 %

Man simuliere die Ankunft und Bedienung der Kunden am Schalter mit der möglichen Bildung von Warteschlangen vor dem Schalter.

Um ein Wahrscheinlichkeitsmodell für die Bedienungszeiten zu erhalten, werden die beobachteten relativen Häufigkeiten als Wahrscheinlichkeiten betrachtet. Die Verteilungsfunktion ($F_b(y)$ für die Bedienungszeiten (in Minuten) ist dann durch

$$F_b\,(0) = 0$$

$$F_b\,(1) = 0.3$$

$$F_b\,(2) = 0.7$$

$$F_b\,(3) = 0.9$$

$$F_b\,(4) = 1.0$$

gegeben. Zwischen diesen Werten wird linear interpoliert.

Analog geht man vor für die Zeiten zwischen zwei Ankünften. Ihre Verteilungsfunktion $F_a\,(y)$ ist definiert durch

$$F_a\,(0) = 0$$

$$F_a\,(2) = 0.5$$

$$F_a\,(4) = 0.75$$

$$F_a\,(5) = 0.85$$

$$F_a\,(8) = 0.95$$

$$F_a\,(10) = 1.00$$

und dazwischen wird linear interpoliert.

Simuliert man nun etwa mit den Zufallszahlen in den ersten beiden Zeilen der Tabelle Anhang 2.1 die Zwischenzeiten zwischen den ersten zwanzig Ankünften unter Verwendung von (2.39) (oder graphisch), so ergeben sich die folgenden Zeiten (graphisch ermittelt):

0.2	1.6	0.3	4.2	1.2	5.4	2.9	2.7	8.4	0.4
1.0	2.8	1.2	3.2	9.0	0.4	1.8	5.3	1.7	

Kommt der erste Kunde zur Zeit 0 an, so treffen die weiteren Kunden zu den Zeiten

0.2 1.8 2.1 6.3 7.5 12.9 15.8 18.5
26.9 27.3 28.3 31.1 32.3 35.5 44.5 44.9
46.7 52.0 53.7

ein.

Als zweites werden die Bedienungszeiten der Kunden simuliert. Unter Verwendung der Zufallszahlen in den Zeilen 100 und 110 der Tabelle Anhang 2.1 ergeben sich die folgenden Zeiten (graphisch ermittelt):

0.7 0.4 0.8 2.1 0.9 0.6 3.0 0.5 4.0 1.2
1.7 1.7 1.1 4.0 0.6 1.0 0.4 2.0 3.8 2.2

Jetzt kann das Geschehen vor dem Schalter unter Benützung der bisher simulierten Zeiten in der folgenden Tabelle entwickelt werden.

Kunde Nr.	Ankunft	Beginn der Bedienung	Ende der Bedienung	Wartezeit in Schlange	Wartezeit total
1	0	0	0.7	0	0.7
2	0.2	0.7	1.1	0.5	0.9
3	1.8	1.8	2.6	0	0.8
4	2.1	2.6	4.7	0.5	2.6
5	6.3	6.3	7.2	0	0.9
6	7.5	7.5	8.1	0	0.6
7	12.9	12.9	15.9	0	3.0
8	15.8	15.9	16.4	0.1	0.6
9	18.5	18.5	22.5	0	4.0
10	26.9	26.9	28.1	0	1.2
11	27.3	28.1	29.8	0.8	2.5
12	28.3	29.8	31.5	1.5	3.2
13	31.1	31.5	32.6	0.4	1.5
14	32.3	32.6	36.6	0.3	4.3
15	35.5	36.6	37.2	1.1	1.7
16	44.5	44.5	45.5	0	1.0
17	44.9	45.5	45.9	0.6	1.0
18	46.7	46.7	48.7	0	2.0
19	52.0	52.0	55.8	0	3.8
20	53.7	55.8	58.0	2.1	4.3

Aus dieser Aufstellung kann auch Information über die Warteschlangen-Länge vor dem Postschalter (ohne den Kunden am Schalter) gezogen werden. Diese Länge ändert sich höchstens jeweils bei Ankunft eines Kunden oder wenn die Bedienung eines Kunden am Schalter abgeschlossen wird.

Zeit von	Zeit bis	Warteschlange, Anzahl Kunden
0	0.2	0
0.2	0.7	1
0.7	2.1	0
2.1	2.6	1
2.6	15.8	0
15.8	15.9	1
15.9	27.3	0
27.3	28.1	1
28.1	28.3	0
28.3	29.8	1
29.8	31.1	0
31.1	31.5	1
31.5	32.3	0
32.3	32.6	1
32.6	35.5	0
35.5	36.6	1
36.6	44.9	0
44.9	45.5	1
45.5	53.7	0
53.7	55.8	1

Auf dem Computer würde die Simulation rechnerisch vielleicht etwas anders organisiert (vgl. Kap. 3).

Ihrer grossen Bedeutung wegen seien die Normalverteilungen noch besonders betrachtet. Man kann eine Normalverteilung in Tabellenform vorgeben und dann obiges numerisches Inversions-Verfahren durchführen. Besser ist es aber, für Normalverteilungen spezielle Verfahren zu entwickeln.

Die Dichtefunktion der Normalverteilung ist bekanntlich

$$f(y) = \frac{1}{\sqrt{2\pi}\,\sigma} e^{-\frac{(y-\mu)^2}{2\sigma^2}} , \qquad (2.29)$$

wo die beiden Parameter μ, der Erwartungswert, und σ^2, die Varianz, auftreten und die Verteilung bestimmen. Eine Normalverteilung mit den Parametern μ und σ^2 sei kurz mit $N(\mu,\sigma^2)$ bezeichnet.

Von besonderer Bedeutung ist die Normalverteilung N(0,1). Dies ergibt sich aus dem folgenden, bekannten Resultat: Ist die Zufallsvariable Y nach $N(\mu,\sigma^2)$ verteilt und geht die Zufallsvariable Y' durch eine lineare Transformation

$$Y' = aY + b \qquad (2.30)$$

aus Y hervor, so ist Y' ebenfalls normalverteilt $N(\mu',(\sigma')^2)$ und zwar mit Parameter

$$\mu' = a\mu + b \;, \; (\sigma')^2 = a^2\sigma^2 \;, \qquad (2.31)$$

man vergleiche dazu z.B. [15, 40, 41]. Ist Y demnach eine N(0,1)- Variable, so kann eine $N(\mu,\sigma^2)$-Variable Y' durch die lineare Transformation

$$Y' = \sigma Y + \mu \qquad (2.32)$$

aus Y erhalten werden. Es genügt somit N(0,1)-Variablen zu simulieren, alle anderen normalverteilten Variablen können dann mittels der Transformation (2.32) simuliert werden.

Es sind verschiedene Verfahren zur Simulation von N(0,1)-Variablen bekannt. Die nachstehend beschriebene Methode ist einfach und sehr verbreitet, obwohl sie nur approximativ ist und auch sonst nicht in jeder Hinsicht optimal ist. Die Methode beruht auf dem zentralen Grenzwertsatz der Wahrscheinlichkeitstheorie.

Dieser Satz besagt im hier interessierenden Spezialfall, dass die Summe von n im Intervall [0,1] uniform verteilten Zufallszahlen

$$y' = \sum_{i=1}^{n} x_i \qquad (2.33)$$

näherungsweise normalverteilt mit Erwartungswert $\mu' = n/2$ und Varianz $(\sigma')^2 = n/12$ ist. Für die exakte Formulierung des zentralen Grenzwertsatzes sei auf die wahrscheinlichkeitstheoretischen Lehrbücher, z.B. [15,40,41], verwiesen.

Transformiert man y' (2.33) linear nach

$$y = \frac{y' - n/2}{\sqrt{n/12}}, \qquad (2.34)$$

so ist y ebenfalls näherungsweise normalverteilt und zwar mit Erwartungswert $\mu = 0$ und Varianz $\sigma^2 = 1$. Das folgt aus dem oben besprochenen Satz über lineare Transformationen von normalverteilten Variablen.

Die Formel (2.34) wird besonders einfach, wenn man n=12 wählt (damit die Näherung befriedigend ist, sollte n > 10 gewählt werden). In diesem Fall erhält man

$$y = y' - 6 = \sum_{i=1}^{12} x_i - 6 \qquad (2.35)$$

Diese Formel oder (2.34) können verwendet werden, um aus 12 oder n uniformen Zufallszahlen eine Zufallszahl y zu berechnen, die mit guter Näherung N(0,1)-verteilt ist. In der Tabelle Anhang 2.2 sind 600 nach (2.35) berechnete N(0,1)-Zufallszahlen gegeben. Die SIMPL/I-Funktionen NORM und NORMN beispielsweise beruhen auch auf dieser Methode, wobei in NORM n=12 gewählt ist, während in NORMN der Benützer n festlegen kann.

Eine zweite, in der Implementierung ebenso einfache Methode stammt von Box und Muller [5]. Diese Autoren haben erkannt, dass die Transformationen

$$y_1 = \sqrt{-2 \log x_1} \cos 2\pi x_2$$
$$y_2 = \sqrt{-2 \log x_2} \sin 2\pi x_2 \qquad (2.36)$$

zwei unabhängige N(0,1)-Zufallszahlen liefern, wenn x_1 und x_2 zwei unabhängige, in [0,1] uniform verteilte Zufallszahlen sind. Beweise dazu finden sich in den Referenzen [13, 23].

Weitere Methoden, die rechentechnisch sehr effizient sind, die aber für die Implementierung auf dem Computer einigen Aufwand erfordern,sind in den Referenzen [2,23] beschrieben.

Beispiel 2.10.

Die wöchentliche Nachfrage nach einer Wochenzeitung sei normalverteilt um den Mittelwert von 110'000 Exemplaren mit einer Streuung von 20'000. Die Auflage schwanke normalverteilt um den Mittelwert 100'000 mit der Streuung 2'000. Der Bruttogewinn pro verkaufte Zeitung sei Fr. -.30, während jede nicht verkaufte Zeitung einen Verlust von Fr. -.50 bedeute. Man simuliere den wöchentlichen Totalertrag über mehrere Wochen.

Die Nachfragewerte in den einzelnen Wochen werden gemäss (2.32) nach

$$z = 20'000\ y + 110'000$$

simuliert. Dabei sind die y Zufallszahlen, die nach der standardisierten Normalverteilung verteilt sind und der Tabelle Anhang 2.2 entnommen werden können.Die Auflage wird analog gemäss

$$z = 2'000\ y + 100'000$$

simuliert.

Nachstehend sind die simulierten Werte für 10 Wochen zusammengestellt. Dabei wurden der Tabelle Anhang 2.1 die Zufallszahlen paarweise ab Nr. 210 entnommen, wobei nach jedem Paar eine Zufallszahl übersprungen wird. Die erste Zahl jedes

Paares wurde für die Auflage, die zweite für die Nachfrage verwendet.

Woche	Auflage	Nachfrage
1	99'268	102'660
2	94'380	122'440
3	99'096	177'280
4	98'676	140'520
5	100'416	109'100
6	98'694	156'560
7	99'410	80'000
8	97'786	120'420
9	99'542	97'160
10	99'456	115'920

Anschliessend werden die Erträge berechnet:

G = 0.3 x Auflage, wenn Auflage < Nachfrage
= 0.3 x Nachfrage, wenn Nachfrage < Auflage

V = 0, wenn Auflage < Nachfrage
= 0.5 (Auflage- Nachfrage) wenn Auflage > Nachfrage

Totalertrag = G - V

Dies führt zu den nachstehenden Ergebnissen:

Woche	G	V	Ertrag
1	29'780.40	-.--	29'780.40
2	28'314.--	-.--	28'314.--
3	29'728.80	-.--	29'728.80
4	29'602.80	-.--	29'602.80
5	30'124.80	-.--	30'124.80
6	29'608.20	-.--	29'608.20
7	24'000.--	9'705.--	14'295.--
8	29'335.80	-.--	29'335.80
9	29'148.--	1'191.--	27'957.--
10	29'836.80	-.--	29'836.80

Totalertrag über die 10 simulierten Wochen 278'583.60

Der durchschnittliche, wöchentliche Ertrag ist demnach gleich 27'858.

Wie für die Simulation spezieller diskreter Verteilungen, so sind auch für die Simulation spezieller stetiger Verteilungen in den Simulationssprachen besondere Funktionen vorgesehen. Dazu wieder ein Vergleich zwischen SIMPL/I und SIMULA.

stetige Verteilung	SIMPL/I (nach [21])	SIMULA (nach [37])
Beta	BETA	-
Erlang	ERLANG	ERLANG
Exponential	NEGEXP	NEGEXP
Gamma	GAMMA	-
Lognormal	LOGNORM	-
Normal	NORM, NORMN	NORMAL
Uniform, stetig	RANDFS	UNIFORM
Weibull	WEIBULL	-

2.1.3. Bestimmung von Verteilungen

Zur Simulation einer Zufallsvariablen Y muss deren Verteilung gegeben sein. Bei der Entwicklung eines Simulationsmodells ist es eine wichtige Aufgabe des Modellbaus, die verschiedenen vorkommenden Verteilungen festzulegen. Wie kann man dabei vorgehen?

Beispiel 2.11.

Was für eine Verteilung soll für den Energievebrauch im Beispiel 2.5 angenommen werden? Wenn, wie in Beispiel 2.5 eine Binomialverteilung angenommen werden kann, welcher Wert ist dann der Wahrscheinlichkeit p, die als Parameter in der Binomialverteilung auftritt, zu geben?

(ii) Welche Verteilung ist für die Zeitintervalle zwischen der Durchfahrt zweier Autos am Fussgängerstreifen im Beispiel 2.7 zu wählen. Ist die im Beispiel 2.7 getroffene Wahl einer geometrischen Verteilung gerechtfertigt, ist sie realistisch? Und wenn ja, wie gross ist die Wahrscheinlichkeit p, die als Parameter der geometrischen Verteilung auftritt, zu wählen?

(iii) Was für Verteilungen können für die Zeitintervalle zwischen zwei Ankünften von Kunden für die Bedienungszeiten der Kunden im Warteschlangensystem des Beispiels 2.9. gewählt werden? Ist die in Beispiel 2.9. gewählte Variante die einzig mögliche?

Man kann das Vorgehen bei dieser Aufgabe des Modellbaus kaum in ein starres Schema pressen. Trotzdem sei versucht, in diesem Abschnitt das grundsätzliche Vorgehen zur Festlegung von Verteilungen aufzuzeigen.

Der erste Schritt besteht darin, dass man sich überlegt, welche Klasse oder Familie von Verteilungen für das betrachtete Zufallsphänomen in Frage kommen könnte. Diese à priori Ueberlegungen können und müssen sich nicht unbedingt auf allenfalls vorhandene statistische Messdaten zum betrachteten Phänomen abstützen, obwohl diese natürlich eine grosse Hilfe bieten. Man kann von einfachen Modellvorstellungen zum Mechanismus, aus dem das zu modellierende Phänomen hervorgeht, ausgehen und daraus die hypothetische Verteilungsfamilie ableiten. Für diese Ueberlegungen kommt einem ein gutes Verständnis des realen nachzubildenden Systems sehr zustatten. Daneben sind auch vertiefte Kenntnisse der Wahrscheinlichkeitstheorie von Nutzen, damit die Möglichkeiten, Eigenschaften und Grenzen der verschiedenen denkbaren Wahrscheinlichkeitsmodelle erkannt und beurteilt werden können.

Beispiel 2.12.

(i) Bei der Bestimmung der Verteilung des Energieverbrauches der Lokomotiven in Beispiel 2.5. sind wir von einer derartigen einfachen Modellvorstellung ausgegangen. Diese besteht darin, dass die 10 Lokomotiven unabhängig voneinander in jeder Minute mit einer bestimmten Wahrscheinlichkeit anfahren. Daraus folgt, dass die Anzahl anfahrender Lokomotiven in jeder Minute und damit der Energieverbrauch binomial verteilt sind.

(ii) Auch der Bestimmung der Verteilung der Zeitintervalle zwischen zwei Autopassagen am Fussgängerstreifen im Beispiel 2.7. liegt eine einfache Modellvorstellung zugrunde. In jeder Sekunde soll unabhängig von den vergangenen Sekunden ein Auto mit einer bestimmten Wahrscheinlichkeit am Fussgängerstreifen vorbeifahren. Daraus folgt, dass die Zeitintervalle zwischen zwei Autopassagen geometrisch verteilt sind.

(iii) Betrachtet man die Messdaten zu den Zeiten zwischen zwei Ankünften von Kunden im Warteschlangensystem, Beispiel 2.9., so könnte man sich fragen, ob als Verteilung dieser Zeiten nicht eine Exponentialverteilung in Frage kommt. Dies würde dann zu einem anderen Modell als in Beispiel 2.9. führen.

Als Ergebnis dieser Ueberlegungen legt man eine oder eventuell mehrere hypothetische Familien von Verteilungsfunktionen fest, die als Modell für die Simulation des betrachteten Phänomens in Frage kommen. Das bedeutet, dass die Verteilung bis auf einen oder mehrere Parameter vorläufig festgelegt ist. Man hat eine parametrische Hypothese.

Der zweite Schritt besteht in der Festlegung der noch unbestimmten Parameter der hypothetischen Verteilung. Kann man sich Messdaten beschaffen, so können die unbekannten Parameter statistisch geschätzt werden. Parameterschätzungen bilden ein bekanntes Kapitel der mathematischen Statistik [40,41], auf das hier nicht im Detail eingegangen werden kann. Es sei nur erwähnt, dass bei vorgegebener Verteilungsfamilie deren Parameter mit dem Maximum-Likelihood-Verfahren geschätzt werden können. Die Referenz [13] enthält eine übersichtliche Zusammenstellung der Maximum-Likelihood-Schätzungen für eine Reihe der wichtigsten Verteilungen.

Beispiel 2.13.

Bei der Binomial- und der geometrischen Verteilung z.B. ist die Wahrscheinlichkeit p der unbekannte Parameter. Diese Wahrscheinlichkeit kann man als relative Häufigkeit des Ereignisses A in den Bernoulli-Versuchen schätzen. Man beobachtet also in der realen Welt z.B. eine Lokomotive über mehrere Minuten und notiert sich, wie oft dabei die Lokomotive anfährt. Dividiert man diese Zahl durch die Zahl der beobachteten Minuten, so erhält man einen Schätzwert für die unbekannte Wahrscheinlichkeit p. Analog kann man die relative Häufigkeit der Autopassagen am Fussgängerstreifen über mehrere Sekunden bilden.

Eine andere Möglichkeit wäre, dass man direkt den minütlichen Energieverbrauch über mehrere Minuten beobachtet oder die Zeiten zwischen mehreren Autopassagen misst. Dann müsste der unbekannte Parameter p auf etwas anderem Weg bestimmt werden.

Oft bestimmt die à priori festgelegte parametrische Hypothese, welche Messungen durchzuführen sind.

Man kann keineswegs immer damit rechnen, dass Messdaten für die Parameterschätzungen beschafft werden können. Diese Messungen können zu teuer oder schlechthin unmöglich sein, z.B. bei einem rein hypothetischen System. Das bedeutet durchaus noch nicht, dass die unbekannten Parameter nicht geschätzt werden können. In solchen Fällen kann man versuchen, Fachleute zu befragen, die zwar vielleicht keine für eine statistische Schätzung geeigneten Daten besitzen, aber ein ausgezeichnetes Verständnis und Gefühl für das zu modellierende System haben. Dadurch kann man oft durchaus fundierte Schätzungen für die unbekannten Parameter erhalten. In der Simulationspraxis ist dieses Vorgehen vielleicht weiter verbreitet als die statistischen Parameterschätzungen. Eine ähnliche Problematik tritt bei der sog. decision analysis auf, wo subjektive Wahrscheinlichkeiten zu bestimmen sind. Die Theorie der decision analysis kann zu diesem Punkt viele Anregungen vermitteln, man vergleiche dazu [42] .

Beispiel 2.14.

In [27] ist ein Simulationsverfahren zur Untersuchung der Einführung eines neuen Produktes beschrieben. Dabei müssen verschiedene Varianten für die zukünftige Entwicklung des Marktes, der Wirtschaft und der Technologie und verschiedene Möglichkeiten der Produktion und des Marketing in Betracht gezogen werden. Für jede dieser Varianten werden dann die Kosten, die Verkaufspreise, die Verkaufsmengen und die Investitionen über mehrere Jahre simuliert. Als Verteilungen für diese Grössen werden lognormale Verteilungen vorgeschlagen. Als Parameter zur eindeutigen Festlegung der Verteilungen sind die Mittelwerte über die 10% bzw. 90%-Punkte der Verteilungen, d.h. die Punkte, die nur mit 10% Wahrscheinlichkeit unterschritten, bzw. überschritten werden, anzugeben. Diese Parameter müssen für die verschiedenen Varianten durch die Spezialisten der Produktion, des Marketings und des Verkaufs geschätzt werden.

Sind die Parameter der hypothetischen Verteilungsfunktion auf die eine oder andere Art festgelegt, so liegt eine eindeutig bestimmte Verteilung vor. Verfügt man über Messdaten, so kann man mit einem Anpassungstest prüfen, ob sich die Hypothese halten lässt. Als Anpassungstest stehen Pearson's Chi-Quadrat-Test (für diskrete und stetige Verteilungen) und der Test von Kolmogrov-Smirnov (für stetige Verteilungen) zur Verfügung, siehe dazu [40,41]).

Es ist aber in diesem Zusammenhang ein wichtiger Umstand zu beachten. Die Annahme/Verwerfungs-Grenzen dieser Tests sind unter der Voraussetzung bestimmt, dass die zu überprüfende Verteilung feste, vorgegebene Parameter besitzt. In unserem Fall sind aber die Parameter nur Schätzungen, die mittels des gleichen Datenmaterials bestimmt worden sind, mit dem auch der Anpassungstest durchgeführt wird. Das hat zur Folge, dass die üblichen Testgrenzen nicht mehr ganz korrekt sind. Lilliefors [30,31] hat den Kolmogorov-Smirnov-Test für die Exponential- und Normalverteilungen diesem Umstand angepasst; die von ihm berechneten modifizierten Grenzen sind auch in der Referenz [13] zu finden.

Neben diesen formellen Anpassungstests kann auch eine kritische Beurteilung der Simulationsergebnisse Aufschluss über die Rechtfertigung der gemachten Modellannahmen liefern. Liegen keine Messdaten vor, so ist dies die einzige Möglichkeit, das Simulationsmodell zu beurteilen. Zu diesem wichtigen Problemkreis der Modellvalidation vergleiche man die Referenzen [13,36].

Falls der Anpassungstest zur Verwerfung der Hypothese zwingt, kann eine andere Hypothese ins Auge gefasst werden. Lässt sich keine befriedigende parametrische Hypothese aufstellen, so kann man aus den Messdaten direkt eine empirisch bestimmte Verteilungsfunktion konstruieren. Man legt eine Intervall- oder Klassenunterteilung der Messdaten fest und zählt die relativen Klassenhäufigkeiten der Messdaten aus. Das ergibt ein Histogramm der Messdaten. Diese relativen Klassenhäufigkeiten werden als Wahrscheinlichkeiten für die Klassen betrachtet. Daraus wird die kumulative Verteilung der Klassenintervalle bestimmt. In den Intervallen wird schliesslich linear interpoliert. Dies ergibt eine stückweise lineare Verteilungsfunktion. Zur Simulation nach einer solchen Verteilungsfunktion kann das in Abschnitt 2.1.2. beschriebene numerische Inversionsverfahren benützt werden.

Beispiel 2.15.

Im Beispiel 2.9. sind die Messdaten für die Bedienungszeiten und die Zeiten zwischen zwei Ankünften bereits nach Intervallen gruppiert. Die im Beispiel 2.9. verwendeten Verteilungsfunktionen sind nach dem eben beschriebenen Verfahren konstruiert.

Man kann sich fragen, ob man überhaupt parametrische Hypothesen aufstellen soll, wenn Messdaten vorliegen, oder ob man nicht eher mit einer empirisch bestimmten Verteilung arbeiten soll. Verwendet man empirisch bestimmte Verteilungen, so reflektiert die Simulation nur gerade die zufälligen Messdaten. Dies ist sicher unbefriedigend, vor allem, wenn die Messreihe klein ist. Aus diesem Grund ist es zu empfehlen, parametrische Hypothesen zu versuchen.

Je grössere Messreihen vorliegen, desto kritischer können parametrische Hypothesen überprüft werden und umso eher wird man gezwungen sein, mit empirisch bestimmten Verteilungen zu arbeiten. Bei grossen Messreihen sind diese aber auch statistisch signifikanter. D.h. parametrische Hypothesen sind umso dringender zu empfehlen, je weniger Messdaten vorliegen; im Grenzfall keiner Messdaten bleibt ja gar nichts anders übrig.

2.2. Statistische Auswertung von Simulations-Experimenten

2.2.1. Simulationsversuche

Simulationen werden durchgeführt, um Informationen über das Verhalten bestimmter, zufälliger Grössen zu gewinnen. Welche Grössen in einem konkreten Fall zu betrachten sind, hängt von der jeweiligen Fragestellung ab und muss von Fall zu Fall entschieden werden.

Beispiel 2.16.

(i) Beim Fussgänger am Fussgängerstreifen, Beispiel 2.7. sind die Wartezeiten der Fussgänger zu betrachten.

(ii) Beim Warteschlangensystem, Beispiel 2.9., können verschiedene Grössen analysiert werden, z.B.

- Wartezeiten der Kunden, bis sie bedient werden,
- Wartezeiten der Kunden bis zum Abschluss der Bedienung,
- Länge der Warteschlange und deren Schwankung.

(iii) Bei der Wochenzeitschrift, Beispiel 2.10., sind es die wöchentlichen Erträge, für die man sich interessiert.

Im Verlauf einer Simulations-Untersuchung treten Beobachtungen der zu untersuchenden Grössen in einer Folge $y_1, y_2, \ldots$ auf. Die zu untersuchenden Grössen können als Zufallsvariablen aufgefasst werden und die sich aus der Simulation ergebenden Beobachtungen als Stichproben der Zufallsvariablen. Trifft man diese Annahmen, dann kann die Auswertung der Beobachtungen auf der Grundlage der mathematischen Statistik geschehen. Das Auswertungsproblem besteht dann darin, aus den simulierten Stichproben möglichst gesicherte Rückschlüsse auf die unbekannten Grössen, d.h. auf die Verteilung und Momente der zugeordneten Zufallsvariablen zu ziehen.

Diese Problemstellung ist an sich nichts Aussergewöhnliches; sie bildet den Inhalt der Statistik. Speziell daran ist nur die Art der Gewinnung der Stichproben auf synthetisch-rechnerischem Weg. Diese Besonderheit hat gewisse Konsequenzen und eröffnet gewisse Möglichkeiten, die eine gesonderte Behandlung der Auswertung simulierter Stichproben als ein Sonderkapitel der angewandten Statistik rechtfertigen.

Einige der erwähnten Besonderheiten seien bereits an dieser Stelle vermerkt. Die Stichproben werden i.a. automatisch durch ein Computerprogramm auf einem Computer gebildet. Verglichen mit anderen statistischen Experimenten können damit auch umfangreichere Stichproben verhältnismässig leicht und billig gewonnen werden, wenn das Simulationsprogramm einmal erstellt ist. Durch Manipulationen der Zufallszahlen können ferner Simulationsexperimente in einem ziemlich weitgehenden Mass gesteuert werden. Simulationsversuche können leicht wiederholt und verlängert werden. Diese Aspekte bestimmen die Auslese von Verfahren der Statistik für die Auswertung von Simulationen und haben sogar zur Entwicklung spezieller Verfahren geführt.

Um ein Simulationsprogramm laufen zu lassen, sind die folgenden Elemente festzulegen:

(i) die Modell-Parameter,
(ii) der Anfangszustand,
(iii) die Zufallszahlen-Keime.

Unter den Modell-Parametern sind vor allem diejenigen von Bedeutung, deren Einfluss auf die Simulationsergebnisse untersucht werden sollen. Es sind die Parameter, die man im Verlaufe der Simulationsuntersuchung variieren will.

Eine Simulation kann i.a. als dynamisches System betrachtet werden, dessen zeitlicher Ablauf durch eine Folge von Zustandsänderungen beschrieben wird. Der Ablauf muss von einem Anfangszustand ausgehen, der zu Beginn jeder Simulation festzulegen ist.

Wie in Abschnitt 2.1. beschrieben, werden stochastische Systemeinflüsse mittels Zufallszahlen nachgebildet. Dabei können in einer Simulation mehrere Zufallszahlenströme verwendet werden (siehe Abschnitt 2.1.1.). Für jeden dieser Ströme sind zu Beginn die Zufallszahlenkeime festzulegen.

Alle Simulationsergebnisse hängen funktional von den erwähnten Elementen ab. Seien die Modell-Parameter mit P, und der Anfangszustand mit Z_o bezeichnet. Zur Vereinfachung sei ferner vorausgesetzt, dass in der Simulation nur ein Zufallszahlen-Strom verwendet werde. Dessen Keim sei mit x_o' bezeichnet. Es wird dem Leser nicht schwer fallen, die nachfolgenden Betrachtungen auf den Fall mehrerer Zufallszahlen-Ströme zu verallgemeinern. Eine simulierte Stichprobe y aus einem Simulationslauf mit Parametern P, Anfangszustand Z_o und Zufallszahlenkeim x_o' kann damit als Funktion

$$y = y(P,Z_o,x_o') \qquad (2.37)$$

betrachtet werden.

Mit der gleichzeitigen Festlegung der Modell-Parameter P, des Anfangszustands Z_o und des Zufallszahlenkeims x_o' legt man einen Simulationsversuch fest. Der Simulationsversuch bricht in einem gewissen Endzustand Z_e ab. Der Zufallszahlenkeim x_o' besimmt eine gewisse endliche Teilfolge $x_1',x_2',\ldots,x_e'$ von Zufallszahlen, die im Simulationsversuch verwendet wird.

Verschiedene Versuche mit gleichen Modellparametern P und Anfangzuständen Z_o, aber verschiedenen Zufallszahlenkeimen $x_o^{(1)},x_o^{(2)},\ldots$ seien Wiederholungen genannt. Wiederholungen sind nicht notwendigerweise als unabhängig im statistischen Sinne zu betrachten. Die Annahme der Unabhängigkeit ist nur dann gerechtfertigt, wenn die verwendeten Zufallszahlen-Teilfolgen sich in den verschiedenen Versuchen nicht überlappen. Am saubersten erreicht man dies, indem man in den Wiederholungen sich einander anschliessende Zufallszahlen-Teilfolgen verwendet. Das ergibt sich wie folgt: Wird im ersten Versuch mit dem Zufallszahlenkeim $x_o^{(1)}$ die Teilfolge

$x_1', x_2', \ldots, x'_e$ verwendet, so wählt man als Zufallszahlenkeim $x_o^{(2)}$ für den zweiten Versuch x_e'. Dann wird im zweiten Versuch die anschliessende Teilfolge $x_{e+1}', x_{e+2}', \ldots$ auftreten, etc. Solange die Periodenlänge der Zufallszahlen nicht erschöpft ist, werden auf diese Weise keine Ueberlappungen auftreten und aufgrund der Eigenschaften, die man den Zufallszahlen unterlegt, darf man annehmen, dass die Versuche statistisch unabhängig sind.

Beispiel 2.17.

Unabhängige Wiederholungen hat man bei der Simulation der Wartezeiten der Fussgänger, Beispiel 2.7., und auch bei der Simulation der Wochen-Zeitschrift, Beispiel 2.10. In beiden Fällen wurden für jeden Simulationsversuch andere Zufallszahlen verwendet.

In gewissen Fällen möchte man jedoch die Wiederholungen gar nicht unabhängig haben, sondern im Gegenteil eine möglichst starke Korrelation zwischen den Wiederholungen einführen. Die Gründe dafür werden im Abschnitt 2.2.3. erläutert.

Wählt man $x_o^{(2)} = m - x_o^{(1)}$, so folgt

$$x_1^{(2)} \equiv a(m - x_o^{(1)}) \equiv am - ax_o^{(1)} \equiv m - ax_o^{(1)} \equiv m - x_1^{(1)} \pmod m \tag{2.38}$$

und damit $x_i^{(2)} = m - x_i^{(1)}$. Dividiert man diese Zufallszahlen durch m, um Zahlen zwischen 0 und 1 zu erhalten, so ergibt sich $x_i^{(2)} = 1 - x_i^{(1)}$. Solche Zufallszahlen-Folgen werden antithetisch genannt. Sie sind offenbar negativ korreliert, denn wenn die eine Zufallszahl gross ist, ist die entsprechende Zufallszahl der zweiten Folge klein. Entsprechend seien zwei Wiederholungen mit den Zufallszahlenkeimen $x_o^{(1)}$ und $x_o^{(2)} = m - x_o^{(1)}$ antithetische Wiederholungen genannt. Es ist anzunehmen, dass antithetische Wiederholungen korreliert sind, weil die verwendeten Zufallszahlen-Folgen korreliert sind.

Für eine Verallgemeinerung des Begriffs antithetischer Zufallszahlen-Folgen siehe [17].

Beispiel 2.18.

Der Begriff antithetischer Zufallszahlen beinhaltet die Paarung grosser mit kleinen Zufallszahlen. In diesem Sinne kann man im Beispiel der Wochen-Zeitschrift, Beispiel 2.10. antithetische Auflagen und Nachfragen erhalten, indem man einmal die N(0,1)-Zufallszahl selber und das zweite Mal das negative davon (was selber wieder eine N(0,1)-verteilte Zufallszahl ist) verwendet. So wurde im Beispiel 2.10. die Auflage der ersten Woche mit der ersten Zufallszahl in der Zeile 210 der Tabelle Anhang 2.2 bestimmt.

$$z = 2'000.(-0.366)+100'000 = 99'268.$$

In einer antithetischen Wiederholung bestimmt man die Auflage mit dem Negativen von -0.366, also

$$z = 2'000.0.366 + 100'000 = 100'732.$$

Führt man zu den ersten fünf Wochen der Simulation Beispiel 2.10 fünf antithetische Wiederholungen mit antithetischen Auflagen und Nachfragen in der beschriebenen Weise durch, so erhält man folgende Ergebnisse:

Woche	Auflage	Nachfrage
1	99'268	102'660
1 a	100'732	117'340
2	94'380	122'440
2 a	105'620	97'560
3	99'096	117'280
3 a	100'904	102'720
4	98'676	140'520
4 a	101'324	79'480
5	100'416	109'100
5 a	99'584	110'900

Es paart sich damit immer eine überdurchschnittliche mit einer unterdurchschnittlichen Auflage bzw. Nachfrage.

Ein Simulationsversuch mit Modell-Parametern P, Anfangszustand Z_o und Zufallszahlenkeim breche im Endzustand Z_e ab und verbrauche die Zufallszahlen-Folge $x_1', x_2', \ldots, x_e'$. Dann kann man einen zweiten Versuch mit den gleichen Modell-Parametern P, aber mit dem Endzustand Z_e des ersten Versuches als neuem Anfangszustand und mit der letzten Zufallszahl x_e' des ersten Versuches als neuem Zufallszahlenkeim durchführen. Dieser Versuch kann als Fortsetzung des ersten Versuches bezeichnet werden.

Beispiel 2.19

In einem ersten Versuch simuliert man z.B. das Warteschlangensystem des Beispiels 2.9. über eine bestimmte Zeitdauer. Es kann sich nun herausstellen, dass die Zeitdauer zu kurz war, um stichhaltige Aussagen über das Systemverhalten zu machen. Man möchte das System über eine grössere Zeitdauer simulieren. Anstatt noch einmal von Anbeginn an neu zu beginnen, kann man am Endzustand des ersten Versuches anschliessen und die Simulation von dort an fortsetzen. Dies setzt voraus, dass das Simulationsprogramm derart organisiert ist, dass man in jedem Versuch den erreichten Endzustand irgendwie abspeichert, damit man ihn für spätere Fortsetzungen zur Verfügung hat.

Es ist auch zu erwähnen, dass Fortsetzungen nicht bei jedem Simulationsmodell einen Sinn haben. Es gibt Fälle, wo ein Versuch jeweils in einem natürlichen Endzustand abbricht, über den hinaus die Simulation keinen Sinn hat.

Werden Simulationsversuche mit verschiedenen Modell-Parametern durchgeführt, so seien diese Versuche als Vergleichsversuche bezeichnet. Wie Wiederholungen müssen auch Vergleichsversuche nicht notwendigerweise unabhängig voneinander sein. Strebt man Unabhängigkeit an, so empfiehlt es sich, analog wie bei Wiederholungen mit sich einander anschliessenden Zufallszahlen-Teilfolgen zu arbeiten.

Es gibt aber auch bei Vergleichsversuchen Gründe, die in Abschnitt 2.2.5. erläutert werden, und die statt der Unabhängigkeit eine möglichst starke Korrelation zwischen den Vergleichsversuchen als wünschenswert erscheinen lassen.

Verwendet man bei Vergleichsversuchen immer den gleichen Zufallszahlen-Keim, so erscheint dieselbe Zufallszahlen-Folge in allen Versuchen, was eine mehr oder weniger starke Korrelation zwischen den Versuchen zur Folge hat. Derartige Vergleichsversuche werden als kontrolliert bezeichnet. In diesem Zusammenhang wird auch die Verwendung verschiedener Zufallszahlen-Ströme interessant, da dadurch oft die Kontrolle zwischen den Vergleichsversuchen nocht erhöht werden kann.

Beispiel 2.20.

Das Warteschlangensystem, Beispiel 2.9. hatte einen Schalter. Nun möchte man einen Vergleich mit einem System mit zwei Schaltern machen. Es kann dabei von Interesse sein, die beiden Systeme mit dem genau gleichen Kunden-Ankunftsprozess zu vergleichen; das wäre eine bestimmte Kontrolle der beiden Vergleichsversuche. Um das zu erreichen, kann man je einen Zufallszahlen-Strom für die Zeitintervalle zwischen zwei Ankünften und die Bedienungszeiten vorsehen. Wählt man in beiden Versuchen den gleichen Zufallszahlenkeim für den Strom, der die Zeitintervalle zwischen den Ankünften bestimmt, so hat man genau die gleichen Kunden-Ankunftszeiten in beiden Versuchen. Die Vergleichsversuche sind in einem bestimmten Mass kontrolliert. Wählt man zusätzlich noch gleiche Zufallszahlenkeime für die Bedienungszeiten, so sind die Vergleichsversuche noch stärker kontrolliert.

2.2.2. Simulationsversuche und statistische Modelle

Ein Simulationsversuch hat selten nur ein einziges Ergebnis y. Viel typischer als etwa die Beispiele der Fussgänger-Wartezeiten oder der Zeitschriften-Erträge (Beispiele 2.7. und 2.10.) ist in diesem Zusammenhang das Beispiel 2.9. des Warteschlangen-Systems. Schon allein die Wartezeiten der Kunden bis zur Bedienung ergeben eine erste Reihe von Ergebnissen. Die Wartezeiten der Kunden bis zum Abschluss der Bedienung bilden eine zweite Reihe und die Längen der Warteschlangen zu verschiedenen Zeitpunkten eine dritte Reihe. Alle einzelnen Ergebnisse in einer Reihe und die Ergebnisse in verschiedenen Reihen hängen eng zusammen und sind korreliert. Diese Korrelationen sind in der statistischen Auswertung der Ergebnisse zu berücksichtigen. Es ist leider nicht immer möglich oder üblich, dieser Forderung vollumfänglich nachzukommen. So werden oft die Wartezeiten einerseits und die Warteschlangenlängen getrennt und isoliert analysieirt, ohne die Korrelationen zwischen den beiden Reihen zu berücksichtigen. Wir schliessen uns dieser Praxis an und betrachten einzelne Beobachtungsreihen isoliert, um die Betrachtungen nicht zu sehr zu komplizieren.

Zunächst sei sogar nur eine einzelne Beobachtung y aus einem Simulationsversuch herausgegriffen. Wie im letzten Abschnitt erwähnt, kann man y als Stichprobe einer Zufallsvariablen Y betrachten. Die Zufallsvariable Y besitzt eine Verteilungsfunktion F(y), und es wird weiter noch vorausgesetzt, dass Y einen endlichen Erwartungswert und eine endliche Varianz besitzt. Diese Annahmen bilden nichts weiter als ein statistisches Modell für die Auswertung. Akzeptiert man das Modell, dann hat man sich gewisse Methoden der mathematischen Statistik für die Simulations-Auswertung erschlossen.

Hat man eine Reihe von Stichproben $y^{(1)},y^{(2)},\ldots$ derselben Grösse aus n Wiederholungen, so kann man annehmen, dass dies alles Stichproben zur gleichen Verteilung F(y) sind. Sind die Wiederholungen unabhängig, so können auch die Stichproben als unabhängig angenommen werden. Andernfalls werden die Stichproben als korreliert bezeichnet.

Sei nun eine Beobachtungsreihe $y_1,y_2,\ldots$ in einem Simulationsversuch betrachtet, z.B. die Längen der Warteschlangen in gewissen zeitlichen Abständen. Man nennt eine solche Beobachtungsreihe eine <u>Zeitreihe</u>, weil der Index der Beobachtungen oft einer Zeit oder einer zeitlichen Reihenfolge entspricht. Die $y_1,y_2,\ldots$ können als Stichproben von verschiedenen Zufallsvariablen Y_1, $Y_2,\ldots$ betrachtet werden. Diese Variablen haben i.a. <u>verschiedene</u> Verteilungsfunktionen $F_1(y),F_2(y),\ldots$ Die Warteschlangenlänge z.B. ist zu Beginn der Simulation, wenn die Kunden erst langsam einer nach dem anderen erscheinen, wahrscheinlich kürzer als nach einer gewissen Zeit, wenn sich Ankünfte und Abgänge von Kunden eingespielt haben. Ist zu einem bestimmten Zeitpunkt eine lange Warteschlange vorhanden, so ist sie wahrscheinlich auch in den nächsten Zeitpunkten noch lang.

In gewissen Fällen, aber beileibe nicht immer, kann man annehmen, dass die Verteilungen $F_i(y)$ zu einer gemeinsamen Grenzverteilung streben

$$F_i(y) \xrightarrow[i \to \infty]{} F(y). \qquad (2.39)$$

Das bedeutet, dass von einem genügend grossen Index n an, alle Zufallsvariablen $Y_n,Y_n,\ldots$ praktisch die gleiche Verteilungsfunktion F(y) besitzen. Trifft (2.39) zu, so kann man auch noch gewisse zusätzliche Annahmen machen, die in Abschnitt 2.2.4. eingeführt werden, und die Zeitreihe als <u>stationär</u> betrachten.

Beispiel 2.21.

Ist im Warteschlangensystem, Beispiel 2.9. die mittlere Bedienungszeit kleiner als die mittlere Intervall-Länge zwischen zwei Ankünften, so darf man annehmen, dass die Wartezeiten der Kunden und die Warteschlangen-Längen nach einer anfänglichen transienten Phase stationäre Zeitreihen bilden. Ist dagegen die mittlere Bedienungszeit grösser als die mittlere Zeit zwischen zwei Ankünften, so werden die Warteschlangen-Längen und damit auch die Wartezeiten im Laufe der Zeit länger und länger und die entsprechenden Zeitreihen können nicht als stationär betrachtet werden.

Die Bedeutung des Modells der stationären Zeitreihe liegt u.a. in folgendem: Ist die Grenzverteilung F(y) zu untersuchen, ist z.B. deren Erwartungswert zu schätzen, so sind wegen der sog. Ergodizität von stationären Zeitreihen keine Wiederholungen notwendig. Man kommt mit der Auswertung eines Versuches aus. Es sind allenfalls eine oder mehrere Fortsetzungen notwendig, wenn der erste Versuch keine genügende Länge hatte.

2.2.3. Auswertung von Wiederholungen

Sei $y^{(1)}$, $y^{(2)}$,...$y^{(n)}$ eine Stichprobe der gleichen Zufallsvariablen aus n Wiederholungen. Der Stichprobe liege die unbekannte Verteilung F(y) zu Grunde. Das Ziel der Auswertung ist es, Aufschlüsse über die Verteilung F(y) zu gewinnen. Oft genügt es, den Erwartungswert μ und die Varianz σ^2 zu bestimmen. Es sei zunächst diese Problemstellung betrachtet.

Für diese beiden Grössen sind Schätzfunktionen aufzustellen. Da man i.a. keine parametrische Hypothese über die unbekannte Verteilung F(y) aufstellen kann, sind Schätzfunktionen anzuwenden, die bei beliebiger Verteilung der Stichprobe anwendbar sind.

Den Erwartungswert μ kann man durch das arithmetische Mittel oder Stichprobenmittel

$$\bar{y} = \frac{1}{n} \sum_{i=1}^{n} y^{(i)} \tag{2.40}$$

schätzen. Da es mühsam ist, immer wieder auf die Unterscheidung zwischen Zufallsvariablen (grosse Buchstaben) und Stichproben (kleine Buhcstaben) hinzuweisen, soll im folgenden auf die notationelle Unterscheidung verzichtet werden. Es werden nur noch kleine Buchstaben verwendet, so dass y einmal eine Stichprobe, d.h. eine feste, gegebene Zahl, ein anderes Mal die zugehörige Zufallsvariable, die eine Verteilung, einen Erwartungswert und eine Varianz besitzt, bezeichnet. Es ist aus dem Zusammenhang jeweils klar, in welcher Bedeutung y erscheint.

In diesem Sinn besitzt $\bar{y}$ einen Erwartungswert $E(\bar{y})$ und eine Varianz $Var(\bar{y})$. Es gilt

$$E(\bar{y}) = E(\frac{1}{n} \sum_{i=1}^{n} y^{(i)}) = \frac{1}{n} \sum_{i=1}^{n} E(y)^{(i)}) = \frac{1}{n} \cdot n u = u. \tag{2.41}$$

Der Erwartungswert des Stichprobenmittels ist gleich dem gesuchten, unbekannten Erwartungswert, d.h. die Schätzung ist erwartungstreu oder biasfrei. Dies gilt sowohl für unabhängige wie für korrelierte Stichproben.

Für die Varianz des Stichprobenmittels erhält man

$$Var(\bar{y}) = E((\bar{y}-E(\bar{y}))^2) = E((\bar{y}-\mu)^2) = \frac{1}{n^2} \sum_{i,j=1}^{n} E((y^{(i)}-\mu(y^{(j)}-\mu))$$

$$= \frac{\sigma^2}{n} + \frac{1}{n^2} \sum_{\substack{i,j=1 \\ i \neq j}}^{n} E((y^{(i)}-\mu)(y^{(i)}-\mu)), \tag{.2.42}$$

wenn $\sigma^2 = Var(y^{(i)}) = E((y^{(i)}-\mu)^2)$.

Man kann zeigen, dass das Stichprobenmittel unter allen linearen Schätzfunktionen, die biasfrei sind, die kleinste Varianz besitzt, vgl. z.B. [41]. Auch das gilt für unabhängige wie korrelierte Stichproben. Dieses Ergebnis stellt eine Rechtfertigung für die Verwendung des Stichprobemittels als Schätzfunktion für μ dar.

Setzt man unabhängige Wiederholungen und damit unabhängige Stichproben voraus, so verschwinden die Kovarianzen $Kov(y^{(i)},y^{(j)}) = E((y^{(i)}-\mu)(y^{(j)}-\mu)) = 0$. Es folgt somit

$$Var(\bar{y}) = \sigma^2/n.$$

Die Streuung $\sigma/\sqrt{n}$ kann als Mass für den Fehler, d.h. die möglichen Abweichungen von $\bar{y}$ von μ genommen werden. (2.43) zeigt, dass der Fehler nur umgekehrt proportional zu $\sqrt{n}$, der Wurzel aus der Zahl der Wiederholungen, abnimmt. Dieses $\sqrt{n}$ - Gesetz weist darauf hin, dass bei Simulations-Auswertungen nicht mit grossen Genauigkeiten gerechnet werden kann.

Betrachtet man (2.42) noch einmal, so erkennt man, dass die Varianz von $\bar{y}$ verkleinert werden kann, wenn es gelingt, negative Kovarianzen $Kov(y^{(i)},y^{(j)})$ zwischen den Stichproben einzuführen. Dies kann mittels antithetischen Wiederholungen versucht werden. Seien die Wiederholungen in Paare von antithetischen Wiederholungen gegliedert, derart etwa, dass Wiederholungen 1 und 2, 3 und 4,...n-1 und n antithetisch sind. Antithetische Zufallszahlen x_i und $1-x_i$ haben offensichtlich eine negative Kovarianz. Es kann nun tendenzmässig i.a. erwartet werden, dass sich diese negative Kovarianz antithetischer Zufallszahlen auch in einer mehr oder weniger starken Ausprägung auf die Ergebnisse antithetischer Wiederholungen überträgt.

Beispiel 2.22.

Die Auflagen und Nachfragen für die Wochen-Zeitschrift sind bei den antithetischen Wiederholungen in Beispiel 2.18 sicher negativ korreliert. Die Frage ist aber, ob die daraus errechneten wöchentlichen Erträge bei den antithetischen Wiederholungen ebenfalls negativ korreliert sind. Die Frage ist nicht leicht à priori zu beantworten.

Wir wollen die wöchentlichen Erträge für die antithetischen Wiederholungen analog wie in Beispiel 2.10 berechnen. Es sind natürlich nur die Wochen 1 a bis 5 a neu zu berechnen, für die Wochen 1 bis 5 kann man die Resultate von 2.10 übernehmen.

Woche	G	V	Ertrag
1	29'780.40	-.--	29'780.40
1 a	30'219.60	-.--	30'219.60
2	28'314.--	-.--	28'314.--
2 a	29'268.--	4'030.--	25'238.--
3	29'728.80	-.--	29'728.--
3 a	30'271.20	-.--	30'271.20
4	29'602.80	-.--	29'602.80
4 a	23'844.--	10'922.--	12'922.--
5	30'124.80	-.--	30'124.80
5 a	29'875.20	-.--	29'875.20

Totaletrag über die
10 simulierten Wochen 276'076.--

Der mittlere wöchentliche Ertrag kann mit 27'608 geschätzt werden. In antithetischen Paaren sollte ein Ertrag unter und der andere Ertrag über dem Mittel liegen. Das ist im Beispiel nicht sehr ausgeprägt. Bei einem derart kleinen Stichprobenumfang muss die Frage des Erfolgs der antithetischen Wiederholungen noch offen bleiben. Wir werden darauf zurückkommen.

Vorausgesetzt, dass die antithetischen Wiederholungen den gewünschten Effekt erbringen, d.h. $Kov(y^{(1)},y^{(2)})=Kov(y^{(3)}, y^{(4)}= ... = < 0$, so folgt aus (2.42)

$$Var(\bar{y}) = \frac{\sigma^2}{n} + \frac{\rho}{n}, \qquad (2.44)$$

wenn zwei Wiederholungen aus verschiedenen Paaren nach wie vor als unabhängig voneinander vorausgesetzt werden.

Mit der gleichen Zahl von Wiederholungen hat man den Fehler der Schätzung reduziert, sofern ρ negativ ist, und zwar umso mehr, je negativer die Kovarianz ist. Es gilt immer $\rho \leq \sigma^2$ im Extremfall, wenn $\rho = \sigma^2$ wird die Varianz von $\bar{y}$ sogar gleich 0. Sollte man andererseits das Pech haben, dass durch die antithetischen Wiederholungen eine positive Kovarianz ρ eingeführt wird, was i.a. wenig wahrscheinlich, aber auch nicht ausgeschlossen ist, so hätte man die Varianz von $\bar{y}$ vergrössert, statt verkleinert. Man beachte ferner, dass die Streuung von $\bar{y}$ nach wie vor proportional zu $1/\sqrt{n}$ ist, nur der Proportionalitätsfaktor hat sich geändert. Antithetische Wiederholungen sind eine Variante von varianzreduzierenden Verfahren. Es gibt eine ganze Reihe anderer varianzreduzierender Verfahren, die allerdings meist schwieriger anzuwenden sind als antithetische Wiederholungen, siehe [16,17,26,35].

Beispiel 2.23.

Schätzt man aus den antithetischen Auflagen und Nachfragen, Beispiel 2.18 die mittlere Auflage und die mittlere Nachfrage, so erhält man die fehlerfreien Schätzungen 100'000 bzw. 110'000. Man hat hier ein Beispiel, wo $= \sigma^2$. Dieser Extremfall wird aber bei realistischen Schätzproblemen nie auftreten, vergleiche dazu Beispiel 2.25.

Die Varianz σ^2 ist nur in den seltensten Fällen im voraus bekannt, so dass man leider (2.43) nicht benützen kann um von vorneherein den Fehler der Schätzung $\bar{y}$ anzugeben. Man kann aber σ^2 durch die Stichproben-Varianz

$$s^2 = \frac{1}{n-1} \sum_{i=1}^{n} (y^{(i)} - \bar{y})^2 \qquad (2.45)$$

schätzen, falls die Wiederholungen unabhängig sind. Für die Varianz und Streuung von $\bar{y}$ erhält man damit die Schätzwerte s^2/n und $s/\sqrt{n}$.

Beispiel 2.24

(i) Für den Fussgänger, Beispiel 2.7., schätzt man eine mittlere Wartezeit $\bar{y} = 2.5$. Die empirische Varianz ist $s^2 = 27.2$. Daraus erhält man für die Varianz und Streuung von $\bar{y}$ die Schätzwerte $s^2/10 = 2.7$ und $s/\sqrt{10} = 1.64$.

(ii) Den mittleren wöchtentlichen Ertrag der Wochenzeitschrift, Beispiel 2.10 schätzt man zu $\bar{y} = 27'858$ und die Stichproben-Varianz ist $s^2 = 18'010'000$.Daraus erhält man für die Varianz und Streuung von $\bar{y}$ die Schätzungen $s2/10 = 1'801'000$ und $s/\sqrt{10} = 1'340$.

Bei korrelierten Stichproben ist die Varianz anders zu schätzen. Bei Paaren von antithetischen Stichproben kann man die Mittel über die antithetischen Paare bilden

$$\bar{y}^{(1)} = \frac{1}{2}(y^{(1)} + y^{(2)}),\ \bar{y}^{(2)} = \frac{1}{2}(y^{(3)} + y^{(4)}), \ldots, \qquad (2.46)$$

die ihrerseits wieder eine unabhängige Stichprobe bilden. $\bar{y}$, das Stichprobenmittel über $y^{(1)}, y^{(2)}, \ldots y^{(n)}$, ist auch das Stichprobenmittel über $\bar{y}^{(1)}, \ldots \bar{y}^{(n/2)}$. Somit kann man die Varianz von $\bar{y}$ nach den obigen Ausführungen durch $\bar{s}^2/(n/2)$, wobei

$$\bar{s}^2 = \frac{1}{n/2-1} \sum_{i=1}^{n/2} (\bar{y}^{(1)} - \bar{y})^2, \qquad (2.47)$$

schätzen.

Beispiel 2.25.

Benutzt man die antithetischen Auflagen und Nachfragen, Beispiel 2.18. für die Schätzung des mittleren, wöchentlichen Ertrages der Wochenzeitschrift, so erhält man $\bar{y}=27'608$. Die empirische Varianz $\bar{s}^2$ wird gleich 14'530'000. Daraus erhält man für die Varianz und Streuung von $\bar{y}$ die Schätzungen $\bar{s}^2/5=2'906'000$ und $\bar{s}/\sqrt{5} = 1'700$.

Ein Vergleich mit Beispiel 2.24. (ii) lässt es als fraglich erscheinen, ob mit den antithetischen Wiederholungen wirklich eine Varianzreduktion erreicht worden ist. Die geschätzte Varianz ist bei den antithetischen Wiederholungen im Gegenteil sogar grösser als bei den unabhängigen Wiederholungen. Ein Stichprobenumfang von nur 10 ist aber zu klein, um daraus stichhaltige Schlüsse zu ziehen. Der Verfasser hat für dieses Beispiel empirische Untersuchungen mit Stichprobenumfängen von 1'000 und 2'000 durchgeführt, die zeigen, dass die Varianz mit antithetischen Wiederholungen auf etwa 70.75% (und damit die Streuung auf 85%) gegenüber unabhängigen Wiederholungen reduziert wird.

Moy [35] hat empirische Untersuchungen an Warteschlangen-Systemen durchgeführt und berichtet von Varianzreduktionen auf 50 bis 100% (100% bedeutet keine Reduktion) je nach Fall mit antithetischen Wiederholungen.

Von grosser praktischer Bedeutung ist die Frage der Bestimmung der notwendigen Anzahl von Wiederholungen zur Erzielung einer bestimmten, vorgeschriebenen Genauigkeit. Die Genauigkeit sei in Form der Varianz oder Streuung von $\bar{y}$ vorgeschrieben. Wieviele Wiederholungen sind notwendig, damit die Streuung von $\bar{y}$ kleiner als d bzw. die Varianz von $\bar{y}$ kleiner als d^2 wird? Die Beantwortung dieser Frage mittels der Formel (2.43) wäre sehr einfach, wenn man die Varianz σ^2 kennen würde. Da dies nicht der Fall ist, kann man die Frage nach der Zahl der notwendigen Wiederholungen nicht à priori, sondern erst im Verlauf der Simulationsuntersuchung beantworten.

Ein sehr grobes Verfahren besteht darin, dass man zunächst eine begrenzte Zahl von Wiederholungen durchführt und daraus die Varianz σ^2 mittels der Stichprobenvarianz s^2 schätzt. Man kann dann in der Formel (2.43) σ^2 durch s^2 ersetzen und damit zu einer groben Abschätzung der benötigten Zahl von Wiederholungen kommen.

Beispiel 2.26.

In Beispiel 2.24 (i) wurde die Varianz der Wartezeiten der Fussgänger zu s^2=27.14 geschätzt. Soll die mittlere Wartezeit mit einer Streuung von 0.5 oder Varianz von 0.25 geschätzt werden, so ergibt (2.43) wenn man σ^2 durch $s^2 \cong 30$ ersetzt, die Gleichung $30/n = 0.25$,

woraus n = 120 folgt. Es sind somit in der Grössenordnung 100 bis 150 Wiederholungen notwendig, um die verlangte Genauigkeit zu erreichen.

Erwartungswerte und Varianzen sind nur grobe Kennziffern für eine Verteilung. In der nachstehenden Tabelle sind weitere Kennziffern oder Angaben zu einer Verteilung zusammengestellt, die man unter Umständen bestimmen will.

Kennziffer	Definition	Schätzung
Erwartungswert	$u = E(y)$	$\bar{y} = \frac{1}{n} \sum_{i=1}^{n} y^{(i)}$
Median a)	$y_{1/2}: \int_{-\infty}^{y_{1/2}} f(z)dz = \frac{1}{2}$	$\begin{cases} y^{[(n+1)/2]}, & n \text{ ungerade} \\ \frac{y^{[n/2]} + y^{[n/2+1]}}{2}, & n \text{ gerade} \end{cases}$
Varianz	$\sigma^2 = E((y-E(y))^2)$	$y^2 = \frac{1}{n-1} \sum_{i=1}^{n} (y^{(i)} - \bar{y})^2$
Kumulative Verteilung	$F(z) = P[y \leq z]$	$\hat{F}(z) = \frac{\text{Anzahl } y^{(i)} \leq z}{n}$

Kennziffer	Definition	Schätzung
Histogramm	$F(z_{i+1})-F(z_i)$ $z_o=-\infty,\ z_N=\infty$ $z_i < z_{i+1}, i=0,..,N$ $N << n$	$H_i = \dfrac{\text{Anzahl } y^{(i)} \text{zwischen } z_i z_{i+1}}{n}$
wahrschein-lichster Wert	y_w: $f(y_w)=\max f(y)$	$\hat{y}_w = \dfrac{z_{i^*}+z_{i^*+1}}{2}$, wobei $H_{i^*} = \max H_i$

a) die Grössen $y^{[1]},\ldots,y^{[n]}$ sind die Stichproben $y^{(1)},\ldots,$ $y^{(n)}$ der Grösse nach geordnet, so dass $y^{[1]}$ die kleinste und $y^{[n]}$ die grösste Beobachtung ist.

2.2.4. Auswertung von Zeitreihen

Im Abschnitt 2.2.2. wurde bereits auf den Begriff stationärer Zeitreihen hingewiesen. Eine Zeitreihe heisst stationär, wenn jede Teil-Stichprobe aus der Zeitreihe

$$y_{i_1}, y_{i_2}, \ldots, y_{i_s}$$

die gleiche Verteilung besitzt, wie die Teil-Stichprobe

$$y_{i_1+h}, y_{i_2+h}, \ldots, y_{i_s+h},$$

und dies für beliebige Indexmengen $i_1, i_2, \ldots, i_s$ und für eine beliebige 'Zeitverschiebung' h gilt, vgl. dazu |41|. Das bedeutet, dass das Wahrscheinlichkeitsgesetz, dem die Stichproben unterliegen, nicht von der Zeit abhängig, sondern eben stationär ist. Insbesondere hat jede einzelne Stichprobe $y_1, y_2, \ldots$ die gleiche Verteilung F(y).

Wie aus Abschnitt 2.2.2. hervorgeht, ist eine simulierte Zeitreihe nie in diesem strikten Sinne stationär. Falls aber eine Grenzverteilung F(y) (2.39) angenommen werden darf, so darf i.a. darüberhinaus auch noch angenommen werden, dass die übrigen Bedingungen wenigstens näherungsweise erfüllt sind, d.h. dass man für die statistische Auswertung der Zeitreihe die Modellannahme einer stationären Zeitreihe unterlegt.

Es ist nun in vielen Fällen keineswegs einfach, à priori zu entscheiden, ob eine Grenzverteilung im Sinne von (2.39) existiert, ob der betrachtete Prozess als stationär angenommen werden darf. Es kann vielmehr oft ein wichtiges Auswerteproblem sein, festzustellen, ob Stationarität vorliegt oder nicht. Zu dieser nicht einfachen Fragestellung sei der Leser auf die Referenzen [6,18] verwiesen.

Beispiel 2.27.

Bei komplizierten Netzwerken von Bedienungs- oder Bearbeitungsstellen, die mit unregelmässig anfallenden Aufträgen belastet werden, z.B. bei Verbindungs-Netzwerken oder Computer-Netzwerken ist zu untersuchen, ob die Kapazitäten ausreichen, um die anfallenden Aufträge zu bearbeiten oder zu erledigen. Eine Ueberbelastung des Systems ist sicher dann vorhanden, wenn die Wartezeiten oder Warteschlangen der Aufträge nicht mehr stationär sind, sondern einen steigenden Trend zeigen.

Die Behandlung nicht-stationärer Zeitreihen kann hier nicht besprochen werden. Dazu sei auf die Referenz [6] verwiesen. Im folgenden wird daher vorausgesetzt, dass das Modell der stationären Zeitreihen gerechtfertigt ist.

Bei einer stationären Zeitreihe besteht ein ähnliches Auswerteproblem wie bei unabhängigen Wiederholungen, das Problem nämlich, Aufschlüsse über die stationäre Grenzverteilung F(y) zu gewinnen. Dieses Auswerteproblem sei als statisch bezeichnet. Daneben gibt es auch Auswerteprobleme, die auf die Klärung der dynamischen Struktur der Zeitreihe zielen; darauf wird später eingegangen.

Beispiel 2.28.

Beim Warteschlangen-System, Beispiel 2.9. bestehen die statischen Auswerteprobleme in der Untersuchung der stationären Verteilungen der Wartezeiten und der Warteschlangen-Längen, etwa in der Schätzung der mittleren stationären Wartezeiten oder Warteschlangen-Längen.

Als Grundproblem sei die Schätzung des Erwartungswertes der stationären Grenzverteilung F(y) betrachtet. Selbstverständlich kann man Wiederholungen durchführen, so dass man mehrere Zeitreihen-Stichproben

$$y_1^{(1)}, y_2^{(1)}, \dots, y_m^{(1)}$$

$$\dots$$

$$y_1^{(n)}, y_2^{(n)}, \dots, y_m^{(n)}$$

für die Auswertung zur Verfügung hat. Seien $\mu_1, \mu_2, \dots$ die Erwartungswerte der Verteilungen $F_1(y) F_2(y), \dots$ der 1.,2.,... Grössen der Zeitreihe (vgl. Abschnitt 2.2.2.). Die Wiederholungen können unabhängig oder antithetisch sein. In beiden Fällen sind die spaltenweise genommenen Stichprobenmittel

$$\bar{y}_i = \frac{1}{n} \sum_{j=1}^{n} y_i^{(j)} \qquad i=1,2,\dots \tag{2.48}$$

nach Abschnitt 2.2.3. geeignete Schätzwerte für die Erwartungswerte μ_i.

Da unter der Stationaritäts-Voraussetzung angenommen wird, dass die μ_i gegen den Erwartungswert μ der stationären Verteilung F(y) streben, gilt auch

$$\frac{1}{m} \sum_{i=1}^{m} \mu_i \xrightarrow[m \to \infty]{} \mu \,. \tag{2.49}$$

Man erhält somit einen Schätzwert für u, indem man das arithmetische Mittel der $\bar{y}_i$ bildet

$$\bar{y} = \frac{1}{m} \sum_{i=1}^{m} \bar{y}_i = \frac{1}{m} \sum_{i=1}^{m} \frac{1}{n} \sum_{j=1}^{n} y_i^{(j)} = \frac{1}{n} \sum_{j=1}^{n} \frac{1}{m} \sum_{i=1}^{m} y_i^{(j)}$$

$$= \frac{1}{n} \sum_{j=1}^{n} \bar{y}^{(j)}. \qquad (2.50)$$

Die zeilenweise genommenen arithmetischen Mittel $\bar{y}^{(j)}$ seien Zeitmittel genannt.

Es wird sich nun weiter unten zeigen, dass schon ein Zeitmittel für sich einen Schätzwert für u darstellt, weil jedes Zeitmittel bei unbegrenzt wachsender Zeitreihenlänge gegen den unbekannten Mittelwert konvergiert. Das ist die Ergodizität der stationären Zeitreihe. Wiederholungen sind also nicht unbedingt notwendig.

Beispiel 2.29.

Aus den Ergebnissen der Simulation des Warteschlangen-Systems, Beispiel 2.9. schätzt man eine mittlere, totale Wartezeit

$$\bar{y} = (0.7+0.9+0.8+2.6+...+4.3)/20 = 2.03.$$

Die Warteschlangen-Längen sind als Funktion der kontinuierlichen Zeit gegeben. Zur Bildung des Zeitmittels wird daher an Stelle der Stichprobensumme eher das Stichprobenintegral verwendet.

Im vorliegenden Fall ist die Warteschlangen-Länge während einer Zeit von 7.9 gleich 1, während die gesamte Simulationszeit gleich 55.8 ist. Es ergibt sich als Schätzung für die mittlere Warteschlangen-Länge

$$\bar{y} = 7.9/55.8 = 0.14.$$

Zur Betrachtung des Fehlers des Zeitmittels

$$\bar{y} = \frac{1}{m} \sum_{i=1}^{m} y_i$$

wird dessen Varianz berechnet.

$$\mathrm{Var}(\bar{y}) = E((\bar{y}-\mu)^2) = E((\frac{1}{m} \sum_{i=1}^{m} y_i - \mu)^2) =$$

$$\frac{1}{m^2} \sum_{i,j=1}^{m} E((y_i-\mu)\,(y_j-\mu)) \qquad (2.52)$$

Die Grössen $R_{i,j}=E((y_i-\mu)(y_j-\mu))$ werden <u>Autokovarianzen</u> der Zeitreihe genannt. Aus der Stationarität der Zeitreihe folgt $R_{i,j}=R_{i+h,j+h}$, d.h. die Autokovarianzen $R_{i,j}$ sind nicht von i und j, sondern nur von der Differenz j-i abhängig. Man schreibt daher anstatt $R_{i,j}$ besser R_{j-i}. Da allgemein $R_{i,j}=R_{j,i}$ gilt, folgt auch $R_s=R_{-s}$.

Für die Varianz von $\bar{y}$ ergibt sich somit nach einigen einfachen Umformungen

$$\mathrm{Var}(\bar{y}) = \frac{1}{m^2} \sum_{i,j=1}^{m} R_{j-i} = \frac{1}{m} (R_o + 2 \sum_{i=1}^{m} (1-\frac{i}{m}) R_i). \qquad (2.52)$$

Man darf i.a. annehmen, dass die unendliche Reihe

$$\sum_{i=1}^{\infty} R_i = R \qquad (2.53)$$

konvergiert, so dass für grosse m näherungsweise

$$\mathrm{Var}(\bar{y}) = (R_o + 2R)/m \qquad (2.54)$$

gilt. Die Varianz von $\bar{y}$ strebt mit wachsender Zeitreihen-Länge m gegen 0, woraus die oben erwähnte Konvergenz des Zeitmittels gegen den unbekannten Erwartungswert μ folgt.

Da man in der Anwendung kaum je die Autokovarianzen R_i à priori kennt, ist die Betrachtung der Varianz soweit nur von theoretischem Interesse. Man kann aber die Autokovarianzen durch die <u>empirischen Autokovarianzen</u>

$$\hat{R}_i = \frac{1}{m-i} \sum_{j=1}^{m-i} (y_j-\bar{y})(y_{j+i}-\bar{y}) \qquad (2.55)$$

schätzen. Diese Schätzwerte sind natürlich nur dann einigermassen zuverlässig, wenn m beträchtlich grösser als i ist. Da aber für grosse i sowieso R_i sehr klein sein muss, da $R_i \to 0$ für $i \to \infty$, genügt es, in (2.52) bis zu einem genügend grossen Index $k < m$ zu summieren. Ersetzt man dann noch R_i durch ihre Schätzung $\hat{R}_i$, so erhält man die grobe Schätzung

$$V = \frac{1}{m} (\hat{R}_o + 2 \sum_{i=1}^{k} (1-\frac{i}{m})\hat{R}_i) \qquad (2.56)$$

für die Varianz von $\bar{y}$. Dies ist nicht die einzige und auch nicht die beste Art, die Varianz von $\bar{y}$ zu schätzen. Für eine eingehendere Diskussion dieses Problems muss auf die Referenz [13] verwiesen werden.

Es seien noch zwei wichtige Fragen zur Zeitreihen-Analyse angeschnitten:

1. Die Abwägung von Bias und Varianz,
2. Die Bestimmung der Zeitreihen-Länge und der Zahl der Wiederholungen.

Für eine echt stationäre Zeitreihe ist $\bar{y}$ ein Schätzwert ohne Bias für den Erwartungswert μ. Bei simulierten Zeitreihen aber haben die 1.,2.,... Grössen der Zeitreihen die Erwartungswerte μ_1, μ_2,... die i.a. ungleich μ sind. Unter diesen Umständen ist der Erwartungswert von $\bar{y}$ (2.51) offenbar gleich

$$E(\bar{y}) = \frac{1}{m} \sum_{i=1}^{m} \mu_i, \qquad (2.57)$$

und damit ungleich μ; $\bar{y}$ hat einen Bias oder systematischen Fehler. Man kann offenbar den Bias verkleinern, indem man die ersten Stichproben in der Auswertung nicht berücksichtigt. Dadurch verkleinert sich aber die Länge der Zeitreihe, was zu einer Vergrösserung der Varianz führt. Wieviele Stichproben sind wegzulassen, um eine möglichst gute Schätzung zu erhalten? Eine eingehendere Erläuterung dieses Problems findet sich in [12].

Die Varianz von $\bar{y}$ kann verkleinert werden, indem die Länge der Zeitreihe vergrössert wird (Fortsetzung von Versuchen) oder aber auch indem man Wiederholungen durchführt. Man muss sich daher fragen, welche Zeitreihen-Länge und allenfalls wieviele Wiederholungen vorzusehen sind, um eine vorgeschriebene Genauigkeit zu erreichen. Diese Frage lässt sich aus den gleichen Gründen wie die entsprechende Frage im Abschnitt 2.2.3. nicht a priori beantworten. Generell kann man dazu sagen, dass Wiederholungen den Nachteil aufweisen, dass man bei jeder Wiederholung wegen des Bias die ersten Stichproben eliminieren muss. Unabhängige Wiederholungen scheinen daher nicht sehr attraktiv zu sein. Antithetische Wiederholungen können dagegen sehr wohl in Frage kommen. Zu diesem Problem vergleiche man [11, 14].

Zum Abschluss dieses Abschnitts seien noch kurz die <u>dynamischen</u> Aspekte einer Zeitreihe betrachtet. Es geht hierbei darum, Aussagen über die zeitlichen Abhängigkeiten zwischen den Stichproben einer Zeitreihe zu machen.

<u>Beispiel 2.30</u>.

Wie schnell (mit was für Frequenzen) können z.B. die Warteschlangen-Längen in einem Warteschlangen-System schwanken. Gibt es in den zufälligen Schwankungen der Warteschlangen-Längen vielleicht verborgene Periodizitäten? Wie stark beeinflusst die Wartezeit eines Kunden die Wartezeiten seiner Nachfolger?

Eine erste Beschreibung der angesprochenen zeitlichen Zusammenhänge ist durch die Autokovarianzen der Zeitreihe gegeben. Diese geben ein Bild oder eine Vorstellung der statistischen, zeitlichen Abhängigkeiten aufeinanderfolgender Stichproben. Die Autokovarianzen R_i können durch die empirischen Autokovarianzen $\hat{R}_i$ geschätzt werden.

Die zeitlichen Abhängigkeiten zwischen den Stichproben, wie sie durch die Autokovarianzen ausgedrückt sind, können mehr oder minder ausgeprägte Periodizitäten enthalten. Deren Ausprägungen können mittels der statistischen Spektralanalyse untersucht werden. Man vergleiche dazu [4,6,10,13].

Es kann schliesslich versucht werden, ein einfaches parametrisches Modell der Zeitreihe anzupassen [13]. Dabei wird als Hypothese ein einfaches Modell in Form einer Differenzengleichung (autoregressives Modell z.B., siehe [13]) vorgegeben. Dann werden mittels der simulierten Zeitreihe die unbekannten Parameter des Modells geschätzt. Mit einem Anpassungstest prüft man anschliessend, ob die Hypothese gehalten werden kann. Auf diese Weise erhält man eine 'Erklärung' des betrachteten Prozesses durch ein weit einfacheres Modell als das Simulationsmodell selbst. Das kann zu einem vertieften Verständnis in den Prozessmechanismus beitragen.

2.2.5. Vergleichsversuche

Ein wichtiges Auswerteproblem ist die Untersuchung des Einflusses von Variationen der Modellparameter auf die Simulationsergebnisse. Dabei geht es darum, herauszufinden, welcher Anteil in den Variationen der Simulationsergebnisse dem Zufall zuzuschreiben und welcher Anteil auf die Modellparameter-Variationen zurückzuführen ist. Das Bedürfnis nach solchen Parameter-Einfluss-Studien kann verschiedene Gründe haben, u.a.

1. <u>Vergleichs-Studien</u> zur Abklärung des Systemverhaltens bei verschiedenen Entscheidungspolitiken; z.B. die Betrachtung eines Lagersystems unter verschiedenen Bestellpolitiken.

2. <u>Sensitivitäts-Analysen</u>, um in komplexen Situationen die Parameter zu isolieren, die besonders bestimmend sind für die Simulationsergebnisse. Das sind die kritischen Parameter, bei deren Festlegung besondere Sorgfalt notwendig ist.

3. <u>Funktionelle Beziehungen</u>. Oft möchte man eine explizite, wenn auch nur grobe und näherungsweise richtige funktionelle Abhängigkeit der Simulationsergebnisse von den Modellparametern bestimmen. Dies erlaubt dann auch, die Ergebnisse für beliebige Parameter-Kombinationen vorauszusagen. Bei stetig variierbaren Parametern kann man ja nicht alle möglichen Werte durchspielen.

4. <u>Optimierung</u>. Selbstverständlich ist es oft von Interesse, herauszufinden, welche Parameter-Kombination zu Ergebnissen führt, die in Bezug auf ein bestimmtes Kriterium optimal sind.

Die Fragestellung ist natürlich von Fall zu Fall verschieden und kann sich auch im Verlaufe einer Simulations-Studie ändern.

<u>Beispiel 2.31.</u>

(i) Beim Warteschlangen-System, Beispiel 2.9., kann man fragen, wie sich die Wartezeiten der Kunden ändern, wenn zwei Schalter, statt nur einem, eröffnet werden. Das wäre eine Vergleichs-Studie.

(ii) Bei der Wochenzeitschrift, Beispiel 2.10. ist es vielleicht möglich, die mittlere Auflage kontinuierlich zu verändern. Wie hängt dann der wöchentliche Etrag funktionell von der mittleren Auflage ab und welche mittlere Auflage lässt einen maximalen Ertrag erwarten?

Es ist im Rahmen dieser Einführung leider nicht möglich, die angeschnittenen interessanten Problemkreise eingehend zu behandeln. Es sei nur darauf hingewiesen, dass diese Fragen mit Methoden und Modellen der <u>Regressions-Analyse</u> und der <u>Versuchsplanung</u> (experimental design) angepackt werden können. Für weitergehende Betrachtungen hierzu sei auf die Referenz [36] verwiesen.

Einige grundsätzliche Betrachtungen seien aber doch angestellt. Es handelt sich letzten Endes immer darum, Differenzen zwischen Erwartungswerten einer Grösse bei verschiedenen Parameterwerten zu bestimmen.

<u>Beispiel 2.32.</u>

Bei der Wochenzeitschrift, Beispiel 2.10. werde in Betracht gezogen, die Auflage durch eine Ueberzeit-Schicht zu vergrössern. Die Zusatz-Auflage aus dieser Schicht sei normalverteilt mit einem Erwartungswert von 10'000 und einer Streuung von 200. Infolge der Ueberzeit-Entschädigungen ist jede Zeitschrift der Zusatz-Auflage mit zusätzlichen Kosten von Fr. -.08 zu belasten. Wie ändert sich der mittlere wöchentliche Ertrag bei dieser neuen Variante gegenüber der bisherigen Variante?

Differenzen zwischen zwei Erwartungswerten können durch die Differenz der Schätzungen der beiden Erwartungswerte geschätzt werden. Seien $\bar{y}_1$ und $\bar{y}_2$ Stichproben- oder Zeitmittel-Schätzungen für die beiden unbekannten Erwartungswerte μ_1 und μ_2. Dann kann die Differenz $\mu_1 - \mu_2$ durch $\bar{y}_1 - \bar{y}_2$ geschätzt werden. Seien $Var(\bar{y}_1)$ und $Var(\bar{y}_2)$ die Varianzen der beiden Schätzwerte $\bar{y}_1$ und $\bar{y}_2$. Handelt es sich dabei um Stichprobenmittel über verschiedene Wiederholungen, so sind die Varianzen nach Abschnitt 2.2.3. bestimmt, handelt es sich um Zeitmittel über simulierte Zeitreihen, so sind die Varianzen nach Abschnitt 2.2.4. bestimmt.

Es gilt allgemein für die Varianz $Var(\bar{y}_1-\bar{y}_2)$ der Differenzen-Schätzung

$$Var(\bar{y}-\bar{y}_2) = E((\bar{y}-\bar{y}_2)-(\mu_1-\mu_2))^2)$$

$$= E((\bar{y}_1-\mu_1)^2)+E((\bar{y}_2-\mu_2)^2)-2E((\bar{y}_1-\mu_1)(\bar{y}_2-\mu_2))$$

$$= Var(\bar{y}_1) + Var(\bar{y}_2) - 2Kov(\bar{y}_1,\bar{y}_2). \qquad (2.58)$$

Bei *unabhängigen* Vergleichsversuchen ist die Kovarianz zwischen $\bar{y}_1$ und $\bar{y}_2$ gleich Null, und somit

$$Var(\bar{y}_1-\bar{y}_2) = Var(\bar{y}_1) + Var(\bar{y}_2). \qquad (2.59)$$

Mit *antithetischen* Wiederholungen für die beiden Parameterwerte können die Varianzen von $\bar{y}_1$ und $\bar{y}_2$ und damit auch die Varianz von $\bar{y}_1-\bar{y}_2$ vermindert werden. *Antithetische Wiederholungen und unabhängige Vergleichsversuche erlauben somit eine Varianzreduktion für die Differenz-Schätzung.*

Die Varianz der Differenz-Schätzung kann aber auch reduziert werden, wenn es gelingt eine möglichst grosse *positive* Kovarianz zwischen den Schätzungen $\bar{y}_1$ und $\bar{y}_2$ einzuführen. Das geht aus (2.58) hervor; es reduziert sich die Varianz gegenüber dem Fall unabhängiger Vergleichsversuche um $2Kov(\bar{y}_1,\bar{y}_2)$.

Zur Einführung einer positiven Kovarianz dienen die *kontrollierten* Vergleichsversuche. Es wird jedermann mit dem Grundsatz übereinstimmen, dass man Vergleiche unter möglichst gleichen Bedingungen durchführen soll. Sind die Bedingungen dann für einen Fall nachteilig, so werden die gleichen Bedingungen wahrscheinlich auch für den zweiten Fall nachteilig sein. Das gleiche gilt für vorteilhafte Bedingungen. Das bedeutet nichts anderes, als dass eine positive Kovarianz zwischen den beiden Fällen eingeführt wird. (2.58) bestätigt diesen Grundsatz des Vergleichs unter gleichen Bedingungen.

Bei kontrollierten Vergleichsversuchen werden gleiche Bedingungen durch die Verwendung identischer Zufallszahlen-Ströme geschaffen. Nach dem Gesagten darf damit gehofft werden, dass eine positive Kovarianz zwischen den Ergebnissen der Vergleichsversuche resultiert, woraus sich eine Varianzreduktion für die Differenz-Schätzung ergibt.

Beispiel 2.33.

Zum Vergleich der neuen Variante der Wochenzeitschrift, Beispiel 2.32. mit der bisherigen Variante, kann man die gleichen normalen Auflagen und die gleichen Nachfragen wie in der ersten Variante, Beispiel 2.10. verwenden. Nur die Zusatz-Auflagen der Ueberzeit-Schicht werden neu simuliert. Verwendet man dazu die normalverteilten Zufallszahlen aus Tab. Anhang 2.2, die im Beispiel 2.10 jeweils übersprungen wurden, so erhält man mit der Transformation

$$z = 200y + 10'000$$

die nachstehenden Werte

Zusatz-Auflage
9'975
10'031
10'059
9'995
10'178
10'363
10'080
10'128
9'802
10'064

Berechnet man den Gewinn G aus der Gesamtauflage und die Verluste V wie bei Beispiel 2.10, fügt man noch die Zusatzkosten

$$Z = 0.08 \times \text{Zusatz-Auflage}$$

hinzu, so erhält man die nachstehenden wöchentlichen Erträge

Woche	Verkaufs-gewinn G	Verlust V	Zusatz-kosten Z	Totalertrag Z
1	30'798.--	3'291.50	798.--	26'708.50
2	31'323.30	-.--	802.50	30'520.80
3	32'745.30	-.--	804.70	31'940.60
4	32'601.30	-.--	799.60	31'801.70
5	32'730.--	797.--	814.20	31'118.80
6	32'717.10	-.--	829.--	31'888.10
7	24'000.--	14'745.--	806.40	8'448.60
8	32'374.20	-.--	810.20	31'564.--
9	29'148.--	6'092.--	784.20	22'271.80
10	32'856.--	-.--	805.10	32'050.90

Totalertrag über die 10 simulierten Wochen: 278'313.80

Dem entspricht ein mittlerer wöchentlicher Ertrag von 27'831.--.

Die geschätzte Differenz zwischen den Ergebnissen von Beispiel 2.10 und dem obigen Resultat

Diff. wöchentliche Erträge = 27'858-27'831 = 27

ist sehr klein, und man muss sich fragen, ob die beiden Varianten nicht gleichwertig sind.

Man kann die Varianzreduktion infolge der kontrollierten Versuche bei diesem Beispiel empirisch nachprüfen. In Beispiel 2.24 wurde die empirische Varianz s_1^2 der wöchentlichen Erträge unter der ersten Variante zu 18'010'000 bestimmt. Analog kann man die empirischen Varianzen s_2^2 der obigen wöchentlichen Erträge bei der zweiten Variante und s^2 der Differenzen zwischen den wöchtenlichen Erträgen bei den beiden Varianten berechnen. Man erhält

$$s_1^2 = 18.10^6,\ s_2^2 = 41.10^6,\ s^2\ .\ 10.10^6\ .$$

Für die Schätzung $\bar{y}_1-\bar{y}_2$ bei den kontrollierten Vergleichsversuchen erhält man die Varianz und Streuung $s^2/10 = 10^6$ und $s\ /\ \sqrt{10} = 1'000$. Bei unabhängigen Vergleichsversuchen wäre grössenordnungsmässig mit einer Varianz von

$(s_1^2+s_2^2)/10 = 5.9 \cdot 10^6$ und einer Streuung von $\sqrt{5.9.10^6} = 2'400$ zu rechnen. Die kontrollierten Vergleichsversuche scheinen somit eine beträchtliche Varianzreduktion zu bringen. Allerdings darf diesen Betrachtungen, die auf einer Stichprobe von nur 10 Versuchen beruhen, keine zu grosse Aussagekraft beigemessen werden.

Zum Abschluss sei noch darauf hingewiesen, dass es gefährlich ist, antithetische Wiederholungen mit kontrollierten Vergleichsversuchen zu kombinieren. Das wird klar, wenn man die folgende Korrelationstabelle betrachtet

	Vergleichsversuche	
	1. Parameter	2. Parameter
1. Wiederholung	+	+
2. Wiederholung	-	-

(Zeilen: antithetisch; Spalten: kontrolliert)

Versuchspaare (++) oder (--) haben eher eine positive Kovarianz, dagegen werden Paare (+-) oder (-+) eher eine negative Kovarianz haben. Nach der obigen Tabelle haben die Paare von Vergleichsversuchen der 1. und der 2. Wiederholung die gewünschte Korrelation, denn diese Paare haben die Konfigurationen (++) und (--). Vergleicht man aber die 1. mit der 2. Wiederholung in den Vergleichsversuchen (übers Kreuz in der Tabelle), so erhält man Paare mit der Konfiguration (+-), und (-+), was eine negative Korrelation ergibt, die die positive Korrelation wieder mindestens bis zu einem gewissen Grade aufhebt, so dass nicht sicher ist, ob im Endergebnis eine Varianzreduktion erzielt wird.

Der Leser, der tiefer in die Technik der statischen Auswertung von Simulations-Versuchen eindringen will, sei auf die Referenzen [13, 36, 43] verwiesen.

Literatur

[1] Ahrens, J.H.; Dieter U.; Grube, A.; Pseudo-random numbers, a new proposal for the choice of multiplicators. Computing 6, (1970), 121-138.

[2] Ahrens, J.H.; Dieter, U.; Computer methods for sampling from the exponential and normal distribution. Comm. ACM 15, (1972).

[3] Anderson, T.W.; An introduction to multivariate statistical analysis. J. Wiley, New York, 1958.

[4] Anderson, T.W.; The statistical analysis of time series. J. Wiley, New York, 1971.

[5] Box, G.E.P.; Muller, M.E.; A note on the generation of random normal deviates. Ann. Math. Stat. 29, (1958), 610-611.

[6] Box, G.E.P.; Jenkins, G.M.; Time series analysis: forecasting and control. Holden-Day, San Francisco, 1970.

[7] Dieter, U.; An exact determination of serial correlations of pseudo-random numbers. Numer.Math. 17, (1971), 101-123.

[8] Dieter, U.; Pseudo-random numbers: the exact distribution of pairs. Math. Comp. 25, (1971), 855-883.

[9] Greenberger, M.; An à priori determination of serial correlations in computer generated random numbers. Math. Comp. 15, (1961), 383-389.

[10] Fishman, G.S.; Kiviat, P.J.; The analysis of simulation generated time series. Man.Sci. 13, (1967), 525-557.

[11] Fishman, G.S.; Estimating sample size in computer simulation experiments. Man.Sci. 18, (1971), 21-38.

[12] Fishman, G.S.; A study of bias considerations in simulation experiments. Operations Res. 20, (1972), 785-790.

[13] Fishman, G.S.; Concepts and methods in discrete event digital simulation. J. Wiley, New York, 1973.

[14] Gavarian, A.V.; Ancker, C.J.; Mean value estimation from digital computer simulation. Operations Res. 14, (1966), 25-44.

[15] Gnedenke, B.W.; Lehrbuch der Wahrscheinlichkeitsrechnung. Akademie-Verlag, Berlin, 1962.

[16] Hammersley, J.M.; Handscomb,D.C.; Monte Carlo methods, Methuen, London, 1964.

[17] Handscomb, D.C.; Monte Carlo techniques: theoretical, in 36.

[18] Helm, M.; Statistical analysis of simulation results by UNISIAS. Compstat 1974, proc. in computational statistics, Physica, Wien, 1974.

[19] Hull, T.E.; Dobell, A.R.; Random number generators. SIAM review 4, (1962), 230-254.

[20] IBM; General purpose simulation system/360, User's manual, H20-0326-0.

[21] IBM; SIMPL/I (Simulations language based on PL/I) Program reference manual. SH 19-5060-0.

[22] Kleijnen, J.P.; Monte Carlo techniques: a comment, in 36.

[23] Knuth, D.E.; The art of computer programming. Vol 2: semi-numerical algorithms. Chap. 3. Addison-Wesely, Reading, Mass., 1969.

[24] Kohlas, J.; Die Monte Carlo Methode. In Bauknecht, K.; Nef, W. (Herausg.); Digitale Simulation. Lecture Notes in O.R. and Math. Systems 51. Springer, Berlin, 1971.

[25] Kohlas, J.; Monte Carlo Simulation in Operations Research. Lecture Notes in Economics and Math. Systems 63. Springer, Berlin, 1972.

[26] Kohlas, J.; Variance reducing two-stage procedures for the Monte Carlo analysis of Markov chains. Compstat 1974, proc. in computational statistics, Physica, Wien, 1974.

[27] Kotler, Ph.; Marketing decision making, a model building approach. Holt, Rinehart and Winston, 1971.

[28] Krasnow, H.S.; Simulation languages, in 36.

[29] Lehmer, D.H.; Mathematical methods in large scale digital calcul. machinery. Harvard Univ. Press, (1949), 141-146.

[30] Lilliefors, H.W.; On the Kolmogorov-Smirnov test for normality with mean and variance unknown. J. Am. Stat. Ass. 62, (1967), 399-402.

[31] Lilliefors, H.W.; On the Kolmogorov-Smirnov test for exponential distribution with mean unknown. J. Am.Stat.Ass. 64, (1969), 387-389.

[32] MacLaren, M.D.; Marsaglia, G.; Uniform random number generators. J. ACM 12, (1965), 83-89.

[33] Marsaglia, G.; Random variables and computers. Trans.Third Prague Conf. Inf. Theory; Publ. House Czech. Acad. Sci. Prag, (1964), 499-512.

[34] Marsaglia, G.; Random numbers fall mainly in the planes. Proc. Natl. Acad. Sci. 61, (1968), 83-89.

[35] Moay, W.A.; Monte Carlo techniques: practical, in 36.

[36] Naylor, Th.H.; (Ed.); The design of computer simulation experiments. Duke Univ. Press, 1969.

[37] Rohlfing, H.; SIMULA, eine Einführung. BI Hochschultaschenbücher, Bd. 747.

[38] Salfi, R.; A long-period random number generator with application to permutations. Compstat 1974, proc. in computational statistics. Physica, Wien, 1974.

[39] Scheffé, H.; The analysis of variance. J. Wiley, New York, 1959.

[40] Van der Waerden, B.L.; Mathematische Statistik. Springer, Berlin, 1965.

[41] Wilks, S.S.; Mathematical Statistics. J. Wiley, New York, 1962.

[42] Raiffa, H.; Decision Analysis, Introductory Lectures on Choices under Uncertainity. Addison-Wesely, Reading, Mass., 1968.

[43] Kleijnen, J.P.C.; Statistical Techniques in Simulation, Part I. Statistics: Textbooks and Monographs, Vol. 9. Marcel Dekker, New York, 1974.

3. Realisation von Simulationsuntersuchungen auf dem Digitalrechner

Nachdem in den vorangehenden Ausführungen grundsätzliche Ueberlegungen zum Aufbau von Simulationsmodellen und zu den unerlässlichen statistischen Voraussetzungen und Verfahren gemacht wurden, geht es nun darum, zu zeigen, welche Mittel zur Verfügung stehen, um Simulationsuntersuchungen auf dem Computer zu realisieren. Wir beschränken uns dabei auf den Digitalrechner als Hilfsmittel. Ausserdem sollen nur diskrete Modelle betrachtet werden; auf die verschiedenen Möglichkeiten, kontinuierliche Systeme durch geeignete Software (CSMP [1] und ähnliche) auf dem Digitalrechner darzustellen, soll hier nicht eingetreten werden.

Es besteht nicht die Absicht im folgenden eine oder sogar mehrere Simulationssprachen mit allen Anweisungen im Detail zu besprechen und damit eine vollständige Darstellung der Sprachen zu geben, wie sie auch in den Handbüchern nachgeschlagen werden kann. Aufbauend auf den vorherigen Kapiteln wird gezeigt, wie verschiedene der gestellten Forderungen und vorgeschlagenen Konzepte in einigen typischen Sprachen realisiert wurden. Diverse Beispiele sollen die bestehenden Möglichkeiten illustrieren. Dabei wird auch darauf hingewiesen, wann die Verwendung einer bestimmten Sprache überhaupt sinnvoll ist.

3.1. Anforderungen bei der Realisation von Simulationsuntersuchungen und notwendige Eigenschaften von zur Simulation verwendbaren Computer-Programmiersprachen

Der Zustand eines durch Simulation zu untersuchenden Systems ist zu jedem Zeitpunkt durch den Zustand derjenigen permanenten und temporären Elemente bestimmt, welche in ihrer Gesamtheit das System ausmachen. Diese Elemente verfügen über Datenstrukturen, welche ihre Eigenschaften beschreiben; jede dieser Strukturen enthält vor allem Angaben über folgende Grössen:

- festbleibende und sich dynamisch, von verschiedenen Bedingungen abhängig, ändernde Eigenschaften des Elements

- Ereignisse, welche sich auf das Element beziehen und solche die von diesem ausgelöst werden
- Verknüpfung mit anderen Elementen und Zugehörigkeit zu Sammelstrukturen (Mengen, Sets, Klassen)
- Regeln zur Behandlung von parallel auftretenden Ereignissen

Das Hauptinteresse konzentriert sich also immer auf das Element im System und auf die Ereignisse, welche im Laufe einer Simulationsuntersuchung eintreten. Für die weitere grundsätzliche Betrachtung sei auf den Abschnitt 1.3. verwiesen, in welchem auch die sich vom Modell her ergebenden Anforderungen und Eigenschaften dargelegt sind, welche bei der Formulierung des Computerprogramms auftreten. Die dort genannten Erfordernisse seien kurz in Erinnerung gerufen:

- Geeignete Erzeugung von Ereignissen und deren Beschreibung
- Flexible und einfach aufdatierbare Zeitablaufsteuerung, welche für eine exakte Bestimmung der Ereigniszeitpunkte und für eine zeitgerechte Ausführung der Ereignisse sorgt
- Behandlung von gleichzeitig eintretenden Ereignissen nach den im Modell geltenden Regeln
- Entsprechend der Problemstellung ereignisorientierte, tätigkeitsorientierte oder prozessorientierte Realisierung des Modells auf dem Computer
- Flexible Beschreibung von Elementen und deren Zusammenfassung (Prozesse) sowie deren Verknüpfung und Einordnung in Mengen (Sets)
- Dynamische Erzeugung und Zerstörung von Elementen und Prozessen
- Verfahren für eine gute Speicherausnützung
- Erzeugung von Zufallswerten
- Hilfsmittel zur Aufbereitung von Zeitreihen und zur Erstellung von Statistiken

Bei der Durchführung von Simulationsaufgaben stellt sich immer die Frage, welches Sprachkonzept den Erfordernissen des Modells am besten entsprechen kann, und welche Programmiertechnik und -sprache schliesslich zu wählen ist. Diese Frage wird aber meistens entschärft, weil auf dem verfügbaren Computer nur eine beschränkte Software vorhanden ist.

3.2. Programmiersprachen für die Simulation diskreter Systeme auf dem Digitalrechner

Die Anforderungen, welche an allgemein verwendbare Programmiersprachen gestellt werden müssen, wurden immer wieder diskutiert und postuliert [3], [8], [9]. Wir verweisen deshalb auf die Literatur und fassen hier lediglich die wichtigsten Punkte zusammen.

- Allgemeingültigkeit, so dass die gleiche Sprache für verschiedene Aufgabenstellungen verwendet werden kann.
- Einfachhheit, so dass die Sprache einen durchdachten, einfachen Aufbau hat und dass sie über wenige leicht erlernbare Konzepte verfügt, die aber sehr wirksam sind.
- Ausbaubarkeit, so dass ausgehend von einer Basissprache Erweiterungen im Hinblick auf spezifische Anwendungen möglich sind (Bsp. Simula 67). Die Forderungen nach Ausbaumöglichkeiten zieht aber sehr oft schwerwiegende Schwierigkeiten bei der effizienten Implementierung der Sprache nach sich.
- Programmstruktur, so dass ein Programm in modulare Blöcke aufgeteilt werden kann. Diese Module sollen unabhängig erstellt, ausgetestet und modifiziert werden können; das Zusammenfügen dieser Module soll ein strukturiertes, leicht überblickbares Programm ergeben.
- Sicherheit, so dass der Compiler vor allem auch das aus der Uebersetzung resultierende Maschinenprogramm während der Ausführungsphase ein Maximum an Fehlern feststellen.

- Effizienz, so dass Compiler geschrieben werden können mit denen schnelle Uebersetzungsarbeiten und schnelle Ausführungszeiten erreicht werden.
- Komptabilität, so dass maschinen-unabhängige Programme geschrieben werden können, die sich auf verschiedenen Computertypen verarbeiten lassen.

Weitere wünschenswerte Eigenschaften bei guten General Purpose Programmiersprachen sind: Kettenverarbeitung, Listenverarbeitung, flexible, umfassende Eingabe-/Ausgabemöglichkeiten sowie Fehlerüberwachung in allen Phasen der Verarbeitung.

Um sich als Basis für die Implementation von Simulationsmodellen zu eignen, sollte eine allgemeine Programmiersprache, ausser den bereits aufgezählten Punkten, folgende Möglichkeiten bieten:

- Behandlung paralleler Prozesse
- effiziente Methoden für die Speicherverwaltung.

Betrachten wir nun die im ersten Teil dieser Lecture-Notes beschriebenen typischen Eigenschaften eines Simulationsmodells, so scheint, dass es mit grossem Aufwand verbunden ist, ein Modell in einer allgemeinen Sprache zu formulieren, selbst wenn die verwendete Programmiersprache alle bisher aufgezählten Forderungen erfüllt.

Deshalb wurden verschiedene, für die Simulation speziell geeignete Konzepte und Sprachen entwickelt, welche sich auszeichnen durch:

* Möglichkeiten zur präzisen und standardisierten Formulierung des Modells, so dass ein bestmögliches Abbild der Wirklichkeit entsteht.

* Programm- und Datenstrukturen, welche eine einfache und effiziente Programmierung der bei Simulationsaufgaben typische Operationen gestatten, wie

    - zeitliche Ablaufsteuerung
    - Datenmanipulation und -referenzierung
    - Verkettung
    - Gruppenzugehörigkeit
    - dynamische Behandlung von Objekten
    - Darstellung beliebiger Wahrscheinlichkeitsverteilungen und Erzeugung von Zufallszahlen.
    - Gewinnung von Statistiken.

Für die Implementierung von Simulationsmodellen können heute grundsätzlich zwei verschiedene Wege gewählt werden:

1. Verwendung spezieller Programmiersprachen

   In den letzten zwölf Jahren wurden verschiedene Simulationssprachen entwickelt, welche viele für die Simulationstechnik charakteristischen Strukturen und Routinen schon enthalten. Sie können deshalb die Programmierung stark vereinfachen. Dies geht aber häufig auf Kosten der Effizienz und der Speicherplatzbelegung.

   Die Simulationssprachen können ähnlich den Datenbanksystemen wie folgt unterteilt werden:

Simulationssprache

selbständig (self contained) system	Trägersprachentyp (host language type)	
Bsp. GPSS	Bsp. SIMSCRIPT	Basis FORTRAN
	SIMPL/I	Basis PL/I
	SIMULA	Basis ALGOL

In den folgenden Abschnitten werden wir anhand von Programmbeispielen auf GPSS und SIMPL/I näher eintreten. An dieser Stelle soll eine stichwortartige Darstellung des Konzeptes der SIMULA-Sprache [6], [13], [14], [15], welche als Basis für viele Weiterentwicklungen diente, zeigen, welche typischen Eigenschaften für die Formulierung und Lösung von Simulationsaufgaben in dieser Sprache realisiert sind.

* SIMULA wurde mit zwei Hauptzielsetzungen entwickelt:

  a. Aufbau einer Sprache für die präzise und standardisierte Beschreibung von "discrete-event-systems".

  b. Entwicklung einer Programmiersprache, um auf einfache Weise Simulationsprogramme für "discrete-event-systems" schreiben zu können.

* SIMULA ist auf ALGOL 60 aufgebaut, und es enthält diese Sprache als subset. SIMULA sah in seiner ersten Version zusätzlich zu dem ALGOL Sprachbestandteil fünf grundsätzliche Sprachkomponenten vor:

  - Activity (Aktivität)
  - Process (Prozess)
  - Set (Gruppe)
  - Sequencing-Set (Ablaufsteuerung).

* Basis von SIMULA ist der Prozess, wobei jede Einheit (entity), welche Aktionen durchführt oder welche ein Datenträger ist, als Prozess bezeichnet wird.

* Ein Prozess wird charakterisiert durch eine Datenstruktur und durch seine Operations- oder Spielregeln.

* Die einzelnen Einheiten der einen Prozess charakterisierenden Datenstruktur heissen Attribute.

* Ein Prozess ist während seiner Präsenz im System zeitweise aktiv und zeitweise passiv; sein Zustand hängt von seinen Operationsregeln und anderen Prozessen ab.

* Die aktive Phase eines Prozesses wird Ereignis genannt; dieses ist unmittelbar und hat keine zeitliche Dauer.
* Die Ereigniszeiten und der Hinweis auf den entsprechenden Prozess werden in einer Ablaufsteuerung geführt; die richtige Reihenfolge der Ereignisse und die Zahl der zugehörenden Verknüpfungen werden automatisch nachgeführt.
* Die Anzahl Prozesse im System ist variabel, und die Prozesse können zur gleichen oder zu verschiedenen Klassen, genannt Aktivitäten, gehören. Prozesse mit gleicher Datenstruktur und gleichen Operationsregeln gehören zur gleichen Aktivität.
* Alle Prozesse werden indirekt durch Elemente referenziert.
* Mit der Gruppenbildungskomponente "Set" können Elemente und damit Prozesse in Warteschlangen und Listen aufgenommen werden.

Die hier kurz und unvollständig zusammengestellten typischen und speziellen Mechanismen von SIMULA findet man mindestens teilweise und in ähnlicher Form auch in anderen Simulationssprachen realisiert; sie gestatten die einfache und elegante Formulierung und Programmierung von Simulationsmodellen.

SIMULA wurde ständig weiterentwickelt und in der heute am meisten verwendeten Version SIMULA 67 wurde die Aktivität durch das allgemeine Klassenkonzept ersetzt. Ebenso wurden in SIMULA 67 Referenzvariablen neu eingeführt und die Eingabe/Ausgabe- sowie die Textverarbeitung stark erweitert. Damit wurde SIMULA wohl zur umfassendsten und modernsten Simulationssprache deren Konzept man in anderen Sprachen, wie auch im später verwendeten SIMPL/I wieder findet.

2. <u>Verwendung eines Instrumentariums von für die Simulation speziell geeigneten Konzepten und Programmroutinen</u>

Aus wirtschaftlichen oder anderen Gründen ist es manchmal nicht möglich, Simulationssprachen zu verwenden. Gezwungenermassen kommt dann eine allgemeine höhere Programmiersprache zur Anwendung. Für diese Fälle wurden in letzter Zeit mehrere Hilfsmittel entwickelt, auf die in den Abschnitten 3.5. und 3.6. noch weiter eingetreten wird.

3.3. Die Simulationssprache GPSS (General Purpose Systems Simulator)

Die Simulationssprache GPSS kann zur Beschreibung allgemeiner Modelle verwendet werden, wobei sich aber gewisse Systemklassen besonders gut für eine Formulierung mit GPSS eignen. GPSS zeichnet sich durch den Blockcharakter seiner Bestandteile aus, wobei jeder GPSS Block die Funktionsweise eines Teiles des Simulationsmodells darstellt. Ein GPSS Block löst die vorprogrammierte Ausführung einer Vielzahl von Operationen aus, auf deren Durchfühung der Programmierer nur noch durch die Wahl von Parametern einen Einfluss ausüben kann.

3.3.1. Funktionsweise von GPSS

Die Implementierung eines Simulationsmodells mit GPSS geschieht so, dass der Programmierer diejenigen Blöcke wählt, welche einzelne Teile des Modells beschreiben können und diese Blöcke dann derart zusammenfügt, dass das zu untersuchende Modell mit allen seinen Zusammenhängen dargestellt wird.

Die Simulation besteht nun darin, dass bei der Ausführung des Programmes diskrete Einheiten (transactions) das aufgebaute Netzwerk durchlaufen und an jedem Block gewisse Operationen auslösen. Die Transaktionen werden an bestimmten Stellen des Modells generiert. Sie laufen dann von Block zu Block, wobei ihr Weg vom jeweiligen Zustand von Systemelementen beeinflusst und bestimmt werden kann, so dass kein starr vorgegebener Pfad besteht. Die Transaktionen verlassen das System wieder an vorbestimmten Stellen. Auf dem Weg durch das Blocknetzwerk sind die Transaktionen durch ihre typischen Eigenschaften beschrieben, wobei diese sich laufend ändern können.

Während der Simulation fallen laufend charakteristische Daten über den Zustand und das Verhalten von Transaktionen und Blöcken an. Diese Werte werden teilweise automatisch und teilweise auf Verlangen durch explizite Programmierung des Modellbauers und Programmierers gesammelt, und sie stellen, entsprechend aufbereitet, recht anschaulich die Resultate der

Simulation dar.

3.3.2. Aufbau vom GPSS

Der GPSS baut auf drei Arten von Elementen auf:

1. Dynamische Elemente (Transactions)
   - Treten ins System ein (GENERATE)
   - Durchlaufen das System (BLOCKS)
   - Verlassen das System (TERMINATE)

2. Permanente Elemente (BLOCKS)
   - stehen in Interaktion mit den das System durchlaufenden Transaktionen.

3. Elemente welche zur Erfassung und Speicherung charakteristischer Daten dienen (Standard Numerical Attributes = SNA)

Es kann hier nicht im Detail auf die einzelnen GPSS Bestandteile eingetreten werden, und es muss deshalb auf die GPSS Handbücher verwiesen werden [2], [3]. Eine Uebersicht über die verfügbaren Blöcke soll aber doch zeigen, welche Funktionen von diesen ausgeübt werden können.

3.3.3. EINTEILUNG DER GPSS-BLOECKE

Generierung und Eliminierung von Transactions

GENERATE
TERMINATE

Aufspaltung und Vereinigung von TR

SPLIT
ASSEMBLE
GATHER
MATCH

Durchlaufsteuerung ohne Verzögerung der Transactions

TRANSFER		
LOOP		
GATE (x)	A,B	(mit 2 Parametern)
TEST (x)	A,B,C	(mit 3 Parametern)

Verzögerung der Transactions

ADVANCE		
SEIZE		(falls die Facility besetzt ist)
ENTER		(falls die Storage voll ist)
GATE (x)	A	(mit 1 Parameter)
TEST (x)	A,B	(mit 2 Parametern)

Benützung der permanenten Elemente

SEIZE	RELEASE
PREEMPT	RETURN
ENTER	LEAVE
QUEUE	DEPART
LINK	UNLINK

Gruppenbearbeitung

JOIN
REMOVE
ALTER
EXAMINE
SCAN

An Transactions gebundene Datenspeicherung

ASSIGN
INDEX
MARK
PRIORITY

Nicht an Transactions gebundene Datenspeicherung

SAVEVALUE
MSAVEVALUE
LOGIC (x)
TABULATE
COUNT/SELECT (x)

Intitialisierung / Kontrollblöcke

SIMULATE/END
START
VARIABLE
BVARIABLE
FUNCTION
MATRIX
TABLE
STORAGE
RESET
CLEAR
INITIAL
RMULT

Testhilfen

TRACE UNTRACE
START (mit 3 Parametern zur Erzeugung von Snap Shots)
PRINT

Interface zu anderen Sprachen (FORTRAN, PL/I)

HELP

GPSS BLOECKE

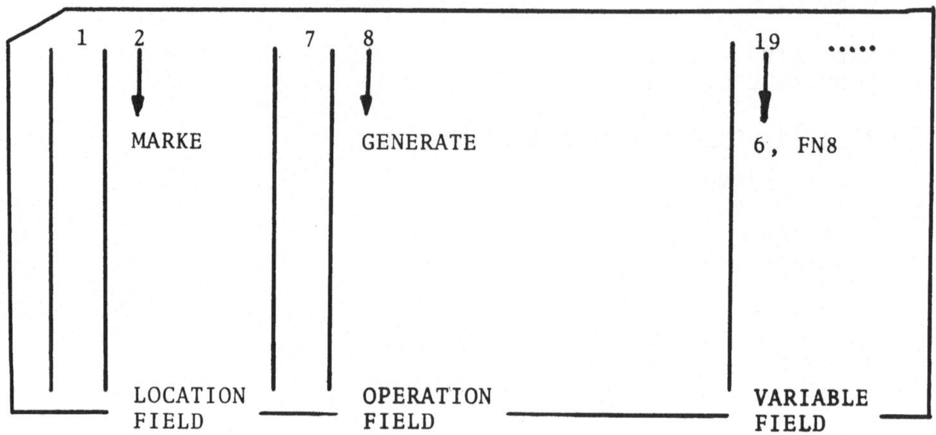

Beispiel für GPSS Blöcke: GENERATE, erzeugt Transaktionen mit den im Variablenfeld spezifizierten Eigenschaften.

Für die einzelnen GPSS Blöcke wurden graphische Symbole geschaffen, so dass ein GPSS Programm sehr einfach und übersichtlich als Blockdiagramm aufgebaut werden kann. Diese Diagramme eignen sich gut als Diskussionsunterlage, so dass auf diese Art die Implementierung des Modells überprüft werden kann.

3.3.4. Beispiel

Ein Selbstbedienungsladen hat 2 Kassen. Gegenwärtig bildet sich vor jeder Kasse eine eigene Warteschlange. Es wird erwogen, nur noch eine Schlange zuzulassen, wobei jeweils der vorderste Kunde an der gerade frei werdenden Kasse bedient wird.

Durchschnittlich alle 45 Sekunden kommt ein Kunde zu den Kassen; an der Kasse verweilt er zwischen 60 und 90 Sekunden (Gleichverteilung).

Frage: Welche Lösung ist die bessere im Hinblick auf

- die Ausnützung der Kassen
- die mittlere Wartezeit

1. VARIANTE

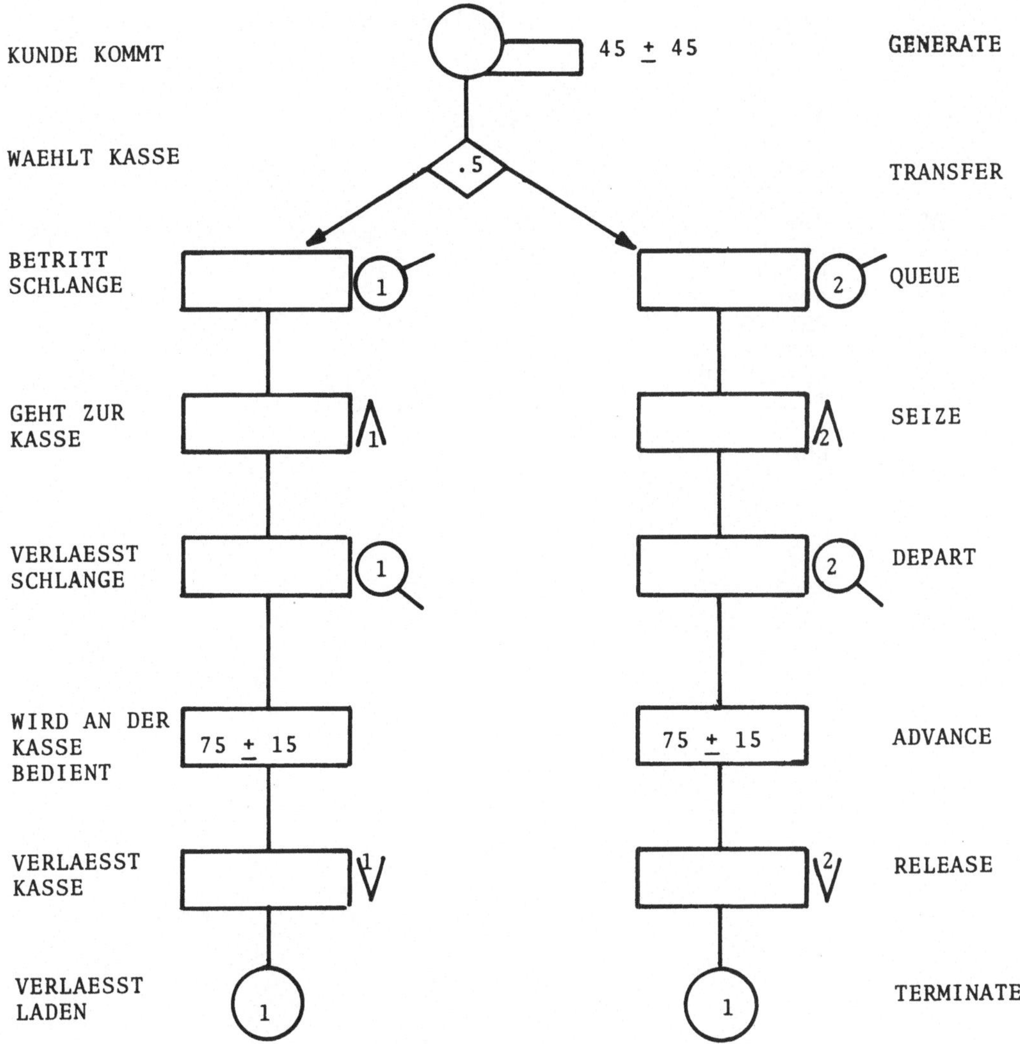
KUNDE KOMMT
45 ± 45
GENERATE
WAEHLT KASSE
.5
TRANSFER
BETRITT SCHLANGE
1
2
QUEUE
GEHT ZUR KASSE
1
2
SEIZE
VERLAESST SCHLANGE
1
2
DEPART
WIRD AN DER KASSE BEDIENT
75 ± 15
75 ± 15
ADVANCE
VERLAESST KASSE
1
2
RELEASE
VERLAESST LADEN
1
1
TERMINATE

```
2....... 8.................. 19

         SIMULATE
         GENERATE          45, 45
         TRANSFER          0.5, KAS1, KAS2,
KAS1     QUEUE             1
         SEIZE             1
         DEPART            1
         ADVANCE           75, 15
         RELEASE           1
         TABULATE          1
         TERMINATE         1
KAS2     QUEUE             2
         SEIZE             2
         DEPART            2
         ADVANCE           75, 15
         RELEASE           2
         TABULATE          1
         TERMINATE         1
1        TABLE             M1, 0, 10, 1000
         START             1000
         END
```

2. VARIANTE

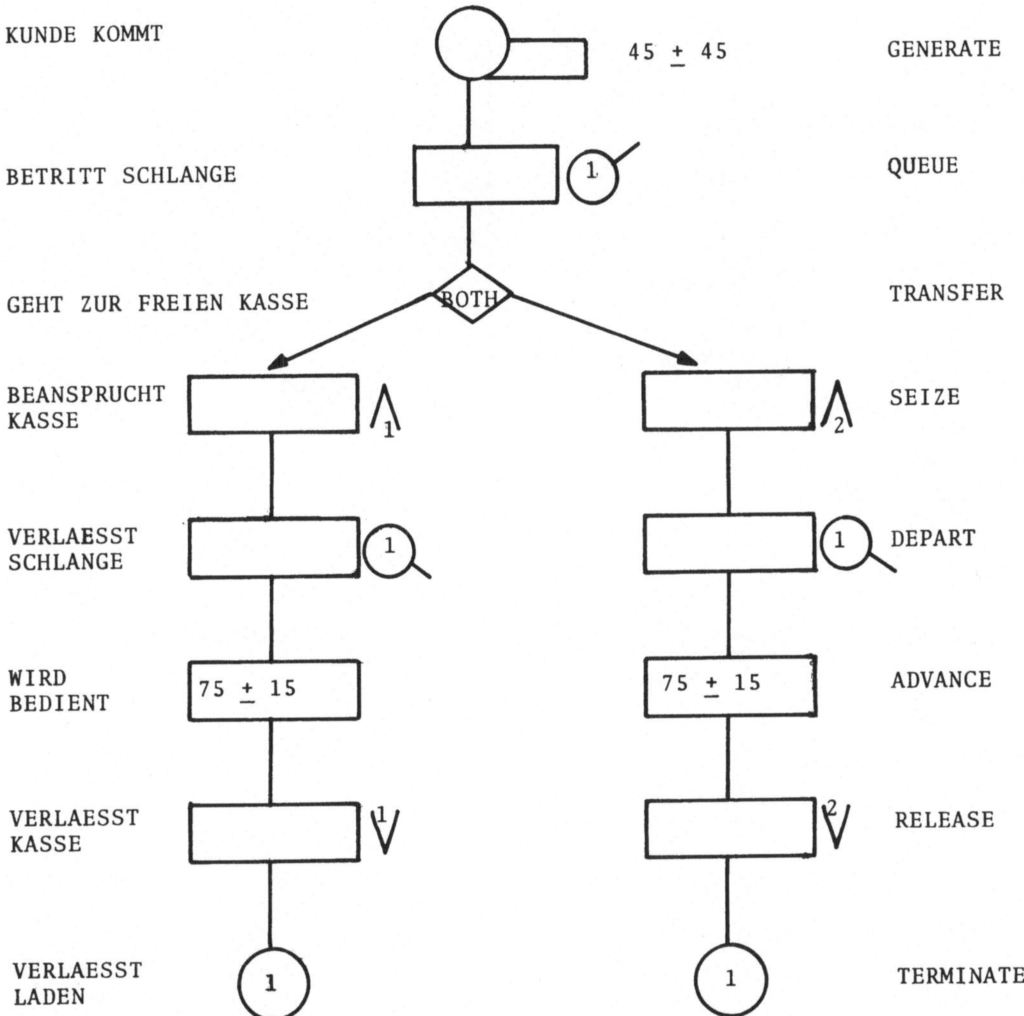
KUNDE KOMMT
45 ± 45
GENERATE
BETRITT SCHLANGE
1
QUEUE
GEHT ZUR FREIEN KASSE
BOTH
TRANSFER
BEANSPRUCHT KASSE
1
2
SEIZE
VERLAESST SCHLANGE
1
1
DEPART
WIRD BEDIENT
75 ± 15
75 ± 15
ADVANCE
VERLAESST KASSE
1
2
RELEASE
VERLAESST LADEN
1
1
TERMINATE

```
2....... 8.................. 19

         SIMULATE
         GENERATE            45, 45
         QUEUE 1
         TRANSFER            BOTH, KAS1, KAS2
KAS1     SEIZE               1
         DEPART              1
         ADVANCE             75, 15
         RELEASE             1
         TABULATE            1
         TERMINATE           1
KAS2     SEIZE               2
         DEPART              1
         ADVANCE             75, 15
         RELEASE             2
         TABULATE            1
         TERMINATE           1
1        TABLE               M1, 0, 10, 1000
         START               1000
         END
```

3.3.5. Steuerung des zeitlichen Ablaufs der Simulation

Das Verschieben der Transaktionen von Block zu Block (Ereignis) hat zu festen Zeitpunkten zu erfolgen, und es ist dafür eine interne Simulationsuhr notwendig. Diese Uhr schaltet jeweils auf das nächste zu behandelnde Ereignis weiter, wobei die Zeitpunkte der gegenwärtigen und künftigen Ereignisse in Listen (current event chain, future event chain, users chain, interrupt chain, matching chain) nach Ereigniszeitpunkten und Prioritäten geordnet sind. Die Simulationsuhr wird erst dann auf den nächsten Ereigniszeitpunkt weitergeschaltet, wenn die Current Event Chain vollständig abgearbeitet ist. Dies ermöglicht, dass parallel eintretende Ereignisse auch wirklich gleichzeitig, entsprechend ihren Prioritäten behandelt werden können. Von der logischen Computerstruktur her ist selbstverständlich nur eine sequentielle Verarbeitung möglich.

3.3.6. Weitere wesentliche Elemente des GPSS

Die detaillierte Behandlung der GPSS Elemente ist in diesem Rahmen nicht möglich, es muss deshalb auf die Handbücher verwiesen werden. Im Sinne eines Ueberblickes seien aber zusätzlich zur Uebersicht über die GPSS Blöcke, die Aufgaben genannt, welche durch weitere GPSS Elemente erfüllt werden:

- Behandlung von Wahrscheinlichkeitsverteilungen
- Verarbeitung von arithmetischen und Boole'schen Ausdrücken
- Behandlung von Parametern und indirekte Adressierung
- Uebergang zu anderen Programmiersprachen

3.3.7. Anwendung vom GPSS

GPSS kann zur Behandlung von allgemeinen Modellen verwendet werden. Es gestattet sehr einfach, ohne lange Lernzeit und ohne detaillierte Computerkenntnisse Simulationsmodelle zu programmieren und Untersuchungen durchzuführen. Die grundsätzliche Konzeption vom GPSS macht ihn vor allem zur Formulierung von Aufgaben geeignet, bei denen diskrete Elemente von Station zu Station verschoben werden, wobei an diesen Stellen ganz bestimmte

Funktionen mit den Elementen und durch die Elemente ausgeübt werden. Speziell für die Simulation von Systemen, die Warteschlangen beinhalten, ist GPSS besonders geeignet.

Die Aenderung und die Erweiterung von GPSS Programmen ist oft recht schwierig, weil durch die aufgebaute Blockfolge ein festes Gefüge entstanden ist, dessen Umbau recht aufwendig ist. Die Sprache erweist sich auch als schwach für arithmetische und Boole'sche Operationen; ebenso sind die Eingabemöglichkeiten sehr beschränkt. Die im GPSS vorgesehene Ausgabe von Resultaten ist reichhaltig; es werden automatisch sehr viele interessante Statistiken geliefert. Dieser scheinbare Vorteil birgt aber auch eine grosse Gefahr in sich, weil Resultate entstehen, auch wenn die Programmlogik falsch ist; eine genaue Analyse der Statistiken ist deshalb unerlässlich. Schliesslich sei auf die vom GPSS-Compiler her gegebenen Restriktionen in Bezug auf die Modellgrösse hingewiesen. Auch darf der, im Verhältnis zur jeweiligen Modellgrösse, beträchtliche Speicheraufwand nicht ausser acht gelassen werden.

Ue 3.1 Zwei Coiffeure planen einen Laden einzurichten, und sie möchten verschiedene Vorabklärungen machen. Es soll deshalb ein Modell erstellt werden, welches eine Untersuchung mit folgenden erwarteten Verhältnissen gestattet:

- Die Kunden kommen alle 5 - 20 Minuten an (Gleichverteilung), und die Bedienungszeit beträgt bei beiden Coiffeuren 15 - 30 Minuten (Gleichverteilung)

Gesucht wird:

1. Durchschnittliche Wartezeit der Kunden
2. Unproduktive Zeit der Coiffeure

Es ist zur Lösung dieser Aufgabe ein GPSS Programm zu erstellen, und es sind damit 8 Stunden zu simulieren.

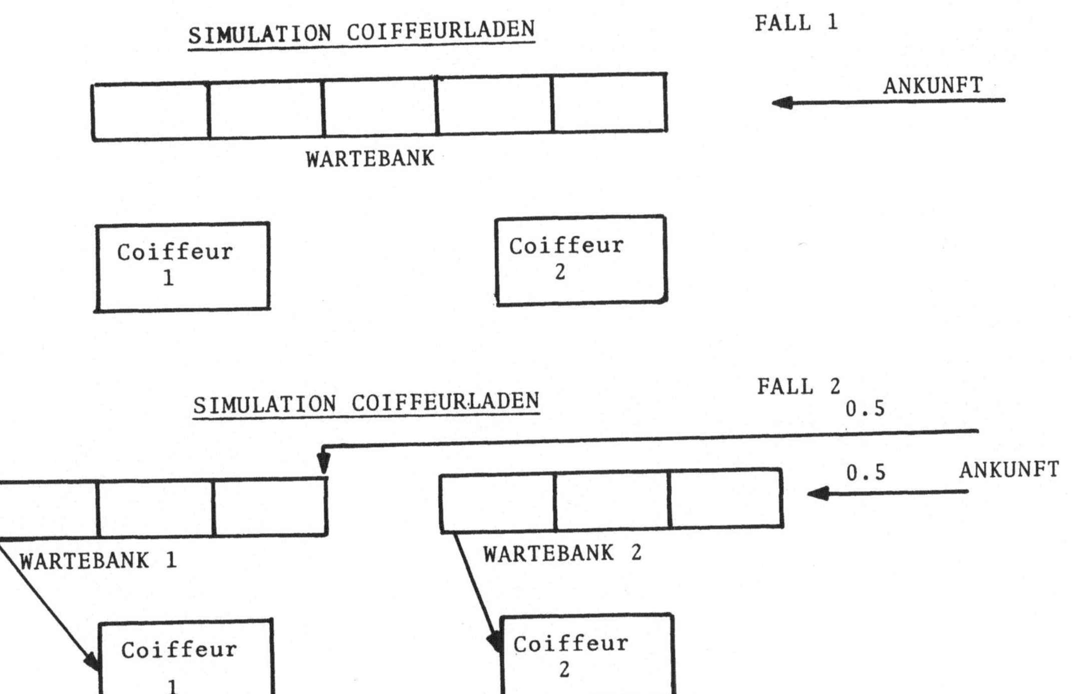

FALL 1

```
BLOCK                                                                                  STATEMENT
NUMBER  *LOC   OPERATION  A,B,C,D,E,F,G,H,I          COMMENTS                           NUMBER
               SIMULATE                                                     00000040       1
        *                                                                   00000050       2
        *      SIMULATION COIFFEURLADEN                                     00000060       3
        *      ========================                                     00000070       4
        *                                                                   00000080       5
         1     FUNCTION   RN1,C2        ANKUNFTSVERTEILUNG                  00000090       6
        0,5/1,20                                                            00000100       7
        *                                                                   00000110       8
         2     FUNCTION   RN1,C2        ABFERTIGUNGSVERTEILUNG              00000120       9
        0,15/1,30                                                           00000130      10
        *                                                                   00000140      11
1              GENERATE   1,FN1         ANKUNFTSVERTEILUNG                  00000150      12
2              QUEUE      WAIT          WARTEN                              00000160      13
3              TRANSFER   BOTH,COIF1,COIF2                                  00000170      14
        *                                                                   00000180      15
4        COIF1 SEIZE      ANG1          -                                   00000190      16
5              DEPART     WAIT          | QUEUE VERLASSEN                   00000200      17
6              ADVANCE    1,FN2         | BEDIENEN                          00000210      18
7              RELEASE    ANG1          | LADEN VERLASSEN                   00000220      19
8              TERMINATE  0             -                                   00000230      20
        *                                                                   00000240      21
9        COIF2 SEIZE      ANG2          -                                   00000250      22
10             DEPART     WAIT          | QUEUE VERLASSEN                   00000260      23
11             ADVANCE    1,FN2         | BEDIENEN                          00000270      24
12             RELEASE    ANG2          | LADEN VERLASSEN                   00000280      25
13             TERMINATE  0             -                                   00000290      26
        *                                                                   00000300      27
14             GENERATE   ,,480,1                                           00000310      28
15             TERMINATE  1                                                 00000320      29
               START      1                                                 00000330      30
               END                                                          00000340      31
```

RELATIVE CLOCK 480 ABSOLUTE CLOCK 480

BLOCK COUNTS

BLOCK	CURRENT	TOTAL	BLOCK	CURRENT	TOTAL	BLOCK	CURRENT	TOTAL	BLOCK	CURRENT	TOTAL	BLOCK	CURRENT	TOTAL
1	0	42	11	1	20									
2	0	42	12	0	19									
3	2	42	13	0	19									
4	0	20	14	0	1									
5	0	20	15	0	1									
6	1	20												
7	0	19												
8	0	19												
9	0	20												
10	0	20												

FACILITIES

FACILITY	NUMBER ENTRIES	AVERAGE TIME/TRAN	-AVERAGE UTILIZATION DURING- TOTAL TIME	AVAIL. TIME	UNAVAIL. TIME	CURRENT STATUS	PERCENT AVAILABILITY	TRANSACTION NUMBER SEIZING	PREEMPTING
ANG1	20	21.250	.885				100.0	6	
ANG2	20	20.949	.872				100.0	5	

QUEUES

QUEUE	MAXIMUM CONTENTS	AVERAGE CONTENTS	TOTAL ENTRIES	ZERO ENTRIES	PERCENT ZEROS	AVERAGE TIME/TRANS	$AVERAGE TIME/TRANS	TABLE NUMBER	CURRENT CONTENTS
WAIT	2	.206	42	21	50.0	2.357	4.714		2

$AVERAGE TIME/TRANS = AVERAGE TIME/TRANS EXCLUDING ZERO ENTRIES

FALL 2

```
BLOCK
NUMBER  *LOC    OPERATION  A,B,C,D,E,F,G,H,I          COMMENTS                                     STATEMENT
                                                                                                    NUMBER
                SIMULATE                                                                              1
        *                                                                                             2
        *       SIMULATION COIFFEURLADEN                                                              3
        *       ========================                                                              4
        *                                                                                             5
         1      FUNCTION   RN1,C2          ANKUNFTSVERTEILUNG                                         6
        0,5/1,20                                                                                      7
        *                                                                                             8
         2      FUNCTION   RN1,C2          ABFERTIGUNGSVERTEILUNG                                     9
        0,15/1,30                                                                                    10
        *                                                                                            11
1               GENERATE   1,FN1           ANKUNFTSVERTEILUNG                                        12
2               TRANSFER   .500,COIF1,COIF2                                                          13
3        COIF1  QUEUE      ANG1            WARTEN                                                    14
4               SEIZE      ANG1            -                                                         15
5               DEPART     ANG1             | BEDIENEN                                               16
6               ADVANCE    1,FN2            | GEMAESS FUNC.2                                         17
7               RELEASE    ANG1            -                                                         18
8               TERMINATE  0               LADEN VERLASSEN                                           19
9        COIF2  QUEUE      ANG2            WARTEN                                                    20
10              SEIZE      ANG2            -                                                         21
11              DEPART     ANG2             |                                                        22
12              ADVANCE    1,FN2            | BEDIENEN                                               23
13              RELEASE    ANG2            -  GEMAESS FUNC.2                                         24
14              TERMINATE  0               LADEN VERLASSEN                                           25
15              GENERATE   ,,480,1         8 STUNDEN SIMULIEREN                                      26
16              TERMINATE  1                                                                         27
                START      1                                                                         28
                JOB                                                                                  29
```

FALL 2

RELATIVE CLOCK 480 ABSOLUTE CLOCK 480

BLOCK COUNTS

BLOCK	CURRENT	TOTAL	BLOCK	CURRENT	TOTAL	BLOCK	CURRENT	TOTAL	BLOCK	CURRENT	TOTAL	BLOCK	CURRENT	TOTAL
1	0	42	11	0	20									
2	0	42	12	1	20									
3	0	21	13	0	19									
4	0	21	14	0	19									
5	0	21	15	0	1									
6	1	21	16	0	1									
7	0	20												
8	0	20												
9	1	21												
10	0	20												

QUEUES

QUEUE	MAXIMUM CONTENTS	AVERAGE CONTENTS	TOTAL ENTRIES	ZERO ENTRIES	PERCENT ZEROS	AVERAGE TIME/TRANS	$AVERAGE TIME/TRANS	TABLE NUMBER	CURRENT CONTENTS
ANG1	2	.833	21	4	19.0	19.047	23.529		
ANG2	2	.685	21	4	19.0	15.666	19.352		1

$AVERAGE TIME/TRANS = AVERAGE TIME/TRANS EXCLUDING ZERO ENTRIES

FACILITIES

FACILITY	NUMBER ENTRIES	AVERAGE TIME/TRAN	-AVERAGE UTILIZATION DURING- TOTAL TIME	AVAIL. TIME	UNAVAIL. TIME	CURRENT STATUS	PERCENT AVAILABILITY	TRANSACTION NUMBER SEIZING	PREEMPTING
ANG1	21	20.428	.853				100.0	1	
ANG2	20	22.349	.931				100.0	4	

Ue 3.2 Es soll ein Modell erstellt werden, welches das Landen von Flugzeugen nach folgenden Charakteristiken und Gesetzmässigkeiten beschreibt.

1. Der Flugplatz hat 2 Pisten
2. Drei verschiedene Flugzeugtypen landen auf dem Flugplatz.
3. Eine Piste ist kürzer und kann nur von Flugzeugtypen 1 und 2 benützt werden. Auf der längeren Piste können alle 3 Flugzeugtypen landen.
4. Die Flugzeuge kommen nach einer Negativ-Exponentialverteilung mit einer mittleren Zwischenankunftszeit von 7 Min. an. Bei der Ankunft werden sie vom Kontrollturm in einem Warteraum in eine Warteschlange eingewiesen. Für die ankommenden Flugzeuge gilt in Bezug auf Typ eine Gleichverteilung.
5. Die Warteschlange wird nach FIFO abgebaut. Ist das erste wartende Flugzeug in der Schlange vom Typ 3, und ist die lange Piste besetzt, so wird in der Schlange nach einem Flugzeugtyp 1 oder 2 gesucht und dieser behandelt.
6. Die Landezeiten betragen für die Typen 1 und 2 8 Min. und der Typ 3 benötigt 10 Min.
7. Nach der Landung wird das Flugzeug aus dem Modell entfernt.

Aufgabe: Zum Testen des Modells sollen 24 Std. "realtime" simuliert werden, wobei für jedes Flugzeug folgende Werte ausgedruckt werden:

- Nummer des Flugzeuges
- Flugzeugtyp
- Piste auf der es landen wird
- Beginn der Landung
- Verzögerung in der Warteschlange
- Benötigte Landezeit
- Zeit der effektiven Landung

Flughafenmodell

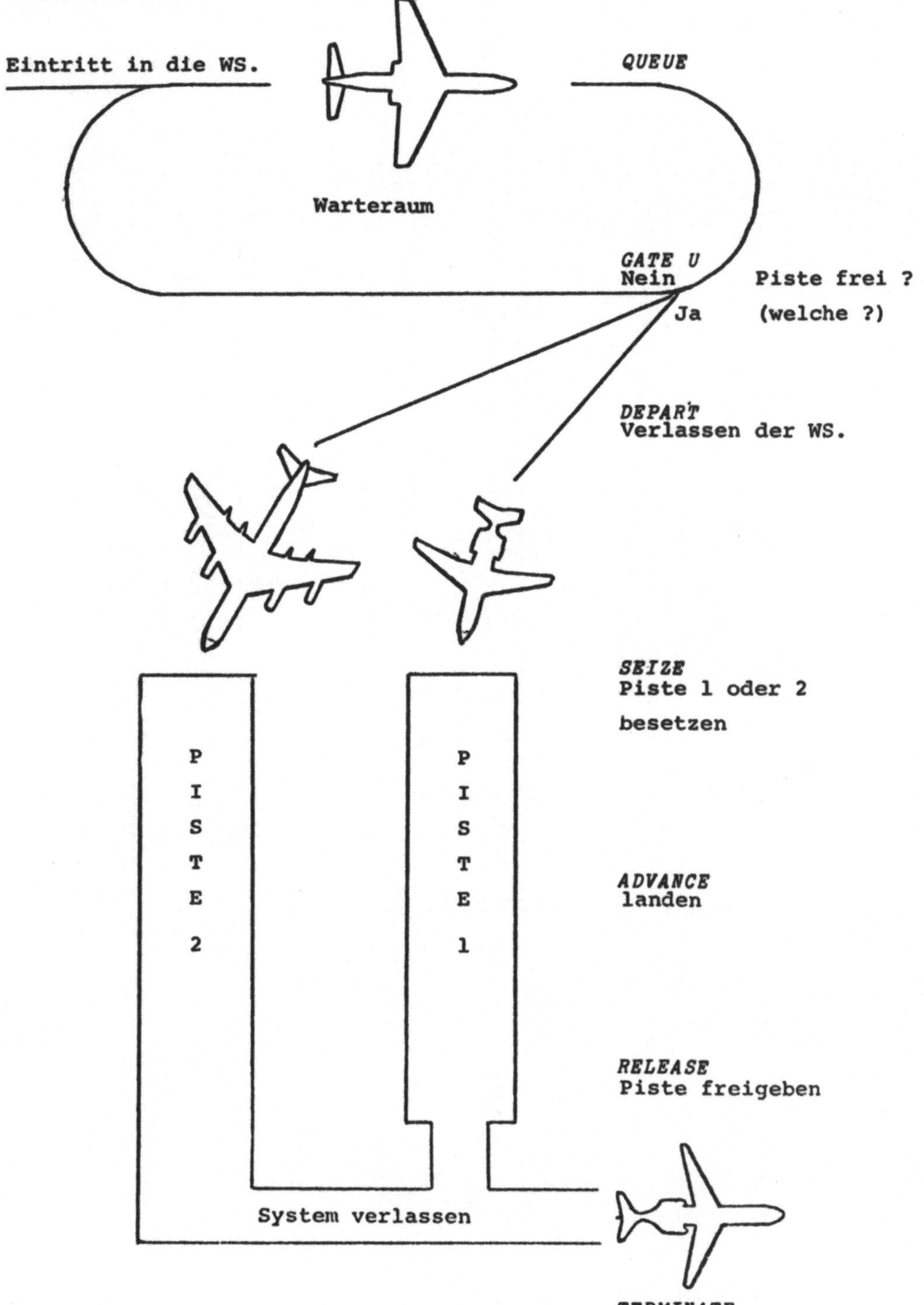

```
BLOCK
NUMBER  *LOC  OPERATION  A,B,C,D,E,F,G,H,I        COMMENTS                                  STATEMENT
                                                                                              NUMBER
              SIMULATE                                                           00000050     1
         *                                                                       00000060     2
         *    FLUGHAFEN MODELL (UEBUNG)                                          00000070     3
         *    ================                                                   00000080     4
         *                                                                       00000090     5
         *    DEKLARATIONEN                                                      00000100     6
         *    -------------                                                      00000110     7
         *                                                                       00000120     8
         *    PARAMETER:                                                         00000130     9
         *    BYTE       1   TYP                                                 00000140    10
         *    HALFWORD   1   NUMMER                                              00000150    11
         *               2   LANDEZEIT                                           00000160    12
         *                                                                       00000170    13
         *    SAVEVALUE  1   FLUGZEUGE ZAEHLEN                                   00000180    14
         *                                                                       00000190    15
            1 MATRIX     MH,250,6                                                00000200    16
         *    COL:       1   TYP                                                 00000210    17
         *               2   PISTE                                               00000220    18
         *               3   BEGINN DER LANDUNG                                  00000230    19
         *               4   VERZOEGERUNG                                        00000240    20
         *               5   BENOETIGTE LANDEZEIT                                00000250    21
         *               6   ZEIT DER EFFEKTIVEN LANDUNG                         00000260    22
         *                                                                       00000270    23
         *                                                                       00000280    24
            1 FUNCTION   RN1,C24        EXPONENTIALVERTEILUNG                    00000290    25
        0,0/.1,.104/.2,.222/.3,.355/.4,.509/.5,.69/.6,.915/.7,1.2/.75,1.38/      00000300    26
        .8,1.6/.84,1.83/.88,2.12/.9,2.3/.92,2.52/.94,2.81/.95,2.99/.96,3.2/      00000310    27
        .97,3.5/.98,3.9/.99,4.6/.995,5.3/.998,6.2/.999,7.0/.9997,8.0             00000320    28
         *                                                                       00000330    29
            2 FUNCTION   RN1,D3         TYPEN BESTIMMUNG                         00000340    30
        .33333,1/.66667,2/1,3                                                    00000350    31
         *                                                                       00000360    32
            3 FUNCTION   PB1,D2         LANDEZEITBESTIMMUNG                      00000370    33
        2,8/3,10                                                                 00000380    34
         *                                                                       00000390    35
            1 VARIABLE   C1-MH1(PH1,3) BESTIMMUNG DER VERZOEGERUNG               00000400    36
         *                                                                       00000410    37
         *                                                                       00000420    38
         *    BEGINN DER SIMULATION                                              00000430    39
         *    ---------------------                                              00000440    40
         *                                                                       00000450    41
1             GENERATE   7,FN1,,,,1PB,2PH FLUGZEUGE GENERIEREN                   00000460    42
2             SAVEVALUE  1+,K1,XH       FLUGZEUGE ZAEHLEN                        00000470    43
3             ASSIGN     1,XH1,PH       EINTRAG DER NUMMER                       00000480    44
4             ASSIGN     1,FN2,PB       TYP EINTRAGEN                            00000490    45
5             MSAVEVALUE 1,PH1,3,C1,MH LPLAN EINTRAGEN                           00000500    46
6             ASSIGN     2,FN3,PH       LANDEZEIT EINTRAGEN                      00000510    47
         *                                                                       00000520    48
7             QUEUE      ANFLG          ANFLUGWARTESCHLANGE                      00000530    49
8             TEST L     PB1,K3,*+2     TYPEN UNTERSCHEIDUNG                     00000540    50
9             GATE U     KURZ,LAB1      KURZE PISTE BESETZT ?                    00000550    51
10            GATE U     LANG,LAB2      LANGE PISTE BESETZT ?                    00000560    52
11            ADVANCE    1              NEIN -> WARTEN                           00000570    53
12            TRANSFER   ,*-4           TEST WIEDERHOLEN                         00000580    54
         *                                                                       00000590    55
```

```
13      LAB1  SEIZE       KURZ          KURZE PISTE BESETZEN                    00000600    56
14            DEPART      ANFLG         FREIGABE WARTESCHLANGE                  00000610    57
15            MSAVEVALUE  1,PH1,4,V1,MH VERZOEGERUNG EINTRAGEN                  00000620    58
16            ADVANCE     PH2           LANDEZEIT                               00000630    59
17            RELEASE     KURZ          FREIGABE DER PISTE                      00000640    60
18            MSAVEVALUE  1,PH1,2,1,MH PISTE EINTRAGEN                          00000650    61
19            TRANSFER    ,OUT                                                  00000660    62
         *                                                                      00000670    63
20      LAB2  SEIZE       LANG          LANGE PISTE BESETZEN                    00000680    64
21            DEPART      ANFLG         VERLASSEN DER WARTESCHLANGE             00000690    65
22            MSAVEVALUE  1,PH1,4,V1,MH VERZOEGERUNG EINTRAGEN                  00000700    66
23            ADVANCE     PH2           LANDEZEIT                               00000710    67
24            RELEASE     LANG          FREIGABE DER PISTE                      00000720    68
25            MSAVEVALUE  1,PH1,2,2,MH  PISTE EINTRAGEN                         00000730    69
         *                                                                      00000740    70
26      OUT   MSAVEVALUE  1,PH1,1,PB1,MH TYP EINTRAGEN                          00000750    71
27            MSAVEVALUE  1,PH1,5,PH2,MH LANDEZEIT EINTRAGEN                    00000760    72
28            MSAVEVALUE  1,PH1,6,C1,MH  LEFF EINTRAGEN                         00000770    73
29            TERMINATE   0                  FLUGZEUG ENTFERNEN                 00000780    74
         *                                                                      00000790    75
30            GENERATE    ,,1440,1      NACH 24 STD EINE TRANSACTION            00000800    76
31            TERMINATE   1                                                     00000810    77
              START       1                                                     00000820    78
              END                                                               00000830    79
```

```
RELATIVE CLOCK         1440  ABSOLUTE CLOCK        1440
BLOCK COUNTS
BLOCK CURRENT      TOTAL    BLOCK CURRENT      TOTAL    BLOCK CURRENT      TOTAL    BLOCK CURRENT      TOTAL    BLOCK CURRENT      TOTAL
   1      0         235       11      0        1746       21      0         121       31      0           1
   2      0         235       12      0        1746       22      0         121
   3      0         235       13      0         114       23      1         121
   4      0         235       14      0         114       24      0         120
   5      0         235       15      0         114       25      0         120
   6      0         235       16      0         114       26      0         234
   7      0         235       17      0         114       27      0         234
   8      0        1981       18      0         114       28      0         234
   9      0         661       19      0         114       29      0         234
  10      0        1867       20      0         121       30      0           1


                                        ****************************************
                                        *                                      *
                                        *               QUEUES                 *
                                        *                                      *
                                        ****************************************


QUEUE      MAXIMUM    AVERAGE     TOTAL      ZERO     PERCENT     AVERAGE     $AVERAGE     TABLE     CURRENT
           CONTENTS   CONTENTS   ENTRIES    ENTRIES    ZEROS    TIME/TRANS   TIME/TRANS   NUMBER    CONTENTS
  ANFLG        7       1.212       235        96        40.8       7.429       12.561
 $AVERAGE TIME/TRANS = AVERAGE TIME/TRANS EXCLUDING ZERO ENTRIES


                                        ****************************************
                                        *                                      *
                                        *             FACILITIES               *
                                        *                                      *
                                        ****************************************


                                       -AVERAGE  UTILIZATION  DURING-
FACILITY      NUMBER        AVERAGE       TOTAL    AVAIL.   UNAVAIL.     CURRENT        PERCENT        TRANSACTION NUMBER
              ENTRIES       TIME/TRAN     TIME      TIME     TIME        STATUS      AVAILABILITY     SEIZING  PREEMPTING
    KURZ        114           8.000       .633                                         100.0
    LANG        121           9.256       .777                                         100.0            5


                                        ****************************************
                                        *                                      *
                                        *          HALFWORD SAVEVALUES         *
                                        *                                      *
                                        ****************************************


   NUMBER - CONTENTS   NUMBER - CONTENTS   NUMBER - CONTENTS   NUMBER - CONTENTS   NUMBER - CONTENTS   NUMBER - CONTENTS
      1         235
```

HALFWORD MATRICES

HALFWORD MATRIX 1

ROW/COLUMN	1	2	3	4	5	6
1	2	1	1	0	8	9
2	1	2	2	0	8	10
3	2	1	3	6	8	17
4	3	2	9	1	10	20
5	1	1	24	0	8	32
6	2	2	30	0	8	38
7	3	2	36	2	10	48
8	2	1	40	0	8	48
9	3	2	62	0	10	72
10	1	1	64	0	8	72
11	2	1	71	1	8	80
12	3	2	73	0	10	83
13	3	2	78	5	10	93
14	1	1	78	2	8	88
15	1	1	87	1	8	96
16	1	1	90	6	8	104
17	2	2	91	2	8	101
18	1	2	104	0	8	112
19	1	1	104	0	8	112
20	3	2	112	0	10	122
21	2	1	118	0	8	126
22	2	2	123	0	8	131
23	3	2	123	8	10	141
24	1	1	149	0	8	157
25	1	1	161	0	8	169
26	3	2	167	0	10	177
27	2	1	168	1	8	177
28	3	2	177	0	10	187
29	1	1	178	0	8	186
30	3	2	182	5	10	197
31	1	1	182	4	8	194
32	2	1	189	5	8	202
33	2	1	230	0	8	238
34	1	2	230	0	8	238
35	2	1	236	2	8	246
36	2	1	249	0	8	257
37	1	2	257	0	8	265
38	1	1	257	0	8	265
39	2	1	258	31	8	297
40	1	1	258	39	8	305
41	1	1	261	4	8	273
42	3	2	262	3	10	275
43	1	1	268	5	8	281
44	1	2	275	0	8	283
45	2	1	276	5	8	289
46	3	2	279	4	10	293
47	3	2	290	41	10	341
48	3	2	292	1	10	303
49	3	2	292	83	10	385
50	3	2	295	26	10	331
51	2	2	298	5	8	311
52	3	2	308	3	10	321
53	1	1	324	0	8	332

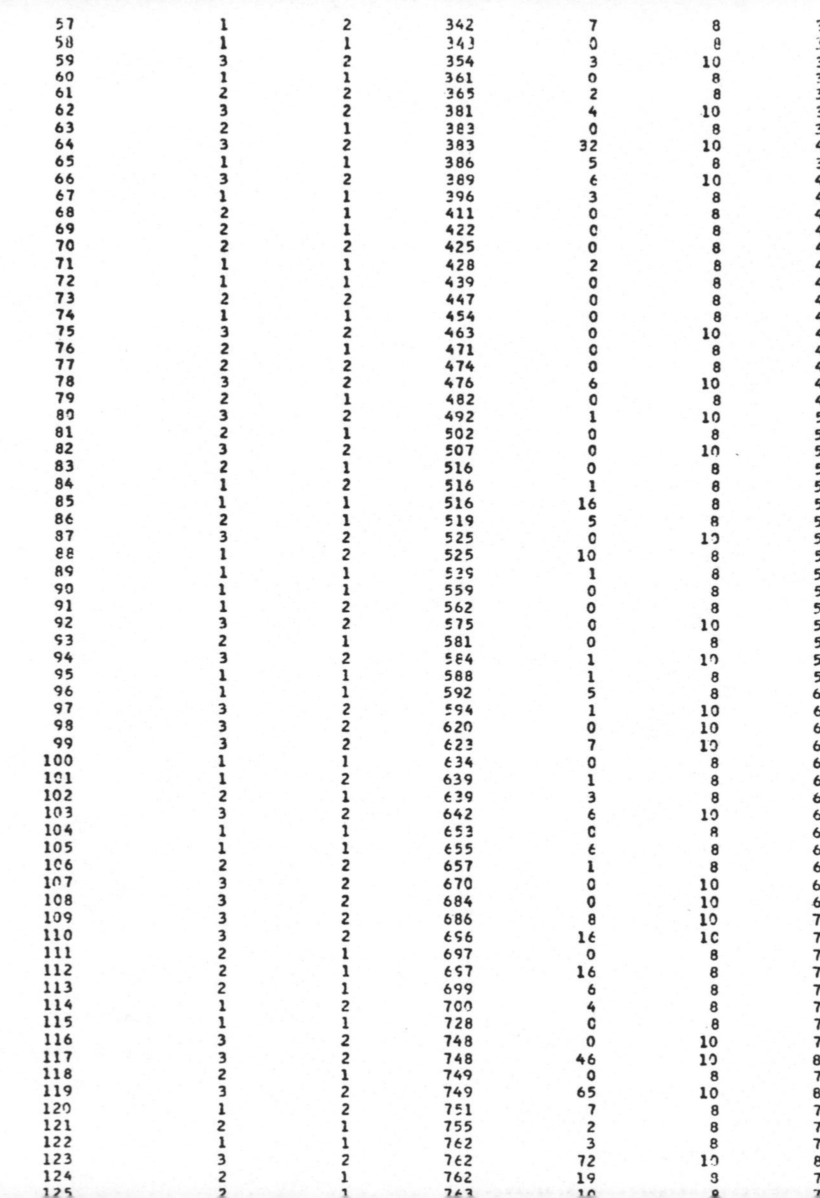

57	1	2	342	7	8	357
58	1	1	343	0	8	351
59	3	2	354	3	10	367
60	1	1	361	0	8	369
61	2	2	365	2	8	375
62	3	2	381	4	10	395
63	2	1	383	0	8	391
64	3	2	383	32	10	425
65	1	1	386	5	8	399
66	3	2	389	6	10	405
67	1	1	396	3	8	407
68	2	1	411	0	8	419
69	2	1	422	0	8	430
70	2	2	425	0	8	433
71	1	1	428	2	8	438
72	1	1	439	0	8	447
73	2	2	447	0	8	455
74	1	1	454	0	8	462
75	3	2	463	0	10	473
76	2	1	471	0	8	479
77	2	2	474	0	8	482
78	3	2	476	6	10	492
79	2	1	482	0	8	490
80	3	2	492	1	10	503
81	2	1	502	0	8	510
82	3	2	507	0	10	517
83	2	1	516	0	8	524
84	1	2	516	1	8	525
85	1	1	516	16	8	540
86	2	1	519	5	8	532
87	3	2	525	0	10	535
88	1	2	525	10	8	543
89	1	1	539	1	8	548
90	1	1	559	0	8	567
91	1	2	562	0	8	570
92	3	2	575	0	10	585
93	2	1	581	0	8	589
94	3	2	584	1	10	595
95	1	1	588	1	8	597
96	1	1	592	5	8	605
97	3	2	594	1	10	605
98	3	2	620	0	10	630
99	3	2	623	7	10	640
100	1	1	634	0	8	642
101	1	2	639	1	8	648
102	2	1	639	3	8	650
103	3	2	642	6	10	658
104	1	1	653	0	8	661
105	1	1	655	6	8	669
106	2	2	657	1	8	666
107	3	2	670	0	10	680
108	3	2	684	0	10	694
109	3	2	686	8	10	704
110	3	2	696	16	10	722
111	2	1	697	0	8	705
112	2	1	697	16	8	721
113	2	1	699	6	8	713
114	1	2	700	4	8	712
115	1	1	728	0	8	736
116	3	2	748	0	10	758
117	3	2	748	46	10	804
118	2	1	749	0	8	757
119	3	2	749	65	10	824
120	1	2	751	7	8	766
121	2	1	755	2	8	765
122	1	1	762	3	8	773
123	3	2	762	72	10	844
124	2	1	762	19	8	789
125	2	1	763	10	8	[illegible]

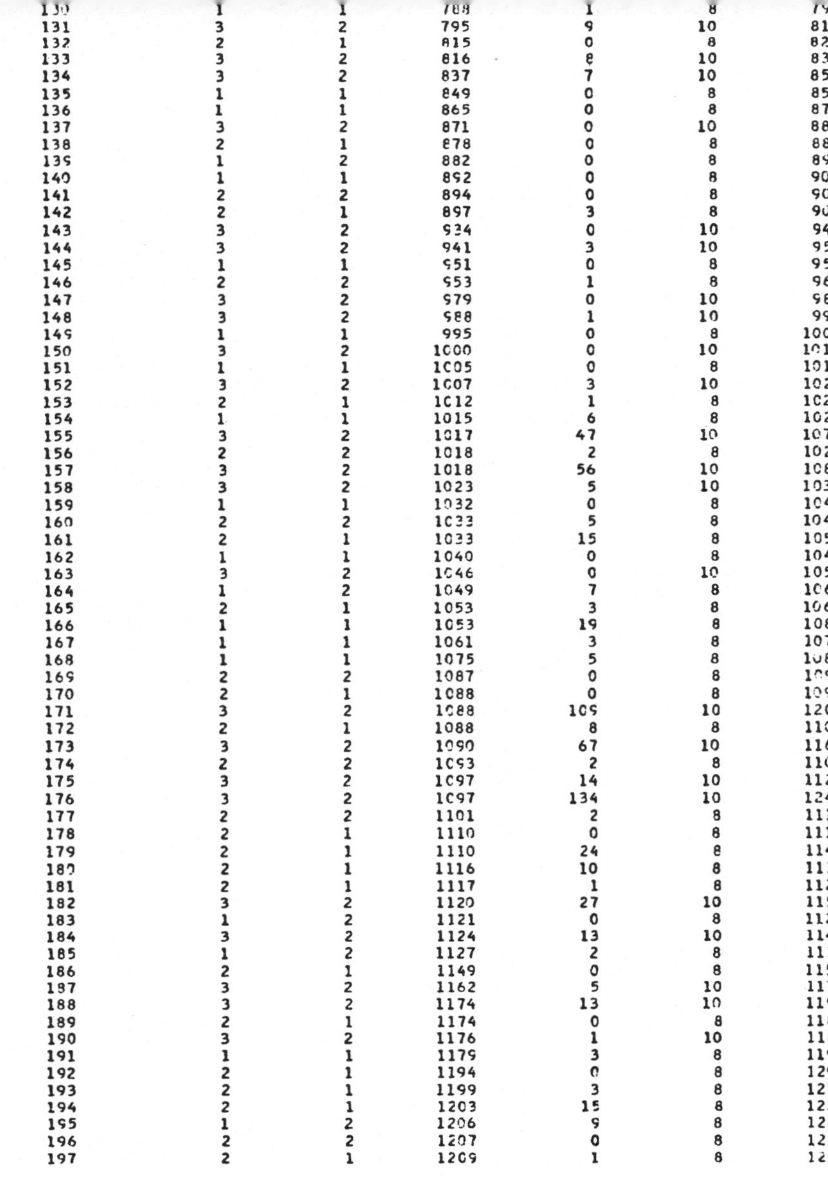

130	1	1	788	1	8	797
131	3	2	795	9	10	814
132	2	1	815	0	8	823
133	3	2	816	8	10	834
134	3	2	837	7	10	854
135	1	1	849	0	8	857
136	1	1	865	0	8	873
137	3	2	871	0	10	881
138	2	1	878	0	8	886
139	1	2	882	0	8	890
140	1	1	892	0	8	900
141	2	2	894	0	8	902
142	2	1	897	3	8	908
143	3	2	934	0	10	944
144	3	2	941	3	10	954
145	1	1	951	0	8	959
146	2	2	953	1	8	962
147	3	2	979	0	10	989
148	3	2	988	1	10	999
149	1	1	995	0	8	1003
150	3	2	1000	0	10	1010
151	1	1	1005	0	8	1013
152	3	2	1007	3	10	1020
153	2	1	1012	1	8	1021
154	1	1	1015	6	8	1029
155	3	2	1017	47	10	1074
156	2	2	1018	2	8	1028
157	3	2	1018	56	10	1084
158	3	2	1023	5	10	1038
159	1	1	1032	0	8	1040
160	2	2	1033	5	8	1046
161	2	1	1033	15	8	1056
162	1	1	1040	0	8	1048
163	3	2	1046	0	10	1056
164	1	2	1049	7	8	1064
165	2	1	1053	3	8	1064
166	1	1	1053	19	8	1080
167	1	1	1061	3	8	1072
168	1	1	1075	5	8	1088
169	2	2	1087	0	8	1095
170	2	1	1088	0	8	1096
171	3	2	1088	109	10	1207
172	2	1	1088	8	8	1104
173	3	2	1090	67	10	1167
174	2	2	1093	2	8	1103
175	3	2	1097	14	10	1121
176	3	2	1097	134	10	1241
177	2	2	1101	2	8	1111
178	2	1	1110	0	8	1118
179	2	1	1110	24	8	1142
180	2	1	1116	10	8	1134
181	2	1	1117	1	8	1126
182	3	2	1120	27	10	1157
183	1	2	1121	0	8	1129
184	3	2	1124	13	10	1147
185	1	2	1127	2	8	1137
186	2	1	1149	0	8	1157
187	3	2	1162	5	10	1177
188	3	2	1174	13	10	1197
189	2	1	1174	0	8	1182
190	3	2	1176	1	10	1187
191	1	1	1179	3	8	1190
192	2	1	1194	0	8	1202
193	2	1	1199	3	8	1210
194	2	1	1203	15	8	1226
195	1	2	1206	9	8	1223
196	2	2	1207	0	8	1215
197	2	1	1209	1	8	1218

201	1	1	1260	0	8	1268
202	3	2	1267	0	10	1277
203	3	2	1267	18	10	1295
204	1	1	1267	1	8	1276
205	1	2	1269	8	8	1285
206	1	1	1269	15	8	1292
207	1	1	1273	3	8	1284
208	1	1	1299	0	8	1307
209	2	2	1300	0	8	1308
210	3	2	1305	3	10	1318
211	2	1	1309	0	8	1317
212	3	2	1311	7	10	1328
213	1	1	1317	0	8	1325
214	1	1	1322	3	8	1333
215	3	2	1332	0	10	1342
216	2	1	1333	0	8	1341
217	1	1	1349	0	8	1357
218	1	2	1350	0	8	1358
219	3	2	1350	16	10	1376
220	2	1	1350	23	8	1381
221	1	2	1354	4	8	1366
222	1	1	1356	1	8	1365
223	2	1	1359	6	8	1373
224	1	1	1385	0	8	1393
225	2	2	1388	0	8	1396
226	3	2	1390	16	10	1416
227	3	2	1391	5	10	1406
228	2	1	1396	0	8	1404
229	1	1	1405	0	8	1413
230	2	1	1405	16	8	1429
231	0	0	1409	25	0	0
232	1	1	1410	3	8	1421
233	2	2	1415	1	8	1424
234	3	2	1423	1	10	1434
235	2	1	1427	2	8	1437

ROWS 236–250, COLUMNS 1–6 ARE ZERC

Die hier gezeigte erste GPSS Version für das Flughafenmodell lässt sich leicht vereinfachen, indem die zu belegende Piste nach deren Ermittlung in einem Parameter abgespeichert wird. Mit diesem Parameter wird dann diejenige facility adressiert, welche belegt werden soll.

Diese Vereinfachung ergibt zwar ein kürzeres Programm, der Kunstgriff macht das Programm aber auch schwerer verständlich, so dass im Sinne der Transparenz für Aussenstehende die erste Version vorzuziehen ist.

```
BLOCK
NUMBER  *LOC  OPERATION  A,B,C,D,E,F,G,H,I        COMMENTS
              SIMULATE
        *
        *     FLUGHAFEN MODELL (UEBUNG)
        *     ================
        *
        *     DEKLARATIONEN
        *     -------------
        *
        *     PARAMETER:
        *     BYTE         1    TYP
        *                  2    PISTE
        *     HALFWORD     1    NUMMER
        *                  2    LANDEZEIT
        *
        *     SAVEVALUE    1    FLUGZEUGE ZAEHLEN
        *
            1 MATRIX       MH,250,6
        *     COL:         1    TYP
        *                  2    PISTE
        *                  3    BEGINN DER LANDUNG
        *                  4    VERZOEGERUNG
        *                  5    BENOETIGTE LANDEZEIT
        *                  6    ZEIT DER EFFEKTIVEN LANDUNG
        *
        *
            1 FUNCTION     RN1,C24       EXPONENTIALVERTEILUNG
        0,0/.1,.104/.2,.222/.3,.355/.4,.509/.5,.69/.6,.915/.7,1.2/.75,1.38/
        .8,1.6/.84,1.83/.88,2.12/.9,2.3/.92,2.52/.94,2.81/.95,2.99/.96,3.2/
        .97,3.5/.98,3.9/.99,4.6/.995,5.3/.998,6.2/.999,7.0/.9997,8.0
        *
            2 FUNCTION     RN1,D3        TYPEN BESTIMMUNG
        .33333,1/.66667,2/1,3
        *
            3 FUNCTION     PB1,D2        LANDEZEITBESTIMMUNG
        2,8/3,10
        *
            1 VARIABLE     C1-MH1(PH1,3) BESTIMMUNG DER VERZOEGERUNG
        *
        *
        *     BEGINN DER SIMULATION
        *     ---------------------
        *
1             GENERATE,    7,FN1,,,,2PB,2PH FLUGZEUGE GENERIEREN
2             SAVEVALUE    1+,K1,XH      FLUGZEUGE ZAEHLEN
3             ASSIGN       1,XH1,PH      EINTRAG DER NUMMER
4             ASSIGN       1,FN2,PB      TYP EINTRAGEN
5             ASSIGN       2,FN3,PH      BENOETIGTE LANDEZEIT
6             MSAVEVALUE   1,PH1,1,PB1,MH TYP EINTRAGEN
7             MSAVEVALUE   1,PH1,3,C1,MH LFLAN EINTRAGEN
8             MSAVEVALUE   1,PH1,5,PH2,MH BENOETIGTE LANDEZEIT EINTRAGEN
        *
9             QUEUE        ANFLG         ANFLUGWARTESCHLANGE
10            TEST L       PB1,K3,*+2    TYPEN UNTERSCHEIDUNG
11            GATE U       1,*+5         KURZE PISTE BESETZT ?
12            GATE U       2,*+3         LANGE PISTE BESETZT ?
```

```
13          ACVANCE    1            NEIN -> WARTEN                     CCCC0600    56
14          TRANSFER   ,*-4         TEST WIECERHCLEN                   00000610    57
15          ASSIGN     2,K1,PB      PISTE BERECHNEN (KURZE PISTE)      00000620    58
16          ASSIGN     2+,K1,PB     FISTE BERECHNEN (LANGE PISTE)      00000630    59
17          MSAVEVALUE 1,PH1,2,PB2,MH FISTE EINTRAGEN                  00000640    60
       *                                                               00000650    61
18          SFIZE      PB2          ENTSPRECHENDE PISTE BESETZEN       00000660    62
19          CEPART     ANFLG        VERLASSEN DER WARTESCHLANGE        00000670    63
20          MSAVEVALUE 1,PH1,4,V1,MH VERZCEGERUNG EINTRAGEN            00000680    64
21          ACVANCE    PH2          LANCEN                             00000690    65
22          RELEASE    PB2          PISTE FREIGEBEN                    00000700    66
23          MSAVEVALUE 1,PH1,6,C1,MH ZEIT CER EFFEKTIVEN LANDUNG       00000710    67
24          TERMINATE  0               FLUGZEUG ENTFERNEN              00000720    68
       *                                                               00000730    69
25          GENERATE   ,,1440,1     NACH 24 STD EINE TRANSACTION       00000740    70
26          TERMINATE  1                                               00000750    71
            START      1                                               00000760    72
            END                                                        00000770    73
```

<u>Ue 3.3</u> Es soll ein Lagerhaltungsproblem für Ersatzteile untersucht werden, wobei das Lagerhaltungsverfahren durch folgende zwei Grössen bestimmt ist:

Q: Bestellmenge = 6 Einheiten

R: Bestellpunkt - Eine Bestellung wird ausgelöst, wenn der Lagerbestand unter drei Einheiten sinkt.

Die Lieferzeit beträgt konstant 30 Tage.

Die Zeit zwischen zwei Pannen (MTBF) der Maschine, für welche die Ersatzteile gelagert werden, sei negativ exponentiell verteilt (Mittelwert m = 10).

<u>Aufgabe:</u> Es soll ein Modell erstellt werden, welches das Problem beschreibt, und für die Abklärung folgender Fragen soll ein GPSS Programm geschrieben werden:

1. Während welcher Zeit (%) ist das Lager leer?
2. Wie lange (%) steht die Maschine still, weil sie auf Ersatzteile warten muss?

Zur Lösung des Lagerhaltungsproblems

Zur Lösung dieser Aufgabe gibt es im wesentlichen drei unterschiedliche Möglichkeiten für den Modellaufbau. Besonders im GPSS ist der Unterschied im Aufwand bei den verschiedenen Lösungsvarianten ziemlich gross, so dass es sich lohnt, kurz darauf einzugehen.

Die drei Varianten unterscheiden sich vor allem in der Art, wie die neuen Einheiten bestellt und verwendet werden. Es besteht die Möglichkeit (GPSS !) sechs einzelne Einheiten zu 'liefern', und auch wieder einzeln zu verbrauchen. Es muss in diesem Fall bei jeder Lieferung ein Zähl- und Ueberwachungsvorgang durchgeführt werden, welcher im GPSS nicht sehr einfach zu realisieren ist. Den Zählaufwand kann man reduzieren, wenn man im Modell nur eine Einheit (TRANSACTION) liefert und diese dann im 'Lager' in sechs Einheiten aufspaltet (mit dem SPLIT-BLOCK). Immerhin muss auch in dieser zweiten Variante zumindest beim Verbrauch noch 'gezählt' werden, um rechtzeitig die Bestellung auslösen zu können.

Die Idee der dritten und wahrscheinlich auch einfachsten Variante liegt darin, dass nur eine Einheit bestellt wird, welche dann aber sechs Mal verbraucht wird. Sobald man mit nur einer Einheit arbeiten kann, bietet der GPSS die Möglichkeit, eine einzige FACILITY über alle Blöcke, vom Versand der Bestellung bis zum Einbau der vierten Einheit zu spannen. Wenn nun vor der Facility immer genügend Transactions warten, wird die Facility automatisch besetzt sobald die Einheit zum dritten Mal verbraucht worden ist. Mit diesem Kunstgriff erübrigt sich jeglicher Zähl- und Ueberwachungsmechanismus, wodurch sich ein einfaches, übersichtliches Programm ergibt.

Lagerhaltungsmodell

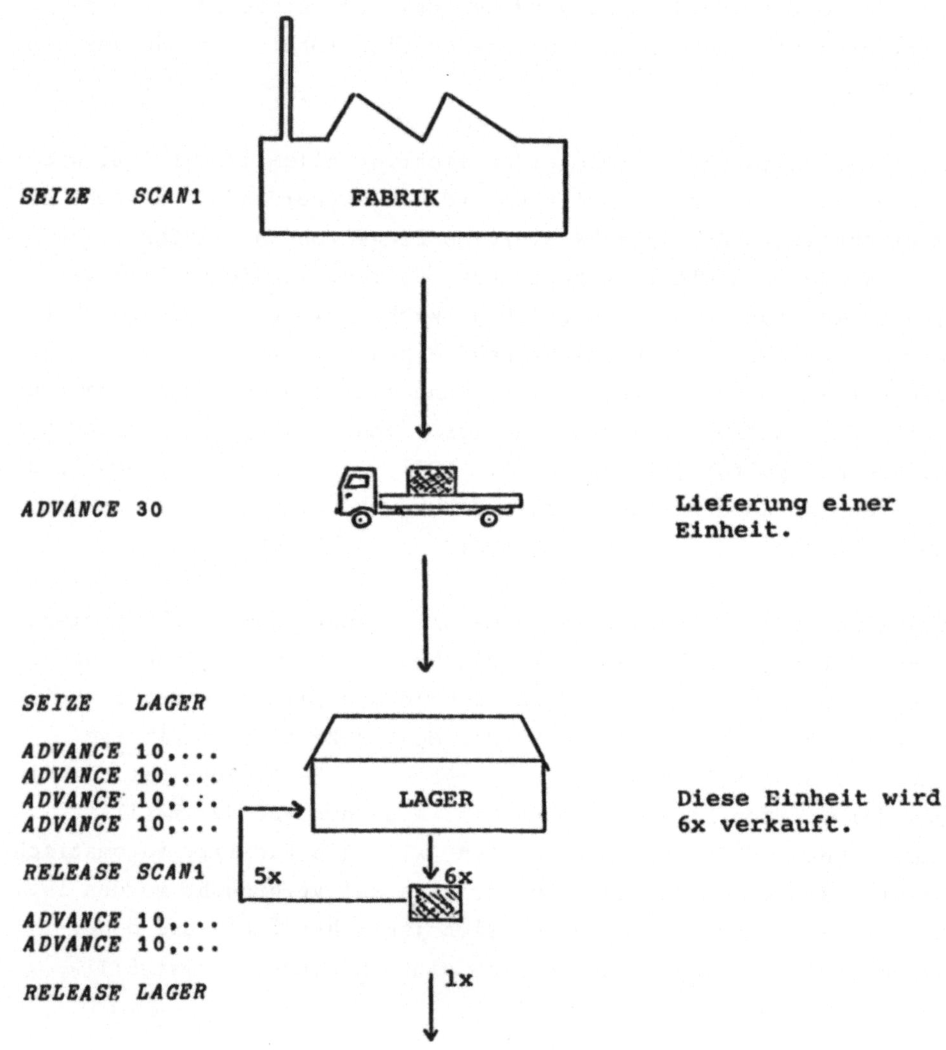

```
BLOCK                                                                                     STATEMENT
NUMBER  *LOC  OPERATION  A,B,C,D,E,F,G,H,I        COMMENTS                                  NUMBER
              SIMULATE                                                           00000040      1
        *                                                                        00000050      2
        *     LAGER-SIMULATION                                                   00000060      3
        *     ================                                                   00000070      4
        *                                                                        00000080      5
         EXPON FUNCTION   RN1,C24                                                00000090      6
        0,0/.1,.104/.2,.222/.3,.355/.4,.509/.5,.69/.6,.915/.7,1.2/.75,1.38       00000100      7
        .8,1.6/.84,1.83/.88,2.12/.9,2.3/.92,2.52/.94,2.81/.95,2.99/.96,3.2       00000110      8
        .97,3.5/.98,3.9/.99,4.6/.995,5.3/.998,6.2/.999,7.0/.9997,8.0             00000120      9
        *                                                                        00000130     10
1             GENERATE   0,,,1         ERSTE SECHS EINHEITEN RESERVE             00000140     11
2             SEIZE      SCAN1         FACILITY 1 BELEGT                         00000150     12
3             SEIZE      LAGER         TREFFEN BEI KAUF DER MASCHINE EIN         00000160     13
4             SEIZE      SCAN3         FACILITY 3 BELEGT                         00000170     14
5             TRANSFER   ,SKIP         VERBRAUCHEN                               00000180     15
        *                                                                        00000190     16
6             GENERATE   1,,,150       VORRAT IN DER FABRIK                      00000200     17
7             SEIZE      SCAN1         BESTELLUNG ABGESCHICKT                    00000210     18
        *                                                                        00000220     19
8             ADVANCE    30            UNTERWEGS                                 00000230     20
        *                                                                        00000240     21
9             SEIZE      LAGER         IM LAGER EINGETROFFEN                     00000250     22
10            SEIZE      SCAN3         PRUEF-FAC 3 BELEGEN                       00000260     23
        *                                                                        00000270     24
11       SKIP ADVANCE    10,FN$EXPON   VERBRAUCH DER 1.EINHEIT                   00000280     25
12            ADVANCE    10,FN$EXPON   VERBRAUCH DER 2.EINHEIT                   00000290     26
13            ADVANCE    10,FN$EXPON   VERBRAUCH DER 3.EINHEIT                   00000300     27
        *                                                                        00000310     28
14            RELEASE    SCAN1         AUTOMATISCH NACHBESTELLEN                 00000320     29
        *                                                                        00000330     30
15            ADVANCE    10,FN$EXPON   VERBRAUCH DER 4.EINHEIT                   00000340     31
16            ADVANCE    10,FN$EXPON   VERBRAUCH DER 5.EINHEIT                   00000350     32
        *                                                                        00000360     33
17            RELEASE    LAGER         6.EINHEIT VERLAESST LAGER, LAGER LEER     00000370     34
        *                                                                        00000380     35
18            ADVANCE    10,FN$EXPON   VERBRAUCH DER 6.EINHEIT                   00000390     36
        *                                                                        00000400     37
19            SEIZE      SCAN2         KONTROLLE DER STILLSTANDSZEIT             00000410     38
20            RELEASE    SCAN3         PRUEF-FAC 3 FREIGEBEN                     00000420     39
21            GATE U     LAGER         WENN LAGER LEER -> WARTEN A/NACHSCHUB     00000430     40
22            RELEASE    SCAN2         PRUEF-FAC 2 FREIGEBEN                     00000440     41
23            TERMINATE  1             VERLASSEN DES SYSTEMS                     00000450     42
        *                                                                        00000460     43
              START      120                                                     00000470     44
              REPORT                                                             00000480     45
              OUTPUT                                                             00000490     46
         5    TEXT       IM LAGER BEFINDET SICH WAEHREND #FSLAGER,2/2RXX#% DER100000500     47
         ZEIT MINDESTENS EINE EINHEIT.                                           00000510     48
              SPACE      3                                                       00000520     49
         5    TEXT       DIE MASCHINE STEHT WAEHREND #FSSCAN2,2/2RXX#% DER ZEI100000530     50
        T STILL.                                                                 00000540     51
              EJECT                                                              00000550     52
              END                                                                00000560     53
```

RELATIVE CLOCK 7678 ABSOLUTE CLOCK 7678

BLOCK COUNTS

BLOCK	CURRENT	TOTAL	BLOCK	CURRENT	TOTAL	BLOCK	CURRENT	TOTAL	BLOCK	CURRENT	TOTAL	BLOCK	CURRENT	TOTAL
1	0	1	11	1	121	21	0	120						
2	0	1	12	0	120	22	0	120						
3	0	1	13	0	120	23	0	120						
4	0	1	14	0	120									
5	0	1	15	0	120									
6	1	121	16	0	120									
7	0	120	17	0	120									
8	0	120	18	0	120									
9	0	120	19	0	120									
10	0	120	20	0	120									

```
****************************************
*                                      *
*              FACILITIES              *
*                                      *
****************************************
```

FACILITY	NUMBER ENTRIES	AVERAGE TIME/TRAN	-AVERAGE UTILIZATION DURING- TOTAL TIME	AVAIL. TIME	UNAVAIL. TIME	CURRENT STATUS	PERCENT AVAILABILITY	TRANSACTION NUMBER SEIZING	PREEMPTING
SCAN1	121	63.446	.999				100.0	1	
LAGER	121	50.247	.791				100.0	1	
SCAN3	121	55.685	.877				100.0	1	
SCAN2	120	7.824	.122				100.0		

IM LAGER BEFINDET SICH WAEHREND 79% DER ZEIT MINDESTENS EINE EINHEIT.

DIE MASCHINE STEHT WAEHREND 12% DER ZEIT STILL.

Programmbeschreibung: Lager-Problem

Bei der Programmierung dieser Aufgabe wurde angenommen, dass die ersten sechs Einheiten nicht erst nachbestellt werden müssen, sondern mit der Maschine mitgeliefert werden, damit die Maschine sofort nach ihrem Eintreffen einsatzbereit ist.* Zu diesem Zweck wird in Block 1 in der Zeiteinheit 0 eine Transaction (= 6 Einheiten) generiert. Da die Maschine vorerst nur eine Einheit braucht, die restlichen fünf aber ins Lager gebracht werden, müssen die entsprechenden Facilities besetzt werden (SCAN1, SCAN3, LAGER). In Block 6 wird diese erste Transaktion an Block 11 weitergegeben. Dort beginnt der eigentliche Verbrauch der sechs Einheiten. Die Transaction für die folgenden Lieferungen, welche regulär bestellt werden, entstehen in Block 6. Vor dem Eintritt in die Facility SCAN1 werden diese in Zeiteinheit 1 generierten Transactions gestoppt, bis diese Facility jeweils für die Aufnahme einer weiteren Transaction frei wird. Dies geschieht im Block 14 genau dann, wenn im Block 13 die frühere Einheit zum dritten Mal verbraucht wurde. Mit dem Einbau der 4. Einheit sinkt der Lagerbestand unter 3, woraufhin automatisch eine neue Transaction in die Facility SCAN1 hineingelassen wird, welche nach einer Verzögerung von 30 Zeiteinheiten (Block 8) im Lager eintrifft. Im Programm tritt diese neue Einheit erst ins Lager ein, wenn das Lager leer ist. Die Facility LAGER wird als statistische Angaben z.B. liefern, wieviel Prozent der Zeit das Lager leer stand. Vor der Facility SCAN3 wird die neue Einheit aufgehalten, bis sie gebraucht wird, das heisst bis auch die sechste Einheit der alten Lieferung nicht mehr gebrauchsfähig ist (Block 18). Mit dem Freiwerden der Facility SCAN3 wird dann die neue Einheit zum ersten Mal verbraucht. In den Blöcken 11-13 wird die jetzt angekommene Einheit weitere drei Male verbraucht. Darauf wird wieder eine Bestellung ausgelöst, indem die Einheit Facility SCAN1 verlässt. Nach weiterem zweimaligen Verbrauch in Block 16-17 ist das Lager leer.

*Unter einer Ersatzeinheit kann man sich eine Batterie vorstellen.

Um eine korrekte Statistik zu erhalten, muss die Facility LAGER nun verlassen werden. Die Maschine ist allerdings noch immer einsatzfähig, bis auch die sechste vorher eingesetzte Einheit verbraucht ist - diese Zeit verstreicht in Block 18. Wenn nun nach Verbrauch dieser sechsten Einheit die neue Lieferung immer noch nicht eingetroffen ist, so steht die Maschine still, bis zum Eintreffen der neuen Lieferung. Diese Stillstandzeiten sind aus der Statistik der Facility SCAN2 ersichtlich. In dieser Facility wird die alte Einheit, nachdem sie SCAN3 freigegeben hat, so lange verzögert, bis die Facility LAGER wieder 'IN USE' ist (Block 21), das heisst, bis die neue Transaction in Block 9 eingetroffen ist. Ist dies geschehen, so verlässt die Einheit in Block 23 das System.

Im GPSS besteht die Möglichkeit, gezielt Informationen aus dem sogenannten 'Standard Statistical Output' herauszusuchen und gesondert zu drucken. Dies wird durch den Output-Editor besorgt. Der Output-Editor wird mit dem Statement REPORT aufgerufen. 'OUTPUT' bedeutet, dass der Standard-Output trotzdem ausgedruckt werden soll. In den beiden 'TEXT' Statements werden die gewünschten Informationen aus den Statistiken der Facility 'LAGER' und 'SCAN2' herausgesucht und mit einem entsprechenden Kommentar versehen.

3.4. Die System- und Datenmanipulationssprache (Simulationssprache) SIMPL/I

Die Sprache SIMPL/I (=PL/I + SIMULATION) basiert auf PL/I und ist als starke Erweiterung von PL/I zu betrachten. SIMPL/I [5] baut auf dem von SIMULA [6] her bekannten Prozesskonzept auf. Die Sprachzusätze beziehen sich vor allem auf die in Simulationsmodellen spezifischen Funktionen sowie auf eine erweiterte Listenverarbeitung. Dem SIMPL/I Benützer steht als Basis die volle PL/I Sprache mit allen Bibliotheken zur Verfügung. Ein SIMPL/I Programm kann aus SIMPL/I und aus PL/I Anweisungen bestehen. SIMPL/I Programme werden durch einen Preprocessor zuerst in PL/I übersetzt, worauf die normalen PL/I Compiler (Optimizer und Checkout) zur Anwendung kommen können.

Die spezifisch simulation-bezogenen Teile von SIMPL/I bauen auf dem <u>Prozesskonzept</u> [7] auf. Das zu untersuchende System wird durch eine Anzahl sich gegenseitig beeinflussender Prozesse (process) dargestellt, wobei die Prozesse unter Kontrolle der <u>Zeitroutine</u> (timing routine) aktive und passive Phasen durchlaufen. Das Verhalten eines Flugzeuges, das in einen Flugplatzbereich einfliegt, warten muss, absinken darf, eine Piste zugewiesen erhält und schliesslich landen darf, kann z.B. als "Prozess Flugzeug" bezeichnet werden. Mehrere Prozesse mit gleichem Verhalten (behaviour) werden als zur gleichen Klasse (class) gehörend bezeichnet.

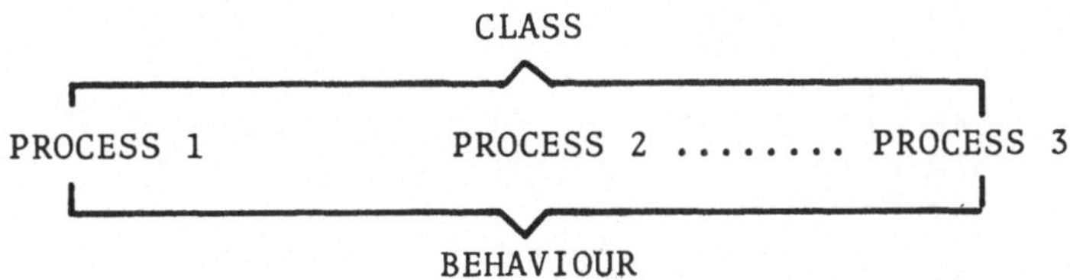

Ein <u>Prozess</u> wird erstmals durch eine Start Anweisung generiert, um dann jeweils durch die Zeitroutine aktiviert zu werden. Die

Prozesse bauen auf SIMPL/I "list handling" und "process handling" Anweisungen auf, und der Verweis auf sie erfolgt über pointers. Einheiten (entity) in SIMPL/I sind mit Prozessen vergleichbar, sie zeigen aber kein dynamisches Verhalten. Sie sind Datenträger und werden in Listen gespeichert und manipuliert.

Zur Einführung in das SIMPL/I Konzept diene das folgende Beispiel:

Beispiel

Kunden kommen negativ exponentiell verteilt an einem Schalter an (Mittelwert = 5 Min.). Die Abfertigung nach FIFO dauert 4 ± 2 Min.

Wie ändert sich die Warteschlange, wenn die Abfertigungszeit auf 3 ± 1 Min. reduziert wird?

SIMPL/I Programm:

```
SCHALTER: MODEL OPTIONS (MAIN);
          DCL  QUEUE LIST STATS;
          DCL  PERSON ENTITY;
          DCL  (ANKUNFT, SERVICE) PROCESS;
          DCL  (S,P) POINTER;
          DCL  FIRST_IN_Q POINTER;
          /* SERVICE_ZEIT GRENZEN */
          DCL  (S_T1,S_T2) FIXED BIN (31,0);
          DCL  RANDIS_ENTRY (.......) RETURNS(....);
          DCL  NEGEXP ENTRY (.......) RETURNS(....);
          /* ERSTER IN LISTE */
          DCL  FIRST ENTRY RETURNS (PTR);
          /* LEERE LISTE ? */
          DCL  VOID ENTRY RETURNS (BIT(1));
          GET DATA (S_T1,S_T2);
          /* PROZESSE_UND_ENTITIES GENERIEREN */
          START ANKUNFT;
          START SERVICE SET (S);
          /* ZEITDAUER */
          TAKE (3600);
          SIMSNAP;             /* STATISTIK */
          RESET;
          GET DATA (S_T1,S_T2);
          TAKE (3600);
          TERMINATE;

ANKUNFT: BEHAVIOUR;
          TAKE (NEGEXP(1,5));          /*AUF ANK. WARTEN*/
          CREATE PERSON SET(P);
          INSERT P LAST IN (QUEUE);
          NOTIFY S;        /*SERVICE AUF ANK. HINWEISEN*/
          END;             /*WARTEN AUF NAECHSTE ANK*/
```

```
27  SERVICE: BEHAVIOUR;
28        IF VOID(QUEUE) THEN HOLD;
29        FIRST_IN_Q=FIRST(QUEUE);       /*1.PERSON IN WS      */
30        REMOVE FIRST FROM (QUEUE);     /*AUS WS NEHMEN       */
31        TAKE (RANDIS(2,S_T1,S_T2));    /*ABFERTIGUNG         */
32        DESTROY FIRST_IN_Q;            /*VERLAESST MODEL     */
33        END;                           /*WS WIEDER UNTERS.*/
34  END SCHALTER;
```

Aufbau des Programms

* Angabe, dass es sich um ein SIMPL/I Programm handelt durch

  SCHALTER: MODEL OPTIONS(MAIN); (Anweisung 1)

* Deklarationen
  - Listen (2)
  - Entities (3)
  - Prozesse (4)
  - Pointer (5,6)
  - Service Zeit Grenzen (7)
  - Zufallszahlengenerator (8)
  - Negativ Exp. Verteilung (9)
  - Funktionen (10,11)

* Prozesse generieren (13,14)
* Dauer der Simulation und Statistiken festlegen (15-17)
* Wiederholung mit anderen Daten (18-20)
* Prozess Ankunft
  - Zeit bis Ankunft stattfindet bestimmen (22)
  - Kunde generieren, mit Pointer P referenzierbar (23)
  - Kunde als letztes Element in Warteschlange bringen (24)
  - Prozess Service darauf hinweisen, dass Kunde in Schlange. Falls Service im "hold" wird er wieder aktiv (25)
  - Da kein TERMINATE vorhanden, läuft der Prozess weiter, und es wird die nächste Ankunft gemäss (22) abgewartet.

* Prozess Service

  - Wenn keine Kunden und damit Schlange leer, Prozess aufhalten (28)
  - Sind Kunden in der Schlange, so wird der erste Kunde zur Bedienung zugelassen (29,30), bedient (31) und aus dem Modell entfernt (32)
  - Da kein TERMINATE vorhanden, läuft der Prozess weiter gemäss (28).

Ue 3.4 Für die in der Uebung 3.1 gestellte Aufgabe (Coiffeurladen) soll ein SIMPL/I Programm geschrieben werden.

Das Programm ist ähnlich aufgebaut, wie das Schalter Beispiel.

Nach den Deklarationen werden die Prozesse gestartet und die Simulationsdauer festgelegt.

Im Prozess 'ARRIVE' wird nach der durch den Zufallsgenerator gegebenen Verzögerung ein Kunde generiert und als letztes Element in die Warteschlange gesetzt. Wenn die Liste der unbeschäftigten Coiffeure nicht leer ist, wird der erste aus der Schlange genommen und mit NOTIFY B wird der durch HOLD aufgehaltene Prozess BARBER wieder aktiviert.

Im Prozess 'BARBER' wird bei leerer Warteschlange (26) der Coiffeur in die Liste der freien Coiffeure eingereiht (27) und der Prozess aufgehalten. Sind Kunden in der Warteschlange, so wird der Erste genommen (33), bedient (34) und anschliessend vernichtet (35).

```
STMT
  1       BARBSHOP:MODEL OPTIONS (MAIN);
  2            DCL CUSTOMER ENTITY STATS;
  3            DCL 1  BARBER PROCESS STATS, 2 CUT PTR;
  4            DCL ARRIVE PROCESS STATS ;
  5            DCL QUEUE LIST STATS;
  6            DCL FREE_BARB LIST STATS;
  7            DCL (B1,B2,B) PTR;
                                         /* START PROCESSES ETC. */
  8            START ARRIVE AFTER TIME(0);
  9            START BARBER SET (B1) AFTER TIME(0);
 10            START BARBER SET (B2) AFTER TIME(0);
 11            TAKE (480) ;              /*  8 HOUR DAY */
 12            TERMINATE;
                                         /* ARRIVALS AT SHOP */
 13       ARRIVE: BEHAVIOR ;
 14            TAKE(RANDIS(1,5,20)) ;
 15            CREATE CUSTOMER SET(P);
 16            INSERT P LAST IN(QUEUE);
 17            IF ¬VOID(FREE_BARB) THEN
 18            DO;  B=FIRST(FREE_BARB);
 20                 REMOVE FIRST FROM(FREE_BARB);
 21                 RANK(B)=1;
 22                 NOTIFY B;
 23            END;
 24            END; /* OF ARRIVE BEHAVIOR */
                                         /* BARBERS BEHAVIOR */
 25       BARBER: BEHAVIOR;
 26            IF VOID(QUEUE)THEN
 27            DO;  INSERT CURRENT IN(FREE_BARB);
 29                 HOLD;
 30                 RANK(CURRENT)=0;
 31            END;
 32            CUT=FIRST(QUEUE);
 33            REMOVE FIRST FROM(QUEUE);
 34            TAKE(RANDIS(1,15,30));
 35            DESTROY CUT;
 36            END;                      /* OF BARBER BEHAVIOR */
 37       END BARBSHOP ;

*STATISTICS   SOURCE RECORDS =     38              PROG TEXT STMNTS =     37
```

B A R B S H O P   SNAP NO. 1

CLOCK 480 TIME OF LAST RESET 0

P R O C E S S E S

PROCESS CLASS	CURRENT NUMBER	AVERAGE NUMBER	MAXIMUM NUMBER	TOTAL STARTED	AVERAGE LIFETIME	O-AVERAGE LIFETIME	MAXIMUM LIFETIME	NO.OF ZERO LIFETIMES	UPON-UNITS ACTIVE START	TERMIN	HOLD
MODEL	0			1					NO	NO	NO
ARRIVE	1	1.000	1	1	480.000	480.000	480	0	NO	NO	NO
BARBER	2	2.000	2	2	480.000	480.000	480	0	NO	NO	NO

E N T I T I E S

ENTITY CLASS	CURRENT NUMBER	AVERAGE NUMBER	MAXIMUM NUMBER	TOTAL CREATED	AVERAGE LIFETIME	O-AVERAGE LIFETIME	MAXIMUM LIFETIME	NO.OF ZERO LIFETIMES	UPON-UNITS ACTIVE CREATE	DESTROY
CUSTOMER	4	2.471	4	41	28.927	28.927	48	0	NO	NO

L I S T S

LIST NAME	CURRENT CONTENTS	AVERAGE CONTENTS	MAXIMUM CONTENTS	TOTAL INSERTED	AVERAGE TIME SPENT	O-AVERAGE TIME SPENT	MAXIMUM TIME SPENT	NO.OF ZERO TIME SPENT	UPON-UNITS ACTIVE INSERT	REMOVE
FREE_BARB	0	0.171	2	10	8.200	8.200	29	0	NO	NO
QUEUE	2	0.642	2	41	7.512	9.935	20	10	NO	NO

B A R B S H O P
===============

SNAP NO. 1

M O D E L S T A T U S
=====================

CLOCK 480 TIME OF LAST RESET 0

CURRENT PROCESS MODEL

A C T I V E L I S T

E M P T Y

R E A D Y L I S T

E M P T Y

R E A D Y L I S T C L O C K P R O C E S S E S

E M P T Y

S C H E D U L E L I S T

PROCESS CLASS	SEQ.NO. IN CLASS	TYPE	STATUS	TIME LEFT	RANK	NOTIFIES WAITED FOR	END/CHANGES WAITED FOR	END-HOLDS DEPENDENT	TIME STARTED	SUBPROCESSES
BARBER	2		T	4	0	0	0	0	0	
BARBER	1		T	5	0	0	0	0	0	
ARRIVE	1		T	18	0	0	0	0	0	

H O L D L I S T

E M P T Y

Bedeutung der wichtigsten Elemente des SIMPL/I Standard Outputs

CLOCK Momentaner Stand der Modelluhr

PROCESSES

CURRENT NUMBER	Bei Abbruch der Simulation vorhandene Anzahl Prozesse
AVERAGE NUMBER	Durchschnittliche Anzahl vorhandener Prozesse
MAXIMUM NUMBER	Maximal vorhandene Anzahl Prozesse
TOTAL STARTED	Die Anzahl Prozesse, welche im Verlauf der Simulation erzeugt wurden
AVERAGE LIFETIME	Durchschnittliche Lebensdauer eines Prozesses,unter Einbezug aller geschaffenen Prozesse
O-AVERAGE LIFETIME	Durchschnittliche Lebensdauer eines Prozesses, unter Ausschluss derjenigen Prozesse, welche in derselben Zeiteinheit, in der sie gestartet wurden auch wieder zerstört wurden
MAXIMUM LIFETIME	Maximale Lebensdauer eines Prozesses
NO.OF ZERO LIFETIMES	Anzahl Prozesse, welche in derselben Zeiteinheit geschaffen und zerstört wurden

ENTITIES

Erklärungen analog zu 'PROCESSES'

LISTS

Hier geht es vor allem um den Inhalt einer Liste.

CURRENT CONTENTS	Im Zeitpunkt des Simulationsabbruchs in der Liste vorhandene Einheiten
AVERAGE CONTENTS	Im Durchschnitt vorhandene Einheiten in der Liste
MAXIMUM CONTENTS	Maximale Anzahl Einheiten in der Liste
TOTAL INSERTED	Insgesamt in die Liste eingefügte Einheiten

AVERAGE TIME SPENT	Im Mittel in der Liste verbrachte Zeit
O-AVERAGE TIME SPENT	Im Durchschnitt verbrachte Zeit in der Liste unter Ausschluss derjenigen Entities, welche während einer ZE in die Liste eingeordnet werden und die Liste in derselben ZE wieder verlassen
MAXIMUM TIME SPENT	Maximale Zeit, welche von einer Entity in der Liste verbracht wurde
NO.OF ZERO TIME SPENT	Anzahl Entities, welche sich weniger als eine Zeiteinheit in der Liste aufhielten

MODEL STATUS

Hier wird gezeigt, in welchem Zustand sich das Modell im Zeitpunkt des Simulationsabbruchs befand.

In erster Linie werden die verschiedenen Listen beschrieben, in welchen die Prozesse bis zum Zeitpunkt ihrer Ausführung eingereiht werden.

ACTIVE LIST	Hier ist der gerade aktive Prozess aufgeführt
READY LIST	Die Prozesse, welche noch im selben Zeitpunkt zur Ausführung gelangen, werden in die READY LIST eingereiht
SCHEDULE LIST	Prozesse, welche irgend wann 'in der Zukunft' wieder aktiv werden, befinden sich in Liste
SEQ.NO.IN CLASS	Die Zahl gibt an, als wievielter dieser Prozess in seiner Class gestartet wurde. Wurde er z.B. als sechster in seiner Class gestartet, so wird hier die Zahl 6 erscheinen, auch wenn ausser diesem keine Prozesse dieser Class mehr vorhanden sind

STATUS	T bedeutet TAKING, der Prozess wird durch ein Take Statement aufgehalten. (Für weitere Informationen siehe IBM Handbuch Seite 154)
TIME LEFT	Anzahl Zeiteinheiten bis der Prozess wieder aktiv wird
RANK	Hier wird die Priorität eines Prozesses angegeben

<u>Ue 3.5</u> Für die in Uebung 3.5 beschriebene Aufgabe (Flughafen) soll ein SIMPL/I Programm geschrieben werden.

Flughafenmodell

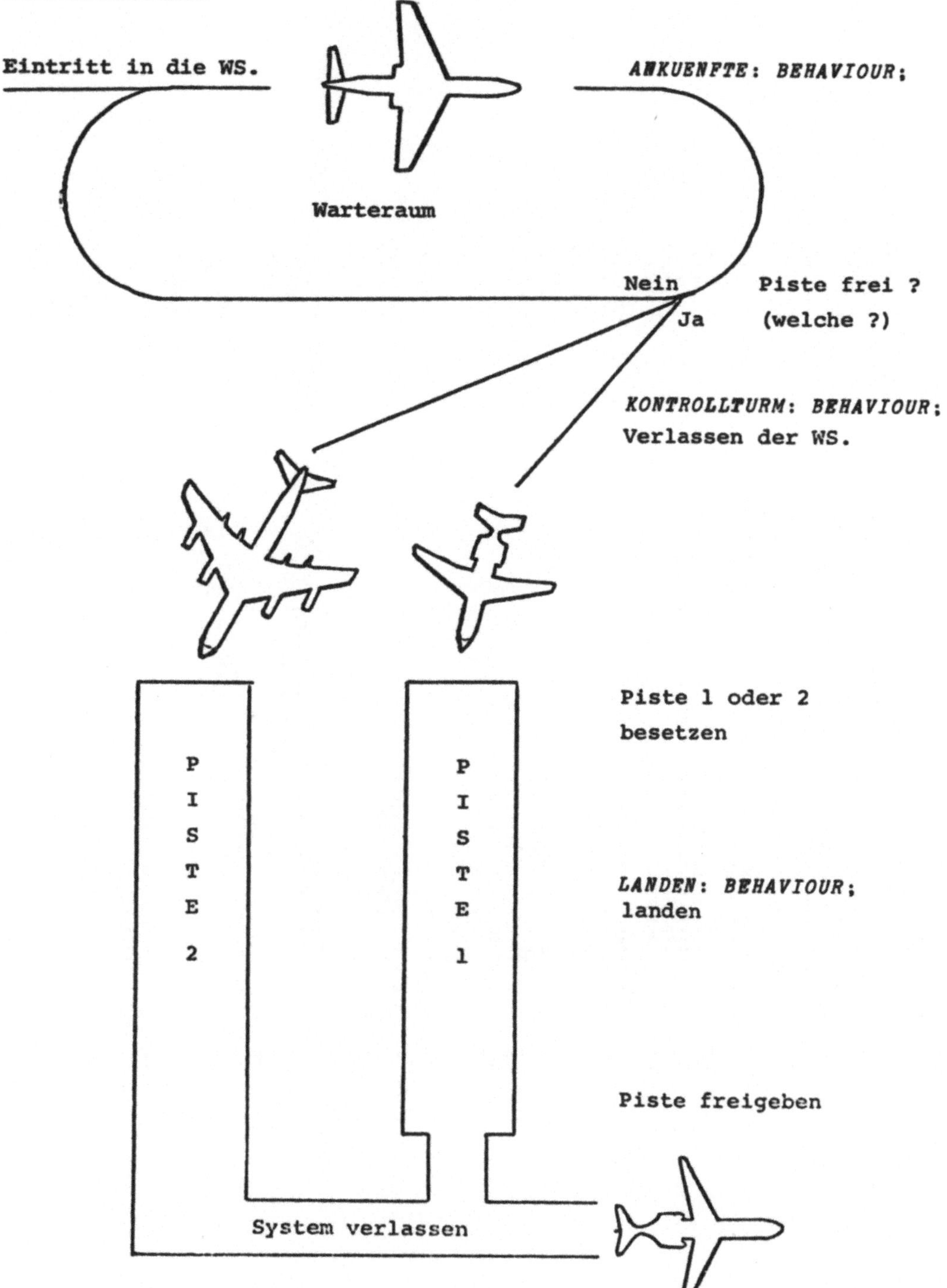

```
STMT
  1      FLUGHAF: MODEL OPTIONS(MAIN);
  2      DCL 1 FLUGZEUG ENTITY STATS,
               2 NR BIN FIXED,
               2 (TYP,LANDEBAHN,LANDEZEIT,LBEG) BIN FIXED;
  3      DCL ANKUENFTE PROCESS STATS;
  4      DCL 1 LANDEN PROCESS STATS,
               2 LP POINTER;
  5      DCL SCHLANGE LIST STATS;
  6      DCL KONTROLLTURM PROCESS STATS;
  7      DCL LBAHN(2) INIT((2)0);
  8      DCL (KTRL,F,L(2),S) PTR;
  9      DCL (N,H) BIN FIXED(15) STATIC; /* HILFSVARIABLEN */
 10      PUT EDIT (' NR     TYP  PISTE LBEGIN VERZOEG  LZEIT   LANDG')(A) PAGE;
 11         N=1;
 12         START ANKUENFTE;
 13         START KONTROLLTURM SET(KTRL) WITH RANK(-1);
 14         TAKE(1440);
 15         TERMINATE;

 16      ANKUENFTE: BEHAVIOUR;
 17         TAKE(NEGEXP(12,7));
 18         CREATE FLUGZEUG SET(F);
 19         F->NR=N;
 20         N=N+1;
 21         F->TYP=RANDIS(11,1,3);
 22         IF F->TYP=3
 23         THEN F->LANDEZEIT=10;
 24         ELSE F->LANDEZEIT=8;
 25         F->LBEG=CLOCK;
 26         INSERT F IN (SCHLANGE);
 27         NOTIFY KTRL;
 28         END ANKUENFTE;

 29      KONTROLLTURM: BEHAVIOUR;
 30         IF VOID(SCHLANGE) THEN HOLD;
 32         IF LBAHN(1)>0 & LBAHN(2)>0
 33         THEN TAKE(MIN(TAKING(L(1)),TAKING(L(2))));

 34         IF LBAHN(1)=0
 35         THEN SCAN S=FIRST TO LAST IN(SCHLANGE);
 36                   FOR FIRST WITH(S->TYP<3);
 37                      S->LANDEBAHN=1;
 38                      LBAHN(1)=1;
 39                      H=S->NR;
 40                      START LANDEN SET(L(1))
 41                      INITIALLY LP=S;
 42                   END;
 43                END;

 44         IF ¬VOID(SCHLANGE)
 45         THEN DO;
 46                 K=0;
 47                 IF LBAHN(2)=0
 48                 THEN SCAN F=FIRST TO LAST IN(SCHLANGE) WHILE(K=0);
 49                         IF F->NR¬=H
 50                         THEN DO;
 51                                 K=1;
```

```
STMT
 52                                  F->LANDEBAHN=2;
 53                                  LBAHN(2)=1;
 54                                  START LANDEN SET(L(2))
 55                                  INITIALLY LP=F;
 56                                END;
 57                      END;

 58                IF LBAHN(1)=0
 59                THEN HOLD UNTIL CHANGE(CLOCK);
 60          END;
 61       END KONTROLLTURM;

 62       LANDEN: BEHAVIOUR;
 63          REMOVE MEMBER(LP) FROM(SCHLANGE);
 64          TAKE (LP->LANDEZEIT);
 65          LBAHN(LP->LANDEBAHN)=0;
 66          PUT EDIT(LP->NR,LP->TYP,LP->LANDEBAHN,ZEIT(LP->LBEG),ZEIT
             (CLOCK-LP->LANDEZEIT-LP->LBEG),ZEIT(LP->LANDEZEIT),ZEIT(CLOCK))
             (F(3),F(6),F(6),4(X(3),A(5))) SKIP;
 67          DESTROY LP;
 68          TERMINATE;
 69          END LANDEN;

 70       ZEIT: PROCEDURE(M) RETURNS(CHAR(5)); /*  ZEITUMRECHNUNG  */
 71          DCL M BIN FIXED(15);
 72          DCL STRING CHAR(5) STATIC;
 73          PUT STRING(STRING) EDIT(FLOOR(M/60),':',MOD(M,60))(P'99',A,P'99');
 74          RETURN(STRING);
 75       END ZEIT;
 76       END;

*STATISTICS   SOURCE RECORDS =      80                  PROG TEXT STMNTS =      76
```

NR	TYP	PISTE	LBEGIN	VERZOEG	LZEIT	LANDG
1	1	1	00:14	00:00	00:08	00:22
2	2	2	00:19	00:00	00:08	00:27
3	2	1	00:23	00:00	00:08	00:31
4	2	2	00:29	00:00	00:08	00:37
5	3	2	00:32	00:05	00:10	00:47
8	2	1	00:39	00:00	00:08	00:47
9	2	1	00:45	00:02	00:08	00:55
6	3	2	00:33	00:14	00:10	00:57
12	1	1	00:57	00:00	00:08	01:05
7	3	2	00:35	00:22	00:10	01:07
13	2	1	01:02	00:03	00:08	01:13
10	3	2	00:45	00:22	00:10	01:17
14	1	1	01:14	00:00	00:08	01:22
11	3	2	00:48	00:29	00:10	01:27
15	1	1	01:27	00:00	00:08	01:35
16	2	2	01:33	00:00	00:08	01:41
17	3	2	01:34	00:07	00:10	01:51
18	1	1	01:43	00:00	00:08	01:51
19	1	1	02:04	00:00	00:08	02:12
20	3	2	02:05	00:00	00:10	02:15
21	2	1	02:12	00:00	00:08	02:20
22	2	2	02:17	00:00	00:08	02:25
23	1	1	02:33	00:00	00:08	02:41
24	2	2	02:37	00:00	00:08	02:45
25	1	1	02:53	00:00	00:08	03:01
26	2	2	03:00	00:00	00:08	03:08
27	2	1	03:03	00:00	00:08	03:11
28	3	2	03:05	00:03	00:10	03:18
29	1	1	03:18	00:00	00:08	03:26
30	1	1	03:32	00:00	00:08	03:40
31	1	1	03:53	00:00	00:08	04:01
32	1	1	04:03	00:00	00:08	04:11
33	1	1	04:11	00:00	00:08	04:19
34	2	2	04:16	00:00	00:08	04:24
35	1	1	04:24	00:00	00:08	04:32
36	3	2	04:27	00:00	00:10	04:37
37	1	1	04:43	00:00	00:08	04:51
38	3	2	04:44	00:00	00:10	04:54
40	2	1	04:50	00:01	00:08	04:59
39	3	2	04:45	00:09	00:10	05:04
41	2	1	04:57	00:02	00:08	05:07
42	3	2	05:00	00:04	00:10	05:14
43	1	1	05:10	00:00	00:08	05:18
44	3	2	05:10	00:04	00:10	05:24
45	1	1	05:19	00:00	00:08	05:27
46	2	2	05:26	00:00	00:08	05:34
47	1	1	05:35	00:00	00:08	05:43
48	2	2	05:41	00:00	00:08	05:49
49	2	1	05:44	00:00	00:08	05:52
50	3	2	05:44	00:05	00:10	05:59
51	1	1	05:56	00:00	00:08	06:04
52	3	2	05:57	00:02	00:10	06:09
54	2	1	06:06	00:00	00:08	06:14
53	3	2	06:00	00:09	00:10	06:19
55	3	2	06:07	00:12	00:10	06:29
60	1	1	06:25	00:00	00:08	06:33
56	3	2	06:10	00:19	00:10	06:39
61	2	1	06:31	00:02	00:08	06:41
57	3	2	06:11	00:28	00:10	06:49
62	1	1	06:49	00:00	00:08	06:57
58	3	2	06:13	00:36	00:10	06:59
63	2	1	06:55	00:02	00:08	07:05
59	3	2	06:14	00:45	00:10	07:09
64	2	1	07:00	00:05	00:08	07:13
65	3	2	07:01	00:08	00:10	07:19
66	2	1	07:08	00:05	00:08	07:21
67	3	2	07:09	00:10	00:10	07:29
68	1	1	07:36	00:00	00:08	07:44
69	2	2	07:40	00:00	00:08	07:48
70	1	1	07:51	00:00	00:08	07:59
71	1	1	08:04	00:00	00:08	08:12
72	2	2	08:09	00:00	00:08	08:17
77	2	1	08:18	00:00	00:08	08:26
73	3	2	08:11	00:06	00:10	08:27
74	3	2	08:12	00:15	00:10	08:37
75	3	2	08:12	00:25	00:10	08:47
80	1	1	08:43	00:00	00:08	08:51
76	3	2	08:14	00:33	00:10	08:57
81	1	1	08:53	00:00	00:08	09:01
78	3	2	08:19	00:38	00:10	09:07
84	2	1	09:05	00:00	00:08	09:13
79	3	2	08:21	00:46	00:10	09:17
82	3	2	08:56	00:21	00:10	09:27
87	1	1	09:26	00:00	00:08	09:34
83	3	2	08:59	00:28	00:10	09:37
85	3	2	09:07	00:30	00:10	09:47
88	1	1	09:39	00:00	00:08	09:47
90	2	1	09:45	00:02	00:08	09:55
86	3	2	09:10	00:37	00:10	09:57
89	3	2	09:40	00:17	00:10	10:07
92	1	1	10:01	00:00	00:08	10:09
91	3	2	09:47	00:20	00:10	10:17
93	1	1	10:09	00:00	00:08	10:17
94	1	1	10:18	00:00	00:08	10:26
95	3	2	10:18	00:00	00:10	10:28
96	3	2	10:20	00:08	00:10	10:38
97	1	1	10:35	00:00	00:08	10:43
98	2	2	10:38	00:00	00:08	10:46
99	2	1	10:42	00:01	00:08	10:51
100	2	2	10:49	00:00	00:08	10:57
101	1	1	11:19	00:00	00:08	11:27
102	1	1	11:30	00:00	00:08	11:38
103	1	1	11:39	00:00	00:08	11:47
104	1	1	11:58	00:00	00:08	12:06
105	2	2	12:02	00:00	00:08	12:10
106	2	1	12:09	00:00	00:08	12:17
107	3	2	12:10	00:00	00:10	12:20
108	2	1	12:16	00:01	00:08	12:25
109	2	2	12:19	00:01	00:08	12:28
110	1	1	12:34	00:00	00:08	12:42
111	3	2	12:36	00:00	00:10	12:46
112	3	2	12:37	00:09	00:10	12:56
113	1	1	12:48	00:00	00:08	12:56
116	2	1	12:55	00:01	00:08	13:04
114	3	2	12:48	00:08	00:10	13:06
119	2	1	13:05	00:00	00:08	13:13
115	3	2	12:50	00:16	00:10	13:16
117	3	2	12:57	00:19	00:10	13:26
120	1	1	13:22	00:00	00:08	13:30

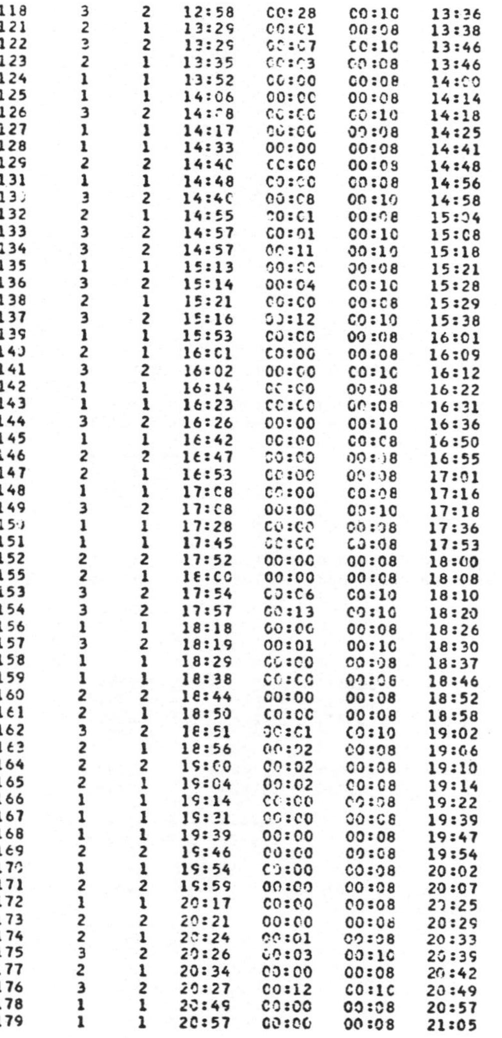

118	3	2	12:58	00:28	00:10	13:36
121	2	1	13:29	00:01	00:08	13:38
122	3	2	13:29	00:07	00:10	13:46
123	2	1	13:35	00:03	00:08	13:46
124	1	1	13:52	00:00	00:08	14:00
125	1	1	14:06	00:00	00:08	14:14
126	3	2	14:08	00:00	00:10	14:18
127	1	1	14:17	00:00	00:08	14:25
128	1	1	14:33	00:00	00:08	14:41
129	2	2	14:40	00:00	00:08	14:48
131	1	1	14:48	00:00	00:08	14:56
130	3	2	14:40	00:08	00:10	14:58
132	2	1	14:55	00:01	00:08	15:04
133	3	2	14:57	00:01	00:10	15:08
134	3	2	14:57	00:11	00:10	15:18
135	1	1	15:13	00:00	00:08	15:21
136	3	2	15:14	00:04	00:10	15:28
138	2	1	15:21	00:00	00:08	15:29
137	3	2	15:16	00:12	00:10	15:38
139	1	1	15:53	00:00	00:08	16:01
140	2	1	16:01	00:00	00:08	16:09
141	3	2	16:02	00:00	00:10	16:12
142	1	1	16:14	00:00	00:08	16:22
143	1	1	16:23	00:00	00:08	16:31
144	3	2	16:26	00:00	00:10	16:36
145	1	1	16:42	00:00	00:08	16:50
146	2	2	16:47	00:00	00:08	16:55
147	2	1	16:53	00:00	00:08	17:01
148	1	1	17:08	00:00	00:08	17:16
149	3	2	17:08	00:00	00:10	17:18
150	1	1	17:28	00:00	00:08	17:36
151	1	1	17:45	00:00	00:08	17:53
152	2	2	17:52	00:00	00:08	18:00
155	2	1	18:00	00:00	00:08	18:08
153	3	2	17:54	00:06	00:10	18:10
154	3	2	17:57	00:13	00:10	18:20
156	1	1	18:18	00:00	00:08	18:26
157	3	2	18:19	00:01	00:10	18:30
158	1	1	18:29	00:00	00:08	18:37
159	1	1	18:38	00:00	00:08	18:46
160	2	2	18:44	00:00	00:08	18:52
161	2	1	18:50	00:00	00:08	18:58
162	3	2	18:51	00:01	00:10	19:02
163	2	1	18:56	00:02	00:08	19:06
164	2	2	19:00	00:02	00:08	19:10
165	2	1	19:04	00:02	00:08	19:14
166	1	1	19:14	00:00	00:08	19:22
167	1	1	19:31	00:00	00:08	19:39
168	1	1	19:39	00:00	00:08	19:47
169	2	2	19:46	00:00	00:08	19:54
170	1	1	19:54	00:00	00:08	20:02
171	2	2	19:59	00:00	00:08	20:07
172	1	1	20:17	00:00	00:08	20:25
173	2	2	20:21	00:00	00:08	20:29
174	2	1	20:24	00:01	00:08	20:33
175	3	2	20:26	00:03	00:10	20:39
177	2	1	20:34	00:00	00:08	20:42
176	3	2	20:27	00:12	00:10	20:49
178	1	1	20:49	00:00	00:08	20:57
179	1	1	20:57	00:00	00:08	21:05

180	1	1	21:06	00:00	00:08	21:14
181	2	2	21:12	00:00	00:08	21:20
182	1	1	21:24	00:00	00:08	21:32
183	3	2	21:26	00:00	00:10	21:36
184	2	1	21:30	00:02	00:08	21:40
185	2	2	21:34	00:02	00:08	21:44
186	3	2	21:34	00:10	00:10	21:54
187	1	1	21:53	00:00	00:08	22:01
188	1	1	22:23	00:00	00:08	22:31
189	2	2	22:27	00:00	00:08	22:35
190	1	1	22:35	00:00	00:08	22:43
191	1	1	22:49	00:00	00:08	22:57
192	2	2	22:55	00:00	00:08	23:03
193	1	1	23:04	00:00	00:08	23:12
194	3	2	23:05	00:00	00:10	23:15
195	2	1	23:10	00:02	00:08	23:20
196	1	2	23:19	00:00	00:08	23:27
197	1	1	23:32	00:00	00:08	23:40
198	2	2	23:38	00:00	00:08	23:46
199	2	1	23:42	00:00	00:08	23:50
200	2	2	23:46	00:00	00:08	23:54

F L U G H A F

CLOCK 1440 TIME OF LAST RESET 0

SNAP NO. 1

P R O C E S S E S

PROCESS CLASS	CURRENT NUMBER	AVERAGE NUMBER	MAXIMUM NUMBER	TOTAL STARTED	AVERAGE LIFETIME	O-AVERAGE LIFETIME	MAXIMUM LIFETIME	NO.OF ZERO LIFETIMES	UPON-UNITS ACTIVE START	TERMIN	HOLD
MODEL	0			1					NO	NO	NO
KONTROLLTURM	1	1.000	1	1	1440.000	1440.000	1440	0	NO	NO	NO
LANDEN	2	1.206	2	202	8.599	8.599	10	0	NO	NO	NO
ANKUENFTE	1	1.000	1	1	1440.000	1440.000	1440	0	NO	NO	NO

E N T I T I E S

ENTITY CLASS	CURRENT NUMBER	AVERAGE NUMBER	MAXIMUM NUMBER	TOTAL CREATED	AVERAGE LIFETIME	O-AVERAGE LIFETIME	MAXIMUM LIFETIME	NO.OF ZERO LIFETIMES	UPON-UNITS ACTIVE CREATE	DESTROY
FLUGZEUG	2	1.784	7	202	12.718	12.718	56	0	NO	NO

L I S T S

LIST NAME	CURRENT CONTENTS	AVERAGE CONTENTS	MAXIMUM CONTENTS	TOTAL INSERTED	AVERAGE TIME SPENT	O-AVERAGE TIME SPENT	MAXIMUM TIME SPENT	NO.OF ZERO TIME SPENT	UPON-UNITS ACTIVE INSERT	REMOVE
SCHLANGE	0	0.578	5	202	4.119	11.243	46	128	NO	NO

F L U G H A F

SNAP NO. 1

M O D E L S T A T U S

CLOCK 1440 TIME OF LAST RESET 0

CURRENT PROCESS MODEL

A C T I V E L I S T

E M P T Y

R E A D Y L I S T

E M P T Y

R E A D Y L I S T C L O C K P R O C E S S E S

E M P T Y

S C H E D U L E L I S T

PROCESS CLASS	SEQ.NO. IN CLASS	TYPE	STATUS	TIME LEFT	RANK	NOTIFIES WAITED FOR	ENC/CHANGES WAITED FOR	END-HOLDS DEPENDENT	TIME STARTED	SUBPROCESSES
ANKUENFTE	1		T	1	0	0	0	0	0	
LANDEN	201		T	2	0	0	0	0	1434	
LANDEN	202		T	5	0	0	0	0	1435	

H O L D L I S T

PROCESS CLASS	SEQ.NO. IN CLASS	TYPE	STATUS	TIME LEFT	RANK	NOTIFIES WAITED FOR	ENC/CHANGES WAITED FOR	END-HOLDS DEPENDENT	TIME STARTED	SUBPROCESSES
KONTROLLTURM	1		H	0	-1	1	0	0	0	

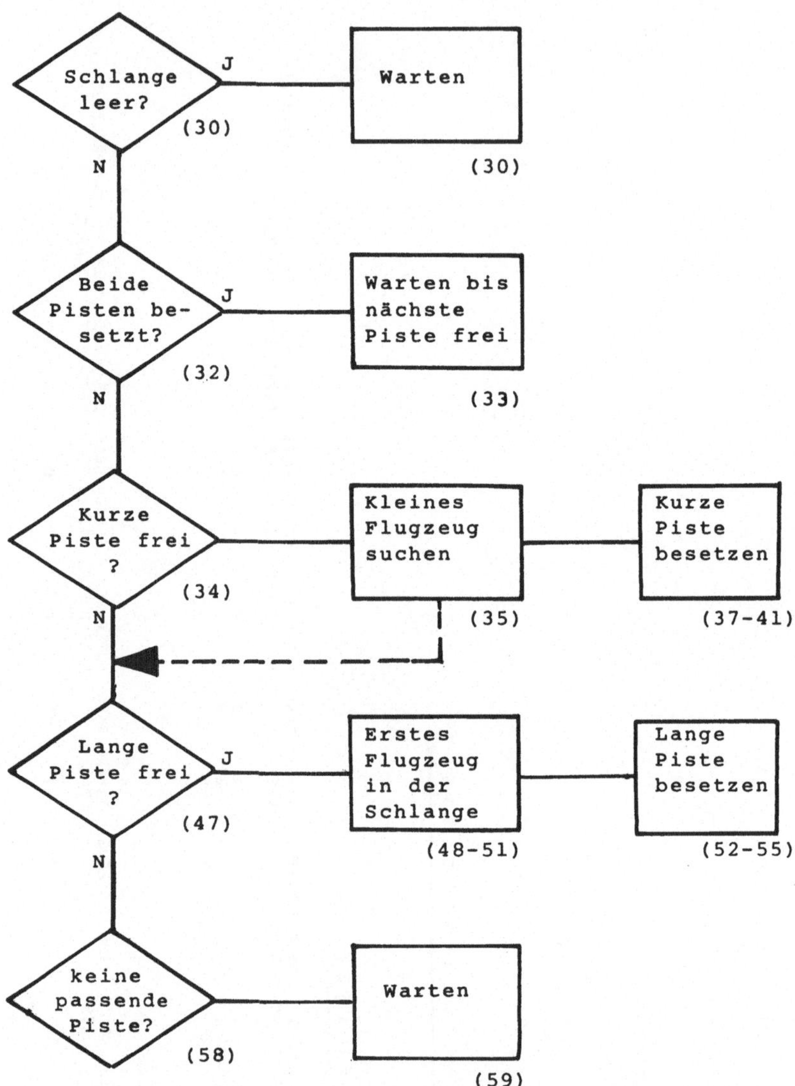

Abb. 1: KONTROLLTURM: BEHAVIOUR

Die Zahlen in Klammern beziehen sich auf die Statementnummern im Programm.

Erklärungen zum SIMPL/I Programm "Flughafen"

A 1-9 Deklarationen

Prozesse, Entities, Listen und Pointers sowie Hilfsvariablen werden deklariert.

A 10-15 Hauptprogramm

"START ANKUENFTE" und "START KONTROLLTURM" starten diese Prozesse für unbestimmte Zeit. Die Dauer der Simulation wird durch TAKE(1440) auf 24 Std. beschränkt und mit TERMINATE wieder gestoppt.

A 16-28 Prozess ANKUENFTE

In diesem Prozess wird jeweils nach einer bestimmten Zeit (NEGEXP(12,7)) ein Flugzeug erzeugt (18).

In den Anweisungen 19 und 20 wird daraufhin die Nummer des neuen Flugzeuges bestimmt. Der Typ wird entsprechend einer Zufallszahl aus einem zwischen 1 und 3 gleichverteilten ZZ-Strom berechnet (20,21).

Die in Anweisungen 22-24 berechnete Landezeit richtet sich nach dem eben bestimmten Typ der Maschine. Gleichzeitig wird auch noch der Beginn der Landung in die Variable LBEG eingetragen (25).
Das Flugzeug wird dann in die Warteschlange eingereiht (26). Dem Kontrollturm wird noch mitgeteilt, dass ein Flugzeug im Anflug ist (27).

Nachdem der Prozess ANKUENFTE nicht mit dem Befehl TERMINATE aufhört, beginnt er automatisch (noch in derselben Zeiteinheit) von neuem.

A 29-61 Prozess KONTROLLTURM

Der Prozess KONTROLLTURM übernimmt das Einweisen der ankommenden Flugzeuge gemäss der Logik in Abb.1.
Ist kein Flugzeug in der Warteschlange, so wird gewartet (30) bis eine Meldung vom Prozess ANKUENFTE eintrifft.
Ist die Warteschlange nicht leer, so wird geprüft, ob

beide Pisten besetzt sind (32). Trifft dies zu, so kann gewartet werden bis die erste der beiden frei wird (33), um dann die weiteren Prüfungen vorzunehmen.

Ist mindestens eine der beiden Pisten frei und ist die Schlange nicht leer, so kann in der Ausführung des Prozesses unverzüglich weitergefahren werden. Zuerst wird untersucht, ob die kurze Piste frei ist (34); wenn ja, so wird die Warteschlange nach einem kleinen Flugzeug abgesucht (35). Sobald eines gefunden wird (36), kann diesem die Landebahn zugeteilt werden (37-39) und die Landung kann beginnen (40-41). Wenn sich nun nach dieser ersten Kontrolle noch immer ein Flugzeug im Warteraum aufhält (44-45), so ist dies ein Zeichen, dass es sich entweder um ein grosses Flugzeug handelt oder, dass die kleine Piste nicht frei war. Es muss jetzt untersucht werden, ob die grosse Piste frei ist (47). Ist dies der Fall, so wird dem erstbesten Flugzeug (first in first out) die Piste zugeteilt (51-53). Die Landung kann wiederum beginnen (54-55). Nun bleibt noch ein Test zu machen: Es kann sein, dass die Kontrolle unternommen wurde, weil die kurze Piste frei geworden ist, sich aber im Warteraum nur ein grosses Flugzeug befindet. Es wird dann gewartet, bis zur nächsten 'Uhrfortschaltung', d.h. bis irgend etwas passiert; also bis entweder ein Flugzeug (vielleicht ein kleines) ankommt oder bis die grosse Piste frei wird (58-59).

A 62-69 Prozess LANDEN

Zuerst wird das Flugzeug aus der Warteschlange entfernt (63). Daraufhin wird die Ausführung des Prozesses aufgehalten, bis die Landezeit abgelaufen ist (64). Es bleiben noch die statistischen Angaben, welche jedes Flugzeug mit sich trägt, auszuwerten und auszudrucken (66), die Piste freizugeben (65) und das Flugzeug zu 'verschrotten' (67). Da der Prozess 'LANDEN' für jedes Flugzeug separat gestartet wird, müssen wir ihn nach der Ausführung mit TERMINATE beenden, da er sonst automatisch wieder von vorne beginnen würde.

A 70-75 Procedure ZEIT

In dieser Procedure werden Minuten in Stunden und Minuten umgerechnet.

3.5. Simulationshilfsmittel

Mit der Verfügbarkeit mehrerer spezieller Simulationssprachen stellt sich sofort auch die Frage nach der zur Lösung eines bestimmten Problems am besten geeigneten Sprache. In verschiedenen Untersuchungen [10] wurden die einzelnen Simulationssprachen charakterisiert und ihre Eignung zur Formulierung bestimmter Problemstellungen untersucht. Der praktische Nutzen solcher Untersuchungen ist aber leider oft beschränkt, weil auf den Anlagen, auf welchen die Programme schlussendlich ausgeführt werden sollen, nicht unbedingt die am besten geeigneten Sprachen verfügbar sind.

Diese Einschränkung wie auch der Wunsch nach grösserer Flexibilität und Unabhängigkeit, sowie nach der Möglichkeit, Simulationsmodelle von der Programmiersprache her wirklich massgeschneidert zu implementieren, führten schliesslich zum Aufbau von Hilfssystemen. Dies sind Sammlungen von Prozeduren, die wie normale Unterprogramme aufgerufen werden können. In einem Handbuch wird das Basiskonzept erklärt und die Regeln für den Gebrauch der Hilfsroutinen festgelegt.

Für die Auslegung von Hilfssystemen hat sich das SIMULA Prozesskonzept als speziell geeignet erwiesen; es diente deshalb auch als Basis für mehrere in der Praxis erprobten Entwicklungen [11], [12].

Es ist nicht die Absicht im Rahmen dieser Arbeit im Detail auf Hilfssysteme einzutreten. Für deren Studium sei zum Beispiel auf SIM [11] und ganz speziell auf MOSIM [12] verwiesen. MOSIM ist zur Zeit sicher als eines der fortgeschrittensten Konzepte zu betrachten, welches auch den Einbau von Entscheidungstabellen und die Durchführung von interaktiven Simulationen erlaubt.

3.6. Ein Simulationskonzept auf der Basis von PL/I

Im Abschnitt 3.5. wurden die Gründe für den Aufbau von Simulations-Hilfsprogrammen dargelegt, und es wurde auf die Konzepte SIM und MOSIM hingewiesen. Es hat sich dabei gezeigt, dass der Programmierer bei SIM und bei MOSIM sowohl die Flexibilität von allgemeinen höheren Programmiersprachen ausnützen kann, als auch über eine Sammlung von Steuer- und Grundmodulen verfügt, welche die für Simulationsaufgaben typischen Operationen beschreiben. Hier soll nun ein weiteres Simulationskonzept gezeigt werden, das auf der Basis von PL/I beruht.

Die schon mit GPSS und SIMPL/I realisierte Flughafenaufgabe wird nun in PL/I programmiert, wobei grundsätzlich nach gleichen Ueberlegungen vorgegangen wird, wie sie in SIM [11] und MOSIM [12] dargelegt und verwirklicht sind. Der Aufbau lehnt sich ebenfalls an das Prozess-Konzept an, wobei hier sehr stark vom Gruppenkonzept und von dazu sehr geeigneten, guten Möglichkeiten der Listenverarbeitung in PL/I Gebrauch gemacht wird. Für die für den Ablauf der Simulation spezifischen Teile wurden wiederum spezielle Module in Form von jederzeit aufrufbaren Prozeduren verwendet. Diese kontrollieren vor allem den Zeitablauf, die Verknüpfung von Elementen und ihre Zugehörigkeit zu Mengen sowie die Erzeugung von Zufallszahlen und die Aufbereitung von Statistiken.

Die bei der vorliegenden Flugplatzsimulation eingesetzten Module sind nicht für diese Aufgabe erstellt worden. Sie stammen aus einer Bibliothek, welche für andere Simulationsmodelle ebenfalls verwendet wird. Es hat sich hier aber wiederum gezeigt, dass bei der Beherrschung einer sauberen Programmiertechnik in einer geeigneten höheren Programmiersprache und unter Verwendung von Standardmodulen Simulationsmodelle in Bezug auf Laufzeit sehr effizient und mit einem im Vergleich zu eigentlichen Simulationssprachen bedeutend geringeren Speicheraufwand verwirklicht werden können.

Ue 3.6 Für die in Uebung 3.2 beschriebene Aufgabe (Flughafen) soll eine Lösung basierend auf PL/I realisiert werden.

Flughafenmodell

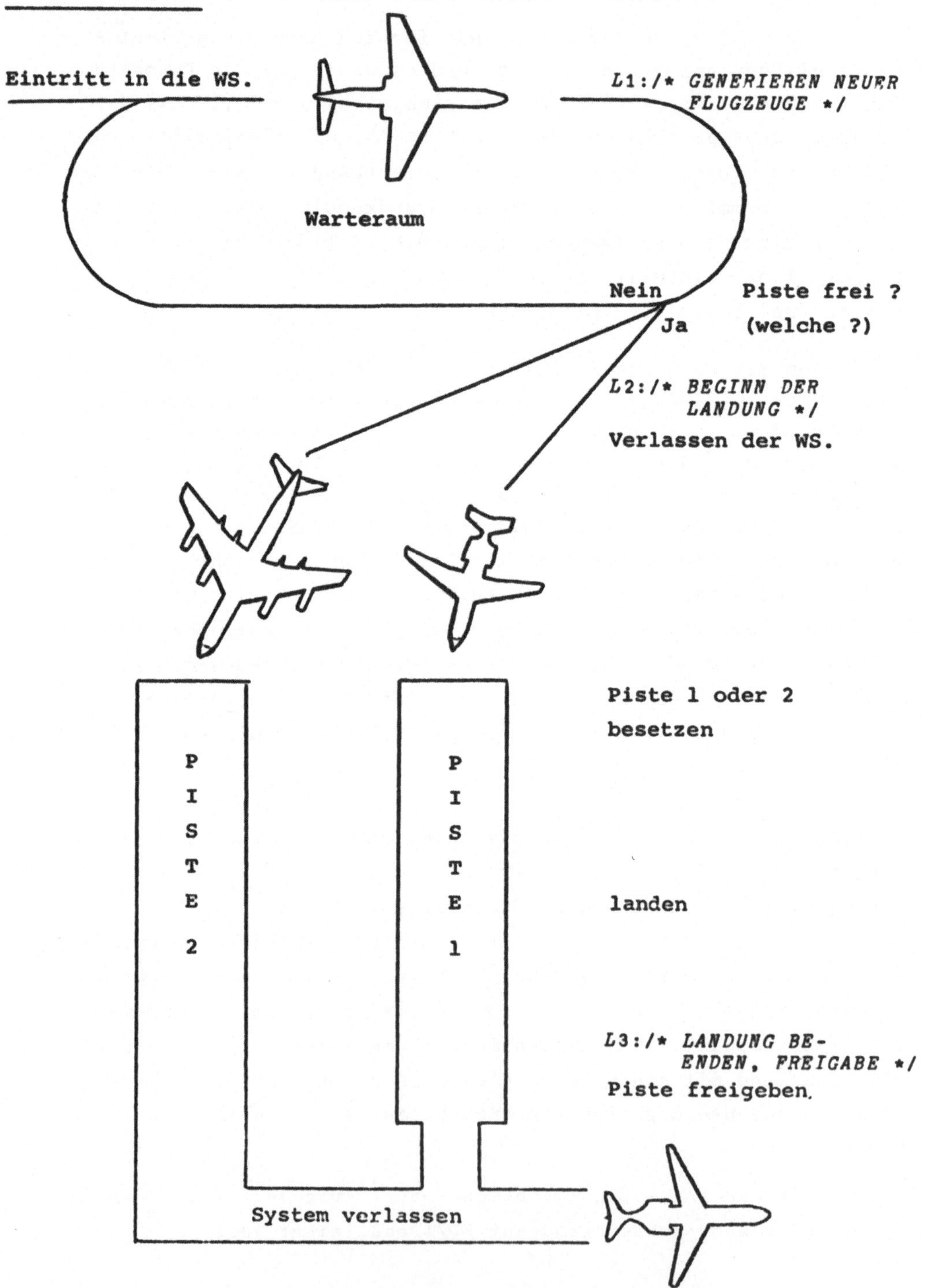

SOURCE LISTING

```
STMT LEV NT

             /* FLUGPLATZSIMULATION --- UEBUNG */                                      00000070
   1      0  FLUGPL: PROC OPTIONS(MAIN) REORDER;                                       00000080

   2   1  0  DCL 1  FLUGZ(0:11) STATIC,                     /* DEKLARATIONEN    */00000090
                   2(SORT,                                                             00000100
                     SUCC,                                                             00000110
                     NR,                                                               00000120
                     LPLAN,                                                            00000130
                     LEFF,                                                             00000140
                     LZEIT,                                                            00000150
                     LABEL,                                                            00000160
                     TYP,                                                              00000170
                     PIST_FL)  BIN FIXED (15) ;                                        00000180

   3   1  0  DCL PISTE (1:2)    BIN FIXED (15) STATIC;                                 00000190
   4   1  0  DCL LBL(4) LABEL (L1,L2,L3,L4) INIT (L1,L2,L3,L4);                        00000200
   5   1  0  DCL BIT BIT(1);                                                           00000210
   6   1  0  DCL (I,J,TIME,SUC_1,SUC_2) BIN FIXED (15) STATIC;                         00000220
   7   1  0  DCL (NZ,MAX,DIF,SUM) BIN FIXED(15) INIT(0) STATIC;                        00000230
   8   1  0  DCL R               DEC FLOAT (6)  STATIC;                                00000240

   9   1  0  DCL 1  FUNCTION(1) STATIC,                                                00000250
                  2 WE          BIN FIXED (15),                                        00000260
                  2 X(10)       DEC FLOAT (10),                                        00000270
                  2 Y(10)       DEC FLOAT (10);                                        00000280
  10   1  0  FLUGZ=0;                                                                  00000290
  11   1  0  SORT(0)=-32767;                                                           00000300
  12   1  0  SUCC(0),LABEL(1)=1;                                                       00000310
  13   1  0  PISTE(1),PISTE(2)=0;                                                      00000320

  14   1  0  GET EDIT (WE(1),(X(1,J),Y(1,J) DO J=1 TO WE(1)))(COL(1),21(F(3)));        00000330

  15   1  0  PUT EDIT('    FLUGNR      TYP      PISTE     L.BEG     VERZOEG     LZEIT', 00000340
             '     DOWN') (SKIP(4),A,A);                                               00000350

             /***** BEGINN DER SIMULATION                                      *****/00000360

  16   1  0  L1: /* GENERIEREN NEUER FLUGZEUGE */                                      00000370
                 TIME=SORT(1);                             /* ZEIT BESTIMMEN    */00000380
  17   1  0      IF TIME>1440                              /* ENDBEDINGUNG      */00000390
                 THEN GOTO LBL(4);                         /* 24:00 UHR         */00000400
  18   1  0      BIT='1'B;                                                             00000410
  19   1  0      DO I=2 TO 11 WHILE (BIT);                 /* SUCHEN EINES LEE-*/00000420
  20   1  1        IF SORT(I)=0                            /* REN LISTENPLATZES*/00000430
                   THEN DO;                                                            00000440
  21   1  2              SORT(I),LPLAN(I)=TIME;            /* LANDEZEIT         */00000450
  22   1  2              TYP=FUN(I);                       /* TYP: 1,2 ODER 3   */00000460
  23   1  2              IF TYP(I)=3                       /* LANDEZEIT BE-     */00000470
                         THEN LZEIT(I)=10;                 /* STIMMEN : 10 MIN  */00000480
  24   1  2              ELSE LZEIT(I)=8;                  /* BZW.       8 MIN  */00000490
  25   1  2              NR(1),NR(I)=NR(1)+1;              /* KURSNUMMER        */00000500
  26   1  2              LABEL(I)=2;                       /* NACHSTER SPRUNG   */00000510
  27   1  2              CALL SRTIN;                       /* FL.EINSORTIEREN   */00000520
```

```
PL/I OPTIMIZING COMPILER        /* FLUGPLATZSIMULATION --- UEBUNG */                                  PAGE   3

  STMT LEV NT

    28   1  2             BIT='0'B;                                                         00000530
    29   1  2           END;                                                                00000540
    30   1  1       END;                                                                    00000550
    31   1  0       IF BIT                                           /* KEIN LISTENPLATZ */00000560
                    THEN PUT EDIT ('AT ',ZEIT(TIME),'-> 10 FLUGZEUGE WARTEN,',              00000570
                    'WEITERE MASCHINEN ABGEWIESEN')(COL(1),COL(60),A,A(5),A,A);             00000580
    32   1  0       SORT(1)=SORT(1)+NEGEXP(7);                       /* ZEITPUNKT FUER    */00000590
    33   1  0       CALL SRT;                                        /* GENERIERUNG DES   */00000600
    34   1  0       GO TO LBL(LABEL(SUCC(0)));                       /* NAECHSTEN FLUGZ.  */00000610

    35   1  0  L2:  /* BEGINN DER LANDUNG */                                                00000620
                    I=SUCC(0);                                                              00000630
    36   1  0       TIME=SORT(I);                                                           00000640
    37   1  0       IF TYP(I)<3                                      /* KLEINES FLUGZEUG?*/00000650
                    THEN IF PISTE(1)=0                               /* KURZE PISTE FREI?*/00000660
                         THEN DO;                                    /* JA, DANN...LANDEN*/00000670
    38   1  1                 PISTE(1)=I;                            /* PISTE BESETZEN    */00000680
    39   1  1                 PIST_FL(I)=1;                          /*                   */00000690
    40   1  1                 LABEL(I)=3;                            /* NAECHSTER SPRUNG */00000700
    41   1  1                 LEFF(I)=TIME;                          /* PLANZEIT          */00000710
    42   1  1                 SORT(I)=SORT(I)+LZEIT(I);              /* LANDEZEIT ADD.    */00000720
    43   1  1               END;                                                            00000730
    44   1  0       IF PISTE(2)=0                                    /* LANGE PISTE FREI?*/00000740
                      & PIST_FL(I)=0                                 /* U.FLUGZ. WARTET ?*/00000750
                    THEN DO;                                                                00000760
    45   1  1             PISTE(2)=I;                                /* PISTE BESETZEN    */00000770
    46   1  1             PIST_FL(I)=2;                              /*                   */00000780
    47   1  1             LABEL(I)=3;                                /* NAECHSTER SPRUNG */00000790
    48   1  1             LEFF(I)=TIME;                              /* PLANZEIT          */00000800
    49   1  1             SORT(I)=SORT(I)+LZEIT(I);                  /* LANDEZEIT ADD.    */00000810
    50   1  1           END;                                                                00000820
    51   1  0       ELSE IF PIST_FL(I)=0                                                    00000830
                         THEN IF TYP(I)=3|                           /* LANDEN SOBALD DIE*/00000840
                                 SORT(PISTE(2))<SORT(PISTE(1))       /* ENTSPRECHENDE     */00000850
                              THEN SORT(I)=SORT(PISTE(2));           /* PISTE FREI IST    */00000860
    52   1  0                 ELSE SORT(I)=SORT(PISTE(1));           /* PISTE 2 BZW 1     */00000870
    53   1  0       CALL SRT;                                                               00000880
    54   1  0       GO TO LBL(LABEL(SUCC(0)));                                              00000890

    55   1  0  L3:  /* LANDUNG BEENDEN, FREIGABE DES LISTENPLATZES */                       00000900
                    I=SUCC(0);                                                              00000910
    56   1  0       TIME=SORT(I);                                                           00000920
    57   1  0       DIF=LEFF(I)-LPLAN(I);                            /* VERZOEGERUNG      */00000930
    58   1  0       IF DIF>0                                         /* STATISTIK -       */00000940
                    THEN DO;                                         /* BERECHNUNG        */00000950
    59   1  1             NZ=NZ+1;                                                          00000960
    60   1  1             SUM=SUM+DIF;                                                      00000970
    61   1  1             IF DIF>MAX                                                        00000980
                          THEN MAX=DIF;                                                     00000990
    62   1  1           END;                                                                00001000
    63   1  0       PUT EDIT (NR(I),TYP(I),PIST_FL(I),               /* PRINTOUT          */00001010
                    ZEIT(LPLAN(I)),ZEIT(DIF),ZEIT(LZEIT(I)),ZEIT(TIME))                     00001020
                    (COL(1),F(7),2(F(10)),4(X(5),A(5)));                                    00001030
    64   1  0       PISTE(PIST_FL(I))=0;                             /* FLGZ.LOESCHEN     */00001040
    65   1  0       SUCC(0)=SUCC(I);                                                        00001050
    66   1  0       NR(I),SUCC(I),SORT(I),LPLAN(I),LEFF(I),PIST_FL(I),TYP(I),               00001060
```

```
 STMT LEV NT

              LZEIT(I)=0;                                                                  00001070
   67   1  0      GO TO LBL(LABEL(SUCC(0)));                                               00001080

   68   1  0  L4: /* QUEUE - STATISITK */                                                  00001090
                  PUT EDIT ('QUEUE - STATISTIK','------------------','')                  00001100
                           (PAGE,A,SKIP(1),A,SKIP(4),A);                                   00001110
   69   1  0      PUT EDIT (NR(1)-NZ,'FLUGZEUGE MUSSTEN NICHT WARTEN')(R(F1));             00001120
   70   1  0      PUT EDIT (NZ,'FLUGZEUGE MUSSTEN WARTEN')(R(F1));                         00001130
   71   1  0      PUT EDIT (ZEIT(MAX),'MAXIMALE WARTEZEIT')(R(F2));                        00001140
   72   1  0      PUT EDIT (ZEIT(SUM),'TOTALE WARTEZEIT')(R(F2));                          00001150
   73   1  0      PUT EDIT (ZEIT(SUM/NR(1)),'DURCHSCHNITTLICHE WARTEZEIT')(R(F2));         00001160
   74   1  0      PUT EDIT (ZEIT(SUM/NZ),'DURCHSCHNITTLICHE NZ WARTEZEIT')(R(F2));         00001170
   75   1  0  F1:FORMAT(SKIP(2),F(5),X(2),A);                                              00001180
   76   1  0  F2:FORMAT(SKIP(2),A(5),X(2),A);                                              00001190

              /*****                                            SUBROUTINEN ******/00001200
              /*                                                -----------       */00001210

              /*** EINSORTIEREN NEUER ELEMENTE                                      */00001220

   77   1  0  SRTIN: PROCEDURE;                                                            00001230
   78   2  0      DCL (NEU,LAST) BIN FIXED (15);                                           00001240
   79   2  0      NEU=I;                                                                   00001250
   80   2  0      LAST=0;                                                                  00001260
   81   2  0      SUC_1=SUCC(0);                                                           00001270
   82   2  0      DO WHILE (SORT(SUC_1)<=SORT(NEU)&(SUC_1¬=0));                            00001280
   83   2  1        LAST=SUC_1;                                                            00001290
   84   2  1        SUC_1=SUCC(SUC_1);                                                     00001300
   85   2  1      END;                                                                     00001310
   86   2  0      IF SUC_1¬=0                                                              00001320
                  THEN SUCC(NEU)=SUC_1;                                                    00001330
   87   2  0      SUCC(LAST)=NEU;                                                          00001340
   88   2  0  END SRTIN;                                                                   00001350

              /*** UMSORTIEREN NACH ZEITWECHSEL BEIM 1. ELEMENT                     */00001360

   89   1  0  SRT: PROCEDURE;                                                              00001370
   90   2  0      IF SORT(SUCC(SUCC(0)))<=SORT(SUCC(0))                                    00001380
                  THEN DO;                                                                 00001390
   91   2  1              SUC_1=SUCC(0);                                                   00001400
   92   2  1              SUC_2=SUCC(SUC_1);                                               00001410
   93   2  1              SUCC(0)=SUC_2;                                                   00001420
   94   2  1              DO WHILE (SORT(SUC_1)>=SORT(SUCC(SUC_2))&(SUCC(SUC_2)¬=0));      00001430
   95   2  2                SUC_2=SUCC(SUC_2);                                             00001440
   96   2  2              END;                                                             00001450
   97   2  1              SUCC(SUC_1)=SUCC(SUC_2);                                         00001460
   98   2  1              SUCC(SUC_2)=SUC_1;                                               00001470
   99   2  1            END;                                                               00001480
  100   2  0   END SRT;                                                                    00001490

              /***                                              FUNKTIONEN         */00001500

              /***                                              ZUFALLSZAHLEN      */00001510
  101   1  0  (NOFOFL):                                                                    00001520
              RANDU: PROCEDURE RETURNS(DEC FLOAT(10));                                     00001530
  102   2  0      DCL IY BIN FIXED (31) INIT (135797) STATIC;                              00001540
```

```
PL/I OPTIMIZING COMPILER        /* FLUGPLATZSIMULATION --- UEBUNG */                                PAGE   5

   STMT LEV NT

   103   2  0       IY=IY*65539;                                                         00001550
   104   2  0       IF IY<0                                                              00001560
                    THEN IY=IY+2147483647+1;                                             00001570
   105   2  0       RETURN(IY*.4656613E-9);                                              00001580
   106   2  0   END RANDU;                                                               00001590

                /*** MITTELS ZUFALLSZAHLEN WERDEN WERTE AUS DER INP.FUNC.INTERPOLIERT*/00001600
   107   1  0   FUN: PROCEDURE(Z) RETURNS(BIN FIXED(15));                                00001610
   108   2  0       R=RANDU;                                                             00001620
   109   2  0       DO I1=1 TO 10 WHILE(X(Z,I1)<R&X(Z,I1)<=1);                           00001630
   110   2  1       END;                                                                 00001640
   111   2  0       RETURN((Y(Z,I1-1)+(Y(Z,I1)-Y(Z,I1-1))*((R-X(Z,I1-1))/               00001650
                            (X(Z,I1)-X(Z,I1-1))))+1);                                    00001660
   112   2  0   END FUN;                                                                 00001670

                /*** BERECHNUNG DER NEGEXP FUNKTION                  NEGEXP          */ 00001680
   113   1  0   NEGEXP: PROCEDURE(M) RETURNS(BIN FIXED(15));                             00001690
   114   2  0       DCL M BIN FIXED (15);                                                00001700
   115   2  0       RETURN (-M*LOG(RANDU));                                              00001710
   116   2  0   END NEGEXP;                                                              00001720

                /***                                          ZEITUMRECHNUNG     */00001730
                /*                                                               */00001740
   117   1  0   ZEIT: PROCEDURE (M) RETURNS(CHAR(5));                                    00001750
   118   2  0       DCL M BIN FIXED(15)  ;                                               00001760
   119   2  0       DCL STRING CHAR(5) STATIC;                                           00001770
   120   2  0       PUT STRING(STRING) EDIT(FLOOR(M/60),':',MOD(M,60))(P'99',A,P'99'); 00001780
   121   2  0       RETURN (STRING);                                                     00001790
   122   2  0   END ZEIT;                                                                00001800
   123   1  0   END FLUGPL;                                                              00001810
```

FLUGNR	TYP	PISTE	L.BEG	VERZOEG	LZEIT	DOWN
1	1	2	00:00	00:00	00:10	00:10
2	3	1	00:06	00:00	00:08	00:14
3	3	2	00:11	00:00	00:08	00:19
4	2	2	00:16	00:03	00:10	00:29
5	3	2	00:26	00:03	00:10	00:39
6	3	1	00:40	00:00	00:08	00:48
7	1	2	00:40	00:00	00:08	00:48
8	1	1	00:51	00:00	00:08	00:59
9	1	2	00:55	00:00	00:08	01:03
10	3	1	00:58	00:01	00:08	01:07
11	3	1	01:07	00:00	00:08	01:15
12	2	2	01:13	00:00	00:08	01:21
13	3	2	01:24	00:00	00:10	01:34
16	2	1	01:33	00:00	00:08	01:41
14	1	2	01:25	00:09	00:10	01:44
15	1	1	01:26	00:18	00:10	01:54
17	1	2	01:36	00:08	00:10	01:54
19	3	2	01:50	00:04	00:08	02:02
18	3	1	01:36	00:18	00:10	02:04
20	1	2	01:53	00:09	00:10	02:12
23	1	1	02:10	00:00	00:08	02:18
21	2	2	01:58	00:14	00:10	02:22
22	1	1	02:04	00:14	00:10	02:28
24	2	2	02:13	00:09	00:08	02:30
25	3	1	02:29	00:00	00:08	02:37
26	3	2	02:31	00:00	00:08	02:39
27	2	1	02:31	00:06	00:08	02:45
28	2	2	02:36	00:03	00:08	02:47
30	3	1	02:42	00:03	00:08	02:53
29	1	2	02:37	00:10	00:10	02:57
33	3	1	02:51	00:02	00:08	03:01
32	3	2	02:51	00:06	00:10	03:07
31	2	1	02:48	00:13	00:08	03:09
34	3	2	02:55	00:12	00:08	03:15
36	2	1	03:16	00:00	00:08	03:24
35	3	2	03:01	00:14	00:10	03:25
37	1	2	03:23	00:02	00:08	03:33
39	2	1	03:27	00:00	00:08	03:35
38	3	2	03:24	00:09	00:10	03:43
40	3	1	03:39	00:00	00:08	03:47
41	3	2	03:45	00:00	00:08	03:53
42	1	2	03:48	00:05	00:10	04:03
43	2	1	03:57	00:00	00:08	04:05
44	2	2	04:03	00:00	00:08	04:11
45	3	1	04:18	00:00	00:08	04:26
46	3	2	04:20	00:00	00:08	04:28
47	2	1	04:21	00:05	00:08	04:34
48	1	2	04:30	00:00	00:08	04:38
49	3	1	04:31	00:03	00:08	04:42
50	2	2	04:38	00:00	00:08	04:46
51	3	1	04:41	00:01	00:08	04:50
52	3	2	04:48	00:00	00:08	04:56
53	2	2	04:54	00:02	00:10	05:06
54	1	1	04:59	00:00	00:08	05:07
55	2	1	05:17	00:00	00:08	05:25
56	1	1	05:36	00:00	00:08	05:44
57	3	2	05:39	00:00	00:10	05:49
58	1	1	05:51	00:00	00:08	05:59
59	2	2	05:58	00:00	00:08	06:06
60	3	2	06:08	00:00	00:10	06:18
61	3	2	06:15	00:03	00:10	06:28
62	2	1	06:34	00:00	00:08	06:42
63	1	2	06:37	00:00	00:08	06:45
64	1	1	06:39	00:03	00:08	06:50
65	2	2	06:42	00:03	00:10	06:55
66	2	1	06:44	00:06	00:08	06:58
68	3	2	06:48	00:07	00:10	07:05
69	2	1	06:56	00:02	00:08	07:06
67	3	2	06:48	00:17	00:08	07:13
70	1	1	07:18	00:00	00:08	07:26
71	1	2	07:18	00:00	00:10	07:28
73	2	1	07:20	00:06	00:08	07:34
72	3	2	07:20	00:08	00:08	07:36
74	2	1	07:37	00:00	00:08	07:45
75	3	2	07:42	00:00	00:10	07:52
77	3	1	07:48	00:00	00:08	07:56
76	2	2	07:42	00:10	00:10	08:02
80	3	1	08:00	00:00	00:08	08:08
78	3	2	07:50	00:12	00:08	08:10
79	2	1	07:50	00:18	00:10	08:18
81	3	2	08:02	00:08	00:08	08:18
82	3	1	08:06	00:12	00:08	08:26
83	1	2	08:13	00:05	00:08	08:26
84	1	1	08:24	00:02	00:08	08:34
85	1	2	08:26	00:00	00:08	08:34
86	2	1	08:48	00:00	00:08	08:56
87	1	2	08:48	00:00	00:10	08:58
88	3	1	08:48	00:08	00:08	09:04
89	3	2	08:49	00:09	00:08	09:06
91	1	1	09:02	00:02	00:08	09:12
90	2	2	08:55	00:11	00:08	09:14
92	1	2	09:08	00:06	00:10	09:24
93	3	2	09:21	00:03	00:10	09:34
94	3	1	09:37	00:00	00:08	09:45
95	3	2	09:37	00:00	00:08	09:45
96	2	2	09:42	00:03	00:10	09:55
97	3	1	09:49	00:00	00:08	09:57
98	2	2	09:49	00:06	00:08	10:03
99	3	1	10:20	00:00	00:08	10:28
100	1	2	10:20	00:00	00:10	10:30
101	3	2	10:25	00:05	00:10	10:40
103	1	1	10:33	00:00	00:08	10:41
104	1	1	10:41	00:00	00:08	10:49
102	2	2	10:26	00:14	00:10	10:50
105	1	1	10:43	00:06	00:08	10:57
106	1	1	11:01	00:00	00:08	11:09
107	2	2	11:03	00:00	00:08	11:11
108	3	2	11:27	00:00	00:10	11:37
109	3	2	11:46	00:00	00:10	11:56
110	3	1	11:52	00:00	00:08	12:00
111	3	2	11:58	00:00	00:10	12:08
112	1	1	12:17	00:00	00:08	12:25
113	2	2	12:18	00:00	00:08	12:26
114	3	1	12:23	00:02	00:08	12:33
115	1	2	12:26	00:00	00:08	12:34
116	2	2	12:28	00:06	00:10	12:44

117	2	1	12:39	00:00	00:08	12:47
118	1	1	12:48	00:00	00:08	12:56
119	3	2	12:59	00:00	00:10	13:09
120	1	1	13:04	00:00	00:08	13:12
121	2	2	13:09	00:00	00:10	13:19
122	3	2	13:16	00:03	00:10	13:29
124	3	1	13:30	00:00	00:08	13:38
123	1	2	13:20	00:09	00:10	13:39
125	3	2	13:33	00:06	00:10	13:49
126	2	2	13:47	00:02	00:10	13:59
127	1	1	13:53	00:00	00:08	14:01
128	3	2	14:12	00:00	00:10	14:22
129	1	1	14:20	00:00	00:08	14:28
130	2	1	14:40	00:00	00:08	14:48
131	1	2	14:40	00:00	00:08	14:48
133	2	1	14:48	00:00	00:08	14:56
132	1	2	14:48	00:00	00:10	14:58
134	2	1	14:59	00:00	00:08	15:07
135	2	2	15:00	00:00	00:08	15:08
136	2	1	15:04	00:03	00:08	15:15
137	2	2	15:04	00:04	00:08	15:16
138	1	2	15:09	00:07	00:10	15:26
139	2	1	15:24	00:00	00:08	15:32
141	2	1	15:34	00:00	00:08	15:42
140	1	2	15:34	00:00	00:10	15:44
142	1	1	15:41	00:01	00:08	15:50
143	1	2	15:49	00:00	00:08	15:57
144	3	1	15:54	00:00	00:08	16:02
145	2	2	15:55	00:02	00:08	16:05
147	3	1	16:14	00:00	00:08	16:22
146	3	2	16:14	00:00	00:10	16:24
148	2	1	16:21	00:01	00:08	16:30
149	2	1	16:31	00:00	00:08	16:39
150	1	1	16:53	00:00	00:08	17:01
151	2	2	16:56	00:00	00:10	17:06
152	3	1	17:03	00:00	00:08	17:11
154	2	1	17:12	00:00	00:08	17:20
153	3	2	17:11	00:00	00:10	17:21
156	1	1	17:12	00:08	00:08	17:28
159	3	2	17:17	00:04	00:10	17:31
157	2	1	17:13	00:15	00:08	17:36
160	2	2	17:19	00:12	00:10	17:41
155	2	1	17:12	00:24	00:08	17:44
158	1	2	17:16	00:25	00:08	17:49
161	1	1	17:31	00:13	00:10	17:54
164	2	2	17:35	00:14	00:10	17:59
162	2	1	17:31	00:28	00:08	18:07
163	2	2	17:34	00:25	00:10	18:09
165	2	1	17:44	00:23	00:10	18:17
166	2	2	17:59	00:10	00:08	18:17
167	1	1	18:20	00:00	00:08	18:28
168	2	2	18:21	00:00	00:10	18:31
169	2	1	18:24	00:04	00:08	18:36
170	1	2	18:24	00:07	00:08	18:39
171	3	1	18:25	00:11	00:08	18:44
172	2	2	18:37	00:02	00:08	18:47
173	1	1	18:50	00:00	00:08	18:58
174	2	2	18:50	00:00	00:08	18:58
175	1	1	18:50	00:08	00:08	19:06
176	3	2	19:23	00:00	00:10	19:33

177	3	2	19:28	00:05	00:10	19:43
179	3	1	19:56	00:00	00:08	20:04
178	3	2	19:55	00:00	00:10	20:05
180	1	1	20:03	00:01	00:08	20:12
181	3	2	20:04	00:01	00:08	20:13
182	1	1	20:13	00:00	00:08	20:21
183	2	2	20:16	00:00	00:08	20:24
184	1	2	20:20	00:04	00:10	20:34
186	3	1	20:29	00:00	00:08	20:37
185	3	2	20:25	00:09	00:10	20:44
187	2	1	20:34	00:03	00:08	20:45
189	2	1	20:45	00:00	00:08	20:53
188	3	2	20:39	00:05	00:10	20:54
190	2	1	20:46	00:07	00:08	21:01
191	3	2	20:53	00:01	00:08	21:02
192	3	2	21:02	00:00	00:10	21:12
193	1	2	21:09	00:03	00:10	21:22
194	2	1	21:15	00:00	00:08	21:23
195	2	2	21:21	00:01	00:08	21:30
196	3	1	21:36	00:00	00:08	21:44
197	2	2	21:37	00:00	00:08	21:45
198	3	2	21:45	00:00	00:10	21:55
199	1	1	21:57	00:00	00:08	22:05
200	2	1	22:06	00:00	00:08	22:14
201	2	1	22:16	00:00	00:08	22:24
202	2	1	22:28	00:00	00:08	22:36
203	2	1	22:39	00:00	00:08	22:47
205	1	1	22:48	00:00	00:08	22:56
204	3	2	22:47	00:00	00:10	22:57
206	1	2	22:57	00:00	00:10	23:07
207	3	2	22:59	00:08	00:10	23:17
208	2	1	23:12	00:00	00:08	23:20
209	3	2	23:15	00:02	00:08	23:25
210	1	1	23:15	00:05	00:08	23:28
211	3	2	23:24	00:01	00:10	23:35
213	3	1	23:30	00:00	00:08	23:38
212	3	2	23:24	00:11	00:10	23:45
214	3	1	23:33	00:05	00:08	23:46
215	1	2	23:40	00:05	00:08	23:53
216	2	1	23:44	00:02	00:08	23:54
217	2	2	23:46	00:07	00:08	24:01
221	2	1	23:56	00:00	00:08	24:04
218	3	2	23:46	00:15	00:10	24:11

QUEUE - STATISTIK
----

117 FLUGZEUGE MUSSTEN NICHT WARTEN

105 FLUGZEUGE MUSSTEN WARTEN

00:28 MAXIMALE WARTEZEIT

13:01 TOTALE WARTEZEIT

00:03 DURCHSCHNITTLICHE WARTEZEIT

00:07 DURCHSCHNITTLICHE NZ WARTEZEIT

Erläuterungen zum PL/I Programm "Flughafen"

Das Programm für die nach dem "next event" Prinzip ablaufende Simulation lässt sich aufteilen in:

1. Deklarationen
2. Generierung neuer Flugzeuge
3. Suchen einer freien Piste und Beginn der Landung
4. Beenden der Landung
5. Unterprogramme

In den Teilen 2 - 4 (Anweisungen 16-76) ist der eigentliche Simulationsablauf formuliert; diese Teile (Prozesse!) entsprechen den "Behaviour's" im früher erklärten SIMPL/I Programm.

Eine Tabelle (FLUGZ) enthält alle bekannten Elemente geordnet nach ihrem Ereigniszeitpunkt, und es wird jeweils das erste logische (Ereigniszeit) auf das Header-Element folgende Element bearbeitet. Dieses enthält einen Hinweis, welcher der Teile 2 - 4 auszuführen ist; es wird damit also auf die Abschnitte Generierung neuer Flugzeuge (L1, 16), Beginn Landung (L2, B5) oder Beenden der Landung (L3, 55) verwiesen.

Deklarationen

Die Flugzeugtabelle FLUGZ wird als Struktur deklariert. Das Tabellenelement mit dem Index 0 ist der Header, während das Element mit Index 1 die Generierung neuer Flugzeuge auslöst. Die Elemente 2 - 11 sind für Flugzeuge reserviert.

```
DCL 1  FLUGZ(0:11) STATIC,
       2 (SORT,
          SUCC,
          NR,
          LPLAN,
          LEFF,
          LZEIT
          LABEL,
          TYP,
          PIST_FL) BIN FIXED(15);
```

SORT enthält den Wert, nach welchem das Flugzeug in der Zeitfolgeliste (Time Sequencing Set: TSS) einsortiert ist. Dies ist entweder der Wert der planmässigen Landung 'LPAN' oder der Zeitpunkt für die Beendigung der Landung 'LEFF + LZEIT', d.h. Zeitpunkt des effektiven Landebeginns + notwendige Landezeit.

SUCC enthält den Index des Elementes, dessen Ereigniszeitpunkt unmittelbar folgt. Die Zeitfolgeliste ergibt sich also durch Verknüpfung der Elemente über SUCC.

NR Flugzeugnummer (fortlaufend)

LABEL enthält den Hinweis auf den Teil (Generierung, Beginn der Landung, Ende der Landung), welcher für das Element durchzuführen ist.

TYP enthält Flugzeugtyp (1,2 oder 3)

PIST_FL enthält die benützte Piste.

Es folgen die Deklarationen für die zwei Pisten, der Labels einiger Hilfsvariablen und der Zufallsverteilung zur Bestimmung des Flugzeugtyps. (3-9)

Das Headerelement soll beim Sortieren immer am Anfang bleiben, sein "SORT-Begriff" wird darum auf den kleinstmöglichen Wert gesetzt (11). Die Variable LABEL des ersten Elements muss immer den Wert 1 haben, da dieses Element ja während der ganzen Simulation für das Generieren neuer Flugzeuge zuständig ist (SORT (1) enthält daher immer die "Ankunftszeit" des nächsten Flugzeuges).

Generierung neuer Flguzeuge

Jedes im System befindliche Flugzeug muss in der Tabelle FLUGZ eingetragen sein. Diese wird immer von "oben nach unten" aufgefüllt; die physische Reihenfolge der Eintragungen spielt keine Rolle, da die einzelnen Elemente ja durch Pointer (SUCC) miteinander verknüpft werden.

Wird ein leerer Tabellenplatz gefunden (20), so werden die Variablen des neuen Flugzeuges initialisiert (21-26). Da der Beginn der Landung sofort fällig ist, entspricht die momentane Modellzeit auch der planmässigen Landezeit. Schliesslich muss das Flugzeug in den "TSS eingeordnet" werden (27); da es sich um ein neues Element handelt, wird die Routine "SRTIN" aufgerufen.

Der Zeitpunkt der Generierung eines nächsten Flugzeuges wird abschliessend für das Element 1 bestimmt und der TSS geordnet (32-33). Das erste Element im TSS gibt nun über sein LABEL die Fortsetzung der Simulation an (34).

Beginn der Landung

Die für den Flugzeugtyp (37) geeignete und freie Piste wird ermittelt (38 ff.); wenn keine Piste frei ist, wird das Flugzeug verzögert (51-52), siehe Abb. 1.

Beenden der Landung

Bestimmen der charakteristischen Werte (57-62), Freigabe der Piste (64), Löschen des Flugzeuges (65) und Nullsetzen sämtlicher Variablen des gelandeten Flugzeuges (66).

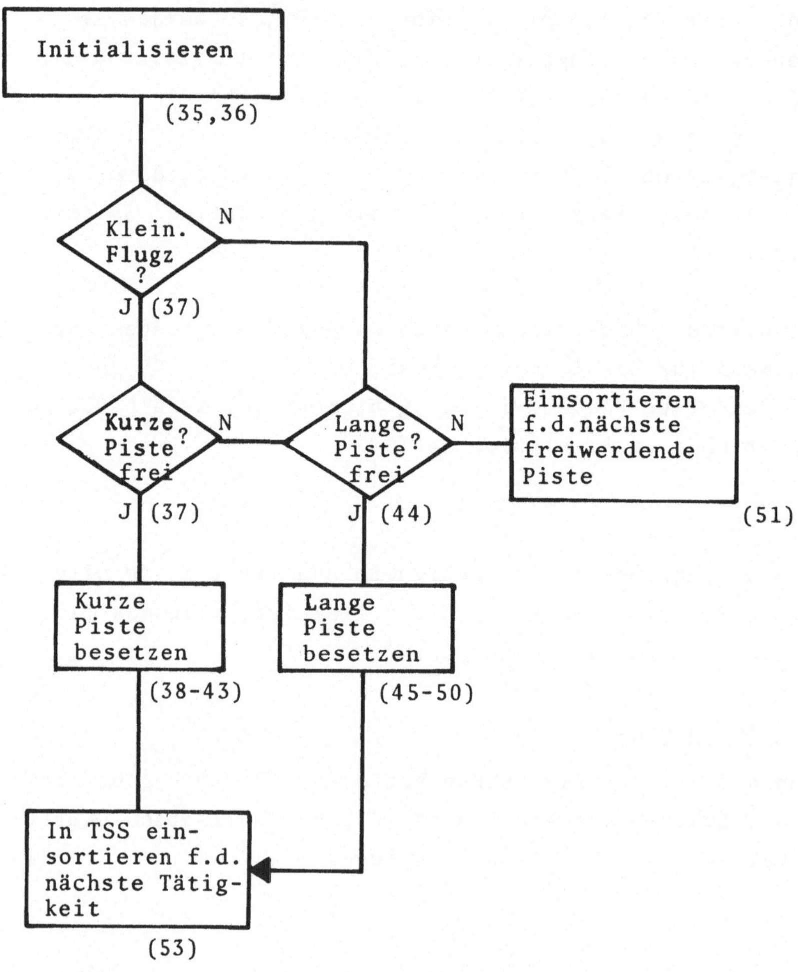

Die Zahlen in Klammern beziehen sich auf die Statements, durch welche die entsprechende Tätigkeit ausgeführt wird.

Abb.1: Block 2: Beginn der Landung

Es besteht die Möglichkeit, diese Flughafen-Aufgabe in PL/I ohne indizierte Variablen zu lösen, wenn man die Struktur 'FLUGZ' als BASED deklariert.

Der Vorteil dieser Lösung liegt darin, dass man sich nicht auf eine bestimmte, höchstmögliche Anzahl Flugzeuge beschränken muss (im vorangegangenen PL/I Programm waren es 10). Ausserdem läuft das Programm ohne indizierte Variablen bedeutend schneller. Allerdings setzt diese Lösung mehr PL/I Kenntnisse voraus.

SOURCE LISTING

```
 STMT LEV NT

                /* FLUGPLATZSIMULATION --- UEBUNG */                                 00000070
    1        0  FLUGPL: PROC OPTIONS(MAIN) REORDER;                                  00000080

    2    1   0  DCL 1  FLUGZ BASED,                           /* DEKLARATIONEN   */00000090
                      2 SUCC PTR,                                                    00000100
                      2(SORT,                                                        00000110
                        NR,                                                          00000120
                        LPLAN,                                                       00000130
                        LEFF,                                                        00000140
                        LZEIT,                                                       00000150
                        LABEL,                                                       00000160
                        TYP,                                                         00000170
                        PIST_FL)  BIN FIXED (15) ;                                   00000180

    3    1   0  DCL NULL BUILTIN;                                                    00000190
    4    1   0  DCL PISTE (1:2) PTR;                                                 00000200
    5    1   0  DCL LBL(4) LABEL (L1,L2,L3,L4) INIT (L1,L2,L3,L4);                   00000210
    6    1   0  DCL (HEAD,P) PTR;                                                    00000220
    7    1   0  DCL (I,J,TIME) BIN FIXED(15) STATIC;                                 00000230
    8    1   0  DCL (SUM,MAX,NZ,DIF) BIN FIXED(15) INIT(0) STATIC;                   00000240
    9    1   0  DCL R DEC FLOAT(6) STATIC;                                           00000250

   10    1   0  DCL 1  FUNCTION(1) STATIC,                                           00000260
                     2 WE          BIN FIXED (15),                                   00000270
                     2 X(10)       DEC FLOAT (10),                                   00000280
                     2 Y(10)       DEC FLOAT (10);                                   00000290

   11    1   0  ALLOCATE FLUGZ SET(HEAD);                                            00000300
   12    1   0  HEAD->SUCC=NULL;                              /*END PTR SETZEN   */ 00000310
   13    1   0  HEAD->SORT,HEAD->NR=0;                                               00000320
   14    1   0  HEAD->LABEL=1;                                                       00000330
   15    1   0  PISTE(1),PISTE(2)=NULL;                                              00000340

   16    1   0  GET EDIT (WE(1),(X(1,J),Y(1,J) DO J=1 TO WE(1)))(COL(1),21(F(3)));   00000350

   17    1   0  PUT EDIT('   FLUGNR      TYP      PISTE     L.BEG     VERZOEG    LZEIT',  00000360
                '     DOWN') (SKIP(4),A,A);                                          00000370

                /***** BEGINN DER SIMULATION                                   *****/00000380

   18    1   0  L1: /* GENERIEREN NEUER FLUGZEUGE */                                 00000390
                     TIME=HEAD->SORT;                         /* ZEIT BESTIMMEN   */00000400
   19    1   0       IF TIME>1440                             /* ENDBEDINGUNG     */00000410
                     THEN GOTO LBL(4);                        /* 24:00 UHR        */00000420
   20    1   0       ALLOCATE FLUGZ SET(P);                   /* FLUGZ ERZEUGEN   */00000430
   21    1   0       HEAD->NR,P->NR=HEAD->NR+1;               /* KURSNUMMER       */00000440
   22    1   0       HEAD->SORT=HEAD->SORT+NEGEXP(7);         /* GENERIERUNG DES  */00000450
   23    1   0       CALL SRT((HEAD));                        /* NAECHSTEN FLUGZ. */00000460
   24    1   0       P->SORT,P->LPLAN=TIME;                   /* LANDEZEIT        */00000470
   25    1   0       P->PIST_FL=0;                                                   00000480
   26    1   0       P->TYP=FLN(1);                                                  00000490
   27    1   0       IF P->TYP=3                              /* LANDEDAUER BE-   */00000500
                     THEN P->LZEIT=10;                        /* STIMMEN :#10 MIN */00000510
```

```
STMT LEV NT

  28   1  0       ELSE P->LZEIT=8;                              /* BZW.        8 MIN */
  29   1  0       P->LABEL=2;                                   /* NAECHSTER SPRUNG */
  30   1  0       CALL SRT(P);                                  /* EINSORTIEREN      */
  31   1  0       GO TO LBL(HEAD->LABEL);

  32   1  0  L2: /* BEGINN DER LANDUNG */
                  TIME=HEAD->SORT;
  33   1  0       IF HEAD->TYP<3                                /* KLEINES FLUGZEUG?*/
                  THEN IF PISTE(1)=NULL                         /* KURZE PISTE FREI?*/
                       THEN DO;                                 /* JA, DANN...LANDEN*/
  34   1  1                PISTE(1)=HEAD;                       /* PISTE BESETZEN   */
  35   1  1                HEAD->PIST_FL=1;                     /*                  */
  36   1  1                HEAD->LABEL=3;                       /* NAECHSTER SPRUNG */
  37   1  1                HEAD->LEFF=TIME;                     /* PLANZEIT         */
  38   1  1                HEAD->SORT=HEAD->SORT+8;             /* LANDEZEIT ADD.   */
  39   1  1             END;
  40   1  0       IF PISTE(2)=NULL                              /* LANGE PISTE FREI?*/
                    & HEAD->PIST_FL=0                           /* U.FLUGZ. WARTET ?*/
                  THEN DO;
  41   1  1             PISTE(2)=HEAD;                          /* PISTE BESETZEN   */
  42   1  1             HEAD->PIST_FL=2;                        /*                  */
  43   1  1             HEAD->LABEL=3;                          /* NAECHSTER SPRUNG */
  44   1  1             HEAD->LEFF=TIME;                        /* PLANZEIT         */
  45   1  1             HEAD->SORT=HEAD->SORT+HEAD->LZEIT;      /* LANDEZEIT ADDIER.*/
  46   1  1           END;
  47   1  0       ELSE IF HEAD->PIST_FL=0
                       THEN IF HEAD->TYP=3|                     /* LANDEN SOBALD DIE*/
                               PISTE(2)->SORT<PISTE(1)->SORT    /* ENTSPRECHENDE    */
                            THEN HEAD->SORT=PISTE(2)->SORT;     /* PISTE FREI IST   */
  48   1  0                 ELSE HEAD->SORT=PISTE(1)->SORT;     /* PISTE 2 BZW 1    */
  49   1  0       CALL SRT((HEAD));
  50   1  0       GO TO LBL(HEAD->LABEL);

  51   1  0  L3: /* LANDUNG BEENDEN, FREIGABE DES LISTENPLATZES */
                  TIME=HEAD->SORT;
  52   1  0       DIF=HEAD->LEFF-HEAD->LPLAN;
  53   1  0       IF DIF>0
                  THEN DO;
  54   1  1             NZ=NZ+1;
  55   1  1             SUM=SUM+DIF;
  56   1  1             IF DIF>MAX
                        THEN MAX=DIF;
  57   1  1           END;
  58   1  0       PUT EDIT(HEAD->NR,HEAD->TYP,HEAD->PIST_FL,    /* PRINTOUT          */
                  ZEIT(HEAD->LPLAN),ZEIT(DIF),ZEIT(HEAD->LZEIT),ZEIT(TIME))
                  (COL(1),F(7),2(F(10)),4(X(5),A(5)));
  59   1  0       PISTE(HEAD->PIST_FL)=NULL;                    /* FLUGZ. LOESCHEN  */
  60   1  0       P=HEAD;
  61   1  0       HEAD=HEAD->SUCC;                              /* ELEMENT WIRD GE- */
  62   1  0       FREE P->FLUGZ;                                /* LOESCHT          */
  63   1  0       GO TO LBL(HEAD->LABEL);

  64   1  0  L4: /* QUEUE - STATISTIK */
                  PUT EDIT('QUEUE - STATISTIK',(17)'-','')
                           (PAGE,A,SKIP(1),A,SKIP(4),A)
                           (HEAD->NR-NZ,'FLUGZEUGE MUSSTEN NICHT WARTEN')(R(F1))
```

```
STMT LEV NT

                        (NZ,'FLUGZEUGE MUSSTEN WARTEN')(R(F1))                          00001050
                        (ZEIT(MAX),'MAXIMALE WARTEZEIT')(R(F2))                         00001060
                        (ZEIT(SUM),'TOTALE WARTEZEIT')(R(F2))                           00001070
                        (ZEIT(SUM/HEAD->NR),'DURCHSCHNITTLICHE WARTEZEIT')(R(F2))       00001080
                        (ZEIT(SUM/NZ),'CURCHSCHNITTLICHE NZERC WARTEZEIT')(R(F2));      00001090
  65   1  0     F1:FORMAT(SKIP(2),F(5),X(2),A);                                         00001100
  66   1  0     F2:FCRMAT(SKIF(2),A(5),X(2),A);                                         00001110

            /*****                                              SUBROUTINEN ******/00001120
            /*                                                  -----------     */00001130

            /*** EINSORTIEREN                                                    */00001140

  67   1  0 SRT: PROCEDURE(PTR);                                                     00001150
  68   2  0     DCL (PTR,LAST,H) PTR;                                                00001160
  69   2  0     IF PTR->SORT<HEAD->SORT                                              00001170
                THEN DO;                                                             00001180
  70   2  1            PTR->SUCC=HEAD;                                               00001190
  71   2  1            HEAD=PTR;                                                     00001200
  72   2  1          END;                                                            00001210
  73   2  0     ELSE DO;                                                             00001220
  74   2  1            IF PTR=HEAC                                                   00001230
                       THEN IF HEAD->SUCC=NULL                                       00001240
                             THEN RETURN;                                            00001250
  75   2  1                  ELSE IF HEAC->SORT < HEAC->SUCC->SORT                   00001260
                                   THEN RETURN;                                      00001270
  76   2  1                        ELSE HEAD=HEAC->SUCC;                             00001280
  77   2  1            H=HEAD;                                                       00001290
  78   2  1            DO WHILE(PTR->SORT>=H->SORT & H¬=NULL);                       00001300
  79   2  2              LAST=H;                                                     00001310
  80   2  2              H=H->SUCC;                                                  00001320
  81   2  2            END;                                                          00001330
  82   2  1            LAST->SUCC=PTR;                                               00001340
  83   2  1            PTR->SUCC=H;                                                  00001350
  84   2  1          END;                                                            00001360
  85   2  0     RETURN;                                                              00001370
  86   2  0 END SRT;                                                                 00001380

            /***                                               FUNKTIONEN       */00001390

            /***                                               ZUFALLSZAHLEN    */00001400
  87   1  0 (NCFOFL):                                                                00001410
            RANDU: PROCEDURE RETURNS(DEC FLOAT(10));                                 00001420
  88   2  0     CCL IY BIN FIXED (31) INIT (135797) STATIC;                          00001430
  89   2  0     IY=IY*65539;                                                         00001440
  90   2  0     IF IY<0                                                              00001450
                THEN IY=IY+2147483647+1;                                             00001460
  91   2  0     RETURN(IY*.4656613E-9);                                              00001470
  92   2  0 END RANDU;                                                               00001480

            /*** MITTELS ZUFALLSZAHLEN WERDEN WERTE AUS DER INP.FUNC.INTERPOLIERT*/00001490
  93   1  0 FUN: PROCEDURE(Z) RETURNS(BIN FIXED(15));                                00001500
  94   2  0     R=RANCU;                                                             00001510
  95   2  0     CO I1=1 TO 10 WHILE(X(Z,I1)<R&X(Z,I1)<=1);                           00001520
  96   2  1     END;                                                                 00001530
  97   2  0     RETURN((Y(Z,I1-1)+(Y(Z,I1)-Y(Z,I1-1))*((R-X(Z,I1-1))/               00001540
```

```
PL/I OPTIMIZING COMPILER        /* FLUGPLATZSIMULATION --- UEBUNG */                                   PAGE   5

   STMT LEV NT

                              (X(Z,I1)-X(Z,I1-1)))+1);                                          00001550
     98   2  0  END FUN;                                                                        00001560

                /*** BERECHNUNG DER NEGEXP FUNKTION                     NEGEXP               */ 00001570
     99   1  0  NEGEXP: PROCEDURE(M) RETURNS(BIN FIXED(15));                                    00001580
    100   2  0      DCL M BIN FIXED (15);                                                       00001590
    101   2  0      RETURN (-M*LOG(RANDU));                                                     00001600
    102   2  0  END NEGEXP;                                                                     00001610

                /***                                                    ZEITUMRECHNUNG    */00001620
                /*                                                                        */00001630
    103   1  0  ZEIT: PROCEDURE (M) RETURNS(CHAR(5));                                          00001640
    104   2  0      DCL M BIN FIXED(15)   ;                                                     00001650
    105   2  0      DCL STRING CHAR(5) STATIC;                                                  00001660
    106   2  0      PUT STRING(STRING) EDIT(FLOOR(M/60),':',MOD(M,60))(P'99',A,P'99'); 00001670
    107   2  0      RETURN (STRING);                                                            00001680
    108   2  0  END ZEIT;                                                                       00001690
    109   1  0  END FLUGPL;                                                                     00001700
```

Der Vollständigkeit halber sei zum Schluss noch das MOSIM-Programm für das in Uebung 3.2 beschriebene Problem angeführt. Der von diesem Programm generierte Output ähnelt demjenigen, der vorher beschriebenen PL/I Programme und wurde darum weggelassen. Die Statistik über den Gebrauch der Warteschlangen - in diesem Modell sind es deren zwei - wird wie im GPSS und SIMPL/I automatisch ausgedruckt. Besondere Beachtung verdient die Prozedur 'KONTROLLTURM'. Zur Formulierung der Kriterien, wann und wo wieder ein Flugzeug landen kann, wurden Entscheidungstabellen verwendet. Die Uebersicht wird dadurch erhöht und das Verständnis des Programms erleichtert.

```
/**********************
 *                    *
 *  MOSIM - PROGRAMM  *
 *                    *
 **********************/

FLUGPL: PROC OPTIONS(MAIN);
DEFAULT RANGE(A:Z) STATIC;
%INCLUDE SIMBAS;
%INCLUDE QUEUE;

DCL 1 FLUGZ BASED(@BASPTR),
      2 TYP            BIN FIXED(15),
      2 PISTENLAENGE   BIN FIXED(15),
      2 LPLAN          BIN FIXED(15),
      2 LEFF           BIN FIXED(15),

      KURZ             BIN FIXED(15) INIT(1),
      LANG             BIN FIXED(15) INIT(2),
      PISTE(2)         BIT(1),

      LANDEZEIT(3)     BIN FIXED(15) INIT(8,8,10),
      GROESSE(3)       BIN FIXED(15) INIT(1,1,2),

      FREI             BIT(1) INIT('0'B),
      BESETZT          BIT(1) INIT('1'B),
      CODE             BIT(1) INIT('0'B);

PISTE(1)=FREI;
PISTE(2)=FREI;
@TSS=NEWLINK(GENERIEREN,NULL);

DO WHILE(@TIME<=1440);
  @TIME=@REACT;
  CALL @NEXT_ACT;
  CALL KONTROLLTURM;
END;
CALL QSTA;

GENERIEREN: PROC;
    IF ^QVOID(0) THEN @TSS = QOUT(0,@FIRST);
    ELSE DO;
      ALLOC FLUGZ;
      @TSS=NEWLINK(@DUMMY,@BASPTR);
    END;
    @REACT=@TIME;
    TYP=RANDIS(1,3);
    LPLAN=@TIME;
    @TSS = QIN(GROESSE(TYP),@LAST);
    @TSS=HOLD((-7)*LOG(RANDU),GENERIEREN);
END;

GELANDET: PROC;
    PUT EDIT(TYP,PISTENLAENGE,STDMIN(LPLAN),STDMIN(LEFF-LPLAN),
    STDMIN(LEFF),STDMIN(@TIME)) (COL(1),2(F(10)),4(X(5),A(5)));
    PISTE(PISTENLAENGE)=FREI;
    @TSS = QIN(0,@FIRST);
END;
```

```
 KONTROLLTURM: PROC;
 IF ^QVOID(2) & PISTE(LANG)=FREI THEN CODE='1'B;
&
$TAB01:;
◆ IF CODE                                        -YNN
◆ IF ^QVOID(1)                                   --YY
◆ IF PISTE(KURZ)=FREI                            --YN
◆ IF PISTE(LANG)=FREI                            ---Y
$
◆ @TSS = QOUT(1,@FIRST);                         --XX
◆ @TSS = QOUT(2,@FIRST);                         -X--
◆ PISTENLAENGE=KURZ;                             --X-
◆ PISTENLAENGE=LANG;                             -X-X
  PISTE(PISTENLAENGE)=BESETZT;
  LEFF=@TIME;
◆ @TSS=HOLD(LANDEZEIT(TYP),GELANDET);            -XXX
  CODE='0'B;
◆ GO TO TAB01;                                   -X--
◆ RETURN;                                        X-XX
$
&
 END;
 END;
```

3.7. Schlussbemerkungen

In den vorhergehenden Abschnitten wurden verschiedene Sprachmöglichkeiten gezeigt, um Simulationsmodelle auf dem Digitalrechner zu realisieren. Zur Illustration wurden gleiche Aufgabenstellungen in verschiedenen Sprachen gelöst, was auch ohne Schwierigkeiten gelang. Der Leser kann aus den Beispielen den Aufwand und die Schwierigkeiten abschätzen, welche sich für ihn bei Verwendung der einzelnen Sprachen und Konzepte ergeben. Es sei nochmals ausdrücklich darauf hingewiesen, dass die Resultate nicht vergleichbar sind, da es sich ja jeweils um einen Simulationslauf und damit um eine Stichprobe handelt; die statistischen Voraussetzungen sind somit nicht erfüllt um die Ergebnisse vergleichen zu können. Ebenso wurden explizit keine Laufzeiten und Speicherplatzbelegung angegeben, da nicht alle Programme, mangels Verfügbarkeit der Compiler, auf der gleichen Maschine liefen. Die folgenden zusammenfassenden und kritischen Bemerkungen beruhen deshalb auf Umrechnungen und Abschätzungen und auf Meinungen, welche in vielen Diskussionen geäussert wurden.

GPSS erweist sich zweifellos für den in der Programmierung wenig geübten Modellbauer als leicht erlernbare, sehr geeignete Simulationssprache; dies vor allem dann, wenn die Aufgabe Warteschlangen beinhaltet. Der mit anderen Programmiersprachen Vertraute merkt aber sehr bald, dass die Erweiterung und der umbau von GPSS Programmen sehr schwer fällt, und dass vor allem die Möglichkeiten für Eingabe-, und Rechenoperationen sowie für eine flexible Ausgabegestaltung sehr bescheiden sind.

Bei anfänglich geringem Lern- und Implementationsaufwand stösst man mit GPSS bei grossen, in ihrer Struktur komplizierten Modellen an Grenzen der Realisierbarkeit, und die Ansprüche an Computerzeit und -speicherplatz sind sehr gross.

Sprachen wie SIMPL/I, SIMULA und SIMSCRIPT bieten ein grosses Instrumentarium an, welches den spezifischen Erfordernissen von Simulationsmodellen sehr gut entsprechen kann. Die Beherrschung dieser Sprachen verlangt die Programmiererfahrung mit der zu grunde gelegten Formelsprache, und auch dann ist der Lernaufwand nicht zu unterschätzen, bis der Sprachaufbau und deren Funktionsweise verstanden werden kann. Der benötigte Speicherplatz ist sehr gross, während die Zeiten für die Simulationsläufe, abhängig vom Compiler für die Basissprache, im allgemeinen vernünftig sind.

Hilfssysteme zeigen die grösste Flexibilität vor allem für die Behandlung von grossen Modellen. Wir glauben, dass der häufig mit komplexen Simulationsmodellen Beschäftigte sich unbedingt gute Kenntnisse und eine saubere Programmiertechnik in einer höheren Programmiersprache, welche Listenverarbeitung gestattet, erwerben sollte. In dieser Sprache hat er sich dann ein Instrumentarium von zur Simulation geeigneten Routinen zu erarbeiten, welche er kombinieren und auf verschiedene Problemstellungen anwenden kann. Zweifellos resultieren aus diesem Vorgehen auch im Hinblick auf Speicherplatz und Laufzeit günstige Programme.

Literatur

[1] CSMP, Continuous System Modeling Program, verschiedene IBM Handbücher.

[2] GPSS IV, Introductory Manual SH20-0886, Users Manual SH20-0867.

[3] Gordon, G.; System Simulation, Prentice Hall, 1969.

[4] Köcher D., Matt G., Oertel C., Schneeweiss H.; Einführung in die Simulationstechnik, DGOR, Deutsche Gesellschaft für Operations Research, 1972.

[5] SIMPL/I, General Information Manual IBM GH19-5035, Program Reference Manual, IBM SH19-5060.

[6] SIMULA: Verschiedene Publikationen des Norwegian Computing Center, Oslò, siehe auch [15][16]

[7] Blunden G.P., Krasnow H.S.; The Process Concept as a Basis for Simulation Modeling, Simulation, IX, August 1967.

[8] IFIP: Simulation Programming Languages, Proceedings of the IFIP Working Conference, North Holland Publishing Company, Amsterdam, 1968.

[9] Bauknecht K., Nef W.; Digitale Simulation, Lecture Notes in Operations Research and Mathematical Systems, Nr. 51, Springer-Verlag, 1971.

[10] Teichroew D., Lubin J.F.; Computer Simulation: "Discussion of Techniques and Comparison of Languages", Communications of ACM IX (Oct. 1966), 723 - 741.

[11] Rytz R.; SIM - Ein neues Simulationskonzept, Lecture Notes in Operations Research and Mathematical Systems, Nr. 51, Springer-Verlag, 1971.

[12] Mresse M.; MOSIM - Ein Simulationskonzept basierend auf PL/I, Proceedings des Internationalen Symposiums 'Simulation 75', Juni 1975, Acta Press Calgary.

[13] Rohlfing, H.; SIMULA, eine Einführung. BI Hochschultaschenbücher, Bd. 747.

[14] Dahl O.J., Myhrhaug B., Nygaard K., Simula, Common Base Language, Norwegian Computing Center, 1970.

[15] Dahl O.J., Nygaard K.; Simula, A Language for Programming and Description of Descrete Event Systems, Norwegian Computing Center, 1967.

Anhang 2.1

600 uniform verteilte Zufallszahlen

	0	1	2	3	4	5	6	7	8	9
0	0,0295	0,3780	0,0593	0,7602	0,2847	0,8197	0,6133	0,5766	0,9595	0,0981
10	0,2410	0,5962	0,2978	0,6458	0,9762	0,0523	0,4523	0,8153	0,4286	0,8400
20	0,8754	0,5900	0,3421	0,7919	0,1204	0,7492	0,3792	0,7198	0,4822	0,8215
30	0,6058	0,5321	0,8064	0,0540	0,9046	0,5778	0,0043	0,6218	0,0563	0,5934
40	0,3716	0,3549	0,0112	0,8438	0,3233	0,5052	0,7647	0,2125	0,6382	0,5239
50	0,0644	0,7612	0,5707	0,2795	0,8396	0,9127	0,7652	0,5576	0,2914	0,5682
60	0,7195	0,1977	0,2245	0,3979	0,0652	0,0136	0,2148	0,8663	0,7802	0,9190
70	0,5994	0,8691	0,0564	0,9681	0,7945	0,1137	0,3537	0,8137	0,8484	0,4385
80	0,9561	0,2147	0,9299	0,1944	0,0147	0,1935	0,1453	0,2754	0,0517	0,7645
90	0,4403	0,1689	0,0453	0,1344	0,5162	0,0540	0,2084	0,3725	0,3741	0,2042
100	0,2058	0,0720	0,2383	0,7248	0,2661	0,1888	0,8946	0,1636	0,9949	0,3229
110	0,5869	0,5937	0,3465	0,9940	0,1708	0,3062	0,1309	0,6818	0,9790	0,7400
120	0,3931	0,0718	0,7680	0,9890	0,0435	0,9811	0,5677	0,5516	0,0583	0,5912
130	0,7759	0,5792	0,0555	0,6824	0,2781	0,5160	0,6977	0,1059	0,5570	0,6978
140	0,8090	0,4382	0,6869	0,4293	0,9700	0,2145	0,2849	0,8945	0,7895	0,3605
150	0,4983	0,8773	0,4004	0,2839	0,1111	0,6815	0,6258	0,8406	0,8576	0,4549
160	0,4122	0,4560	0,2445	0,9876	0,3876	0,1894	0,1342	0,6081	0,1433	0,6191
170	0,3483	0,5023	0,4718	0,5838	0,5971	0,1554	0,5865	0,8211	0,5267	0,0068
180	0,3178	0,5673	0,8289	0,7917	0,3653	0,8804	0,0996	0,4143	0,7519	0,4857
190	0,1757	0,2741	0,5951	0,0243	0,4258	0,4118	0,9968	0,7917	0,6760	0,7910
200	0,6016	0,2608	0,2722	0,4435	0,3898	0,8999	0,8378	0,0933	0,0203	0,5364
210	0,5291	0,7498	0,4549	0,8937	0,9365	0,1678	0,6006	0,1885	0,5867	0,5623
220	0,4294	0,9307	0,8907	0,4776	0,1691	0,6589	0,9766	0,8555	0,2026	0,5771
230	0,9220	0,9723	0,3733	0,3401	0,8118	0,0978	0,0913	0,7856	0,6641	0,5063
240	0,3362	0,8619	0,7735	0,7082	0,4088	0,6974	0,8014	0,3553	0,5268	0,4749
250	0,2861	0,1074	0,8348	0,1517	0,8206	0,2963	0,8904	0,0079	0,5070	0,3674
260	0,7993	0,6758	0,1273	0,5915	0,8321	0,0516	0,6761	0,0542	0,5205	0,2080
270	0,2886	0,2257	0,8240	0,6699	0,2291	0,5493	0,5030	0,6703	0,3374	0,8210
280	0,7792	0,4387	0,6405	0,7603	0,1866	0,4258	0,3329	0,2838	0,8122	0,2138
290	0,6629	0,2038	0,0407	0,4089	0,8196	0,8947	0,4352	0,1265	0,2156	0,4300
300	0,7402	0,2665	0,7709	0,0341	0,6639	0,7127	0,1916	0,7093	0,0485	0,9557
310	0,4507	0,5409	0,5399	0,6126	0,6134	0,8867	0,1505	0,9350	0,2519	0,1841
320	0,4685	0,5774	0,2795	0,3231	0,5873	0,4063	0,9753	0,7869	0,0919	0,7472
330	0,8629	0,0099	0,2567	0,1474	0,8515	0,5342	0,1768	0,8950	0,7374	0,1846
340	0,4638	0,9857	0,4789	0,9536	0,6248	0,0075	0,2210	0,7227	0,7352	0,2886
350	0,7999	0,0537	0,1098	0,7206	0,8686	0,6084	0,5597	0,5253	0,1099	0,6268
360	0,0942	0,9593	0,6667	0,2597	0,8312	0,1688	0,4058	0,7834	0,5867	0,4890
370	0,6581	0,6010	0,4124	0,6931	0,9520	0,1172	0,3121	0,9415	0,2838	0,6630
380	0,3854	0,2653	0,3718	0,0423	0,0132	0,7922	0,9653	0,9628	0,8011	0,2469
390	0,4122	0,4091	0,7207	0,5171	0,6819	0,8270	0,9683	0,3730	0,1829	0,4521
400	0,3980	0,1607	0,4236	0,1005	0,5244	0,7988	0,8954	0,4038	0,1995	0,2600
410	0.7578	0,4494	0,9470	0,3906	0,7296	0,4499	0,9984	0,0747	0,6061	0,8731
420	0,0897	0,1992	0,7684	0,1738	0,9505	0,6732	0,5249	0,7941	0,9723	0,9663
430	0,7433	0,7179	0,9815	0,5409	0,2390	0,0691	0.7316	0,3017	0,7815	0,4976
440	0,8966	0,4930	0,0737	0,8121	0,6273	0,1654	0,4025	0,9626	0,6361	0,8880
450	0,5654	0,5860	0,8961	0,8257	0,7075	0,5491	0,9289	0,6623	0,6621	0,9983
460	0,3461	0,2321	0,9016	0,7512	0,5620	0,6542	0,7454	0,1334	0,2633	0,0735
470	0,6274	0,7747	0,4179	0.8989	0,7287	0,2606	0,3312	0,9337	0,7394	0,5949
480	0,5329	0,2574	0,6580	0,5843	0,5620	0,5445	0,2356	0,5526	0,2591	0,4065
490	0,0935	0,5623	0,6155	0,2693	0,1925	0,7091	0,1396	0,6333	0,7158	0,3269
500	0,1390	0,3609	0.6133	0.6834	0,6086	0,0903	0,8835	0,9927	0,9293	0,0939
510	0,7008	0,1506	0,3771	0,3299	0,7989	0,3223	0,0156	0,1510	0,6941	0,8379
520	0,3299	0,4682	0,4084	0,5245	0,7810	0,8170	0,6917	0,8869	0,3194	0,7099
530	0,6434	0,9006	0,0209	0,9671	0,0148	0,6061	0,2201	0,9730	0,1267	0,0598
540	0,2947	0,0863	0,1765	0,5623	0,7968	0,1683	0,1752	0,7766	0,0298	0,2673
550	0,9035	0,1127	0,9929	0,6131	0,8571	0,1337	0,1691	0,8039	0,5482	0,8873
560	0,5555	0,0866	0,0349	0,2138	0,3768	0,9524	0,5426	0,8621	0,2869	0,0788
570	0,3427	0,0982	0,9171	0,5896	0,9427	0,6323	0,9634	0,8102	0,7642	0,0855
580	0,3714	0,4879	0,7700	0,4106	0,8840	0,4943	0,6434	0,7497	0,6837	0,4571
590	0,0009	0,9357	0,2254	0,3648	0,3429	0,8604	0,9062	0,1123	0,3011	0,3860

Anhang 2.2

600 normalverteilte Zufallszahlen
mit Erwartungswert $\mu = 0$ und Streuung $\sigma = 1$

	0	1	2	3	4	5	6	7	8	9
0	0,484	0,339	0,024	-1,088	-0,159	-1,085	0,493	0,363	0,110	0,660
10	1,023	0,219	-0,613	-0,908	0,807	2,593	0,961	-1,079	-0,775	-0,212
20	-0,697	1,042	0,845	-0,707	-0,925	-0,462	0,420	-0,216	-0,873	-1,322
30	-0,106	-0,873	-0,507	0,923	0,396	-0,628	0,398	-0,084	0,244	-0,242
40	0,253	-1,510	-0,057	-0,286	-0,344	-0,332	-0,816	-0,148	-1,607	0,655
50	-1,151	-1,025	0,439	-0,152	0,003	1,072	0,954	-2,169	0,903	2,320
60	0,287	-0,628	0,991	0,082	0,974	1,431	-0,104	0,912	0,739	0,153
70	-0,565	-2,453	1,492	-0,129	-0,385	-1,085	1,333	1,105	1,626	0,130
80	0,548	-0,436	0,850	-0,507	-1,390	1,142	-0,147	-0,505	0,180	-0,076
90	-1,610	-0,189	-0,893	1,179	-0,597	-1,693	-0,573	-0,635	0,023	0,033
100	-1,636	-0,872	-1,433	-0,771	0,329	0,301	-0,460	0,322	0,920	-0,095
110	1,634	-0,074	-0,076	1,147	-0,271	-1,157	-0,686	-0,577	-3,108	-0,939
120	1,252	0,316	-0,621	-1,241	0,085	-0,403	-0,369	0,300	0,351	0,223
130	1,279	1,235	-0,227	-0,660	-0,860	0,305	0,262	1,281	0,219	-0,565
140	0,916	0,567	0,707	-1,259	0,022	0,905	-2,014	1,523	0,053	1,192
150	0,623	0,271	0,671	-0,491	0,371	-1,337	2,723	1,128	0,175	0,561
160	0,247	1,506	-0,837	2,019	-0,534	1,290	1,653	0,274	0,791	0,311
170	-0,850	1,754	-1,179	0,592	-1,654	0,074	-0,659	2,338	0,121	1,034
180	0,326	-0,053	0,543	1,625	0,936	1,001	-0,134	0,023	-0,480	1,271
190	0,533	-1,409	0,615	0,714	1,174	-0,117	0,944	1,477	2,606	-0,363
200	0,418	-0,109	0,834	0,780	-1,865	-0,522	1,050	0,426	-0,618	-0,054
210	-0,366	-0,123	-0,367	-2,810	0,154	0,622	-0,452	0,294	0,364	-0,662
220	-0,023	1,526	0,208	0,890	-0,045	-0,653	1,814	2,328	-0,295	0,401
230	-1,500	-1,107	0,641	0,521	-0,229	-0,989	-0,642	-0,272	0,319	0,296
240	-0,355	-0,771	3,025	-0,450	0,474	0,421	0,956	0,763	0,007	-1,114
250	-0,634	0,110	-0,408	-0,606	0,697	-0,043	-0,234	-0,095	0,581	-1,145
260	2,251	0,562	-1,166	0,543	1,960	-0,300	-0,539	-2,052	-0,009	-1,161
270	-0,346	-0,815	0,629	-1,314	-0,206	0,555	1,350	-0,862	-0,553	1,547
280	-1,187	-1,723	-2,631	-0,162	-0,133	1,374	1,502	2,293	-0,451	1,887
290	-0,024	1,962	1,081	-0,539	1,109	-0,913	1,877	0,929	-1,596	-0,908
300	-0,467	1,313	0,555	-1,408	-0,164	1,819	0,441	0,390	1,759	-0,157
310	0,130	1,475	0,465	0,969	-1,124	0,022	0,301	-0,033	0,123	1,397
320	-1,197	-1,206	-1,500	-1,849	1,696	0,597	1,824	0,024	-0,110	1,708
330	0,100	-1,059	0,483	0,649	0,520	0,019	-1,237	0,126	-0,535	0,557
340	0,203	1,035	-0,498	-0,954	-0,536	0,460	0,386	1,162	-0,606	-1,329
350	1,059	0,770	0,029	1,126	0,651	0,921	-0,406	0,470	0,479	-1,146
360	0,499	-2,463	1,048	-1,003	-0,656	-0,653	0,051	-0,037	-0,087	0,108
370	-1,632	-0,445	-1,819	1,215	0,066	0,761	1,309	1,252	0,399	-1,242
380	-0,354	0,988	-0,190	-0,089	0,727	-1,617	0,930	-1,229	0,277	1,581
390	-1,425	0,078	-0,794	0,916	-1,250	-2,242	-0,387	0,908	-1,352	0,926
400	-1,216	-2,736	-0,351	-1,117	0,193	0,882	0,319	1,119	0,501	-0,157
410	1,415	0,310	-0,443	0,418	-1,123	-0,679	0,397	0,065	-1,163	1,203
420	-0,757	0,429	-1,389	1,196	1,509	0,344	-1,295	-0,274	-0,209	1,830
430	-1,190	-0,592	-0,123	2,096	-1,193	0,043	1,740	-1,464	-1,237	0,621
440	2,540	0,733	1,933	0,318	-1,372	-0,541	0,759	1,500	-0,462	-0,329
450	0,872	-0,284	-0,006	0,514	0,088	-0,293	-0,091	0,322	0,412	0,400
460	1,379	-0,384	-0,962	-0,092	-0,308	-0,898	0,344	0,534	-0,680	-1,323
470	0,898	1,767	-0,074	1,424	-0,545	-0,717	-0,643	-1,387	-0,043	-1,053
480	-0,349	1,702	0,535	-0,190	0,030	-0,663	0,505	-0,888	0,905	0,350
490	-0,627	0,280	-2,124	0,763	-0,170	-1,073	2,728	-1,217	0,758	0,856
500	-0,565	-1,194	-0,778	3,056	1,158	-2,586	0,479	-0,297	-0,754	-1,521
510	-0,030	0,162	0,235	0,658	-0,674	-0,015	1,849	1,397	-2,637	-1,090
520	-1,002	1,928	0,086	0,865	-1,218	0,773	-0,311	0,964	0,486	-1,361
530	1,550	0,509	0,584	0,422	-0,762	-0,012	-0,263	1,205	0,506	-1,921
540	-0,206	1,258	0,299	-1,354	-0,208	0,039	-1,256	-0,259	-0,048	-0,806
550	1,161	0,602	-1,312	0,556	0,053	0,657	-0,403	-0,855	-0,888	1,520
560	-0,535	1,170	-2,780	-0,007	0,267	0,025	0,443	1,065	0,163	0,295
570	0,037	-0,088	1,502	1,748	-0,557	0,899	0,819	-1,655	-0,709	-1,422
580	0,840	1,229	-0,601	2,688	0,474	-2,267	-0,228	1,155	-0,179	-0,620
590	0,602	0,095	0,167	-0,125	-0,732	0,808	-1,016	1,116	-0,660	-0,216

Hochschultext/Universitext

In diese Sammlung werden preiswerte Lehrbücher aufgenommen, die, was Anordnung und Präsentation des Stoffes betrifft, nach didaktischen Gesichtspunkten aufgebaut und in erster Linie für Studenten mittlerer Semester geeignet sind. Die einzelnen Bände - es sind entweder Ausarbeitungen von aktuellen Vorlesungen oder Übersetzungen bekannter fremdsprachiger Bücher - geben jeweils eine solide Einführung in ein nicht nur für Spezialisten interessantes Fachgebiet.

M. Aigner, Kombinatorik. I. Grundlagen und Zähltheorie. 1975. DM 36,-
M. Aigner, Kombinatorik. II. Matroide und Transversaltheorie. Erscheint 1976.
K.-D. Becker, Ausbreitung elektromagnetischer Wellen. 1974. DM 32,-
H. Bühlmann/H. Loeffel/E. Nievergelt, Entscheidungs- und Spieltheorie. 1975. DM 24,80
L. Cremer, Vorlesungen über Technische Akustik. 2., durchgesehene Auflage. 1975. DM 32,-
K. Deimling, Nichtlineare Gleichungen und Abbildungsgrade. 1974. DM 16,80
O. Endler, Valuation Theory. 1972. DM 32,-
E. Fitzer/W. Fritz, Technische Chemie. 1975. DM 44,-
W. Giloi/H. Liebig, Logischer Entwurf digitaler Systeme. 1973. DM 32,-
H. Grauert/K. Fritzsche, Einführung in die Funktionentheorie mehrerer Veränderlicher. 1974. DM 19,80
M. Gross/A. Lentin, Mathematische Linguistik. 1971. DM 38,-
O. Heer, Flugsicherung. Einführung in die Grundlagen. DM 48,-
H. Hermes, Introduction to Mathematical Logic. 1973. DM 34,-
H. Heyer, Mathematische Theorie statistischer Experimente. 1973. DM 19,80
K. Hildenbrand/W. Hildenbrand, Lineare ökonomische Modelle. 1975. DM 29,80
K. Hinderer, Grundbegriffe der Wahrscheinlichkeitstheorie. Korr. Nachdruck der 1. Auflage. 1975. DM 19,80
V. Hubka, Theorie der Maschinensysteme. 1973. DM 19,80
R. Isermann, Prozeßidentifikation. 1974. DM 22,-
K. Jörgens/F. Rellich, Eigenwerttheorie gewöhnlicher Differentialgleichungen. 1976. DM 28,-
R. Koller, Konstruktionsmethode für den Maschinen-, Geräte- und Apparatebau. 1975. DM 39,-
G. Kreisel/J. L. Krivine, Modelltheorie. 1972. DM 35,-
H. Kronmüller/F. Barakat, Prozeßmeßtechnik 1. 1974. DM 20,-
K. Kroschel, Statistische Nachrichtentheorie. Teil 1. 1973. DM 22,-
K. Kroschel, Statistische Nachrichtentheorie. Teil 2. 1974. DM 23,-
H. Labhart, Einführung in die Physikalische Chemie
Teil I: Chemische Thermodynamik. 1975. DM 16,-
Teil II: Kinetik. 1975. DM 13,60
Teil III: Molekülstatistik. 1975. DM 14,-
Teil IV: Molekülbau. 1975. DM 16,-
Teil V: Molekülspektroskopie. 1975. DM 14,-
R. Lauber, Prozeßautomatisierung 1. 1976

Hochschultext/Universitext

W. Leutzbach, Einführung in die Theorie des Verkehrsflusses. 1972. DM 22,-
H. Liebig, Logischer Entwurf digitaler Systeme. Beispiele und Übungen. 1974. DM 24,-
H. D. Lüke, Signalübertragung. Einführung in die Theorie der Nachrichtenübertragungstechnik. 1975. DM 29,80
H. Lüneburg, Einführung in die Algebra. 1973. DM 24,-
S. MacLane, Kategorien. 1972. DM 38,-
Meereskunde der Ostsee, 1974. DM 39,80
E. Neher, Elektronische Meßtechnik in der Physiologie. 1974. DM 16,80
G. Owen, Spieltheorie. 1972. DM 36,-
J. C. Oxtoby, Maß und Kategorie. 1971. DM 24,-
H. Petermann, Einführung in die Strömungsmaschinen. 1974. DM 24,-
G. Preuss, Allgemeine Topologie. 2. Auflage. 1975. DM 38,-
B. v. Querenburg, Mengentheoretische Topologie. Korrigierter Nachdruck der 1. Auflage. 1976. DM 16,80
R. Richter/U. Schlieper/W. Friedmann, Makroökonomik. 2. Auflage. 1975. DM 38,-
W. Rupprecht, Netzwerksynthese. 1972. DM 45,-
E. Seibold, Der Meeresboden. 1974. DM 29,80
D. Seitzer, Arbeitsspeicher für Digitalrechner. 1975. DM 29,-
P. v. Sengbusch, Einführung in die Allgemeine Biologie. 1974. DM 29,80
H. Späth, Elektrische Maschinen. 1973. DM 24,-
K. Stange, Kontrollkarten für meßbare Merkmale. 1975. DM 24,-
H.-J. Thomas, Thermische Kraftanlagen. 1975. DM 58,-
R. Uhrig, Elastostatik und Elastokinetik in Matrizenschreibweise. 1973. DM 31,-
R. Unbehauen, Elektrische Netzwerke. 1972. DM 43,-
H. Werner, Praktische Mathematik I. 2. Auflage. 1975. DM 19,80
H. Werner/R. Schaback, Praktische Mathematik II. 1972. DM 22,-
H. Wolf, Lineare Systeme und Netzwerke. 1971. DM 20,-
H. Wolf, Nachrichtenübertragung. 1974. DM 32,-

Preisänderungen vorbehalten